Detlef Vetten
Jupp Heynckes & die Bayern
Eine Geschichte vom Siegen und Verlieren

Bibliografische Information der Deutschen Nationalbibliothek:
Die Deutsche Nationalbibliothek verzeichnet diese Publikation in
der Deutschen Nationalbibliografie; detaillierte bibliografische Daten
sind im Internet über http://dnb.d-nb.de abrufbar.

Auch als E-Book erhältlich: ISBN 978-3-7307-0424-0

Copyright © 2018 Verlag Die Werkstatt GmbH
Lotzestraße 22a, D-37083 Göttingen
www.werkstatt-verlag.de
Alle Rechte vorbehalten
Coverfoto: Imago
Satz und Gestaltung: Die Werkstatt Medien-Produktion GmbH
Druck und Bindung: CPI, Leck
Printed in Germany

ISBN 978-3-7307-0411-0

FSC
www.fsc.org
MIX
Papier aus ver-
antwortungsvollen
Quellen
FSC® C083411

Detlef Vetten

JUPP HEYNCKES

& die Bayern

Eine Geschichte vom Siegen und Verlieren

Inhalt

Todeszone

Der Gipfel?

Am Boden

Der FC Bayern München strauchelt.
Startrainer Carlo Ancelotti und die
Mannschaft haben keine Freude aneinander.
Die Siege bleiben aus. In der Bundesliga
scheinen die Münchner abgehängt,
international drohen blamable Wochen.
Was tun?

Schnappatmung

Am 8. März 1971 bekommt der größte Boxer aller Zeiten Prügel. Muhammad Ali ist am Ende der 15 Runden im New Yorker Madison Square Garden ein taumelnder Koloss. Er muss zu Boden. Rappelt sich auf und fordert Joe Frazier auf, härter zuzuschlagen. Jetzt gehe der Kampf erst richtig los. Dann wird Ali weiter verdroschen und verliert.

Der kleine Junge muss in den Keller, Bier holen. Er pfeift eine muntere Melodei. Nein, er habe keine Angst. Dabei pisst er sich beinahe in die Hosen.

Lars Schlecker sagt 2011, im Unternehmen der Familie sei alles so weit in Ordnung. Die Drogeriekette habe eine glänzende Zukunft vor sich. Nach Fehlern in der Vergangenheit gebe es den „Sinneswandel. Man sieht uns nicht mehr so negativ. Die Kunden nehmen das neue Konzept begeistert an." Doch dann: Nicht mehr lang – und das Imperium ist zerschlagen.

Das letzte Hurra klingt oft recht jämmerlich.

Nun erwischt es wohl die Bayern.

Der FC Bayern München. 2014 bewertet ihn die Londoner Agentur Brand Finance. Wert: 668 Millionen Euro. Es geht weiter gipfelwärts. Die Bayern machen sich in Nordamerika und vor allem in Asien als Marke breit. Ein Unternehmen mit Visionen ist da im Münchner Süden groß geworden.

Der FC Bayern München. 27 Deutsche Meisterschaften. 18-mal DFB-Pokalsieger. Sieben Supercups. Sechs Ligapokale. Fünfmal Champions-League-Sieger. Einmal UEFA-Cup. Einmal Europapokal der Pokalsieger. Zwei Weltpokale. Ein Europa-Supercup. Triple. Double.

Der FC Bayern München. Gerd Müller. Franz Beckenbauer. Uli Hoeneß. Lothar Matthäus. Manuel Neuer. Oliver Kahn. Bastian Schweinsteiger. Sepp Maier. Georg Schwarzenbeck. Rainer Ohlhauser. Philipp Lahm. Ottmar Hitzfeld. Udo Lattek. Pep Guardiola. Jupp Heynckes. Carlo Ancelotti.

FCB, laut Wikipedia: „Der Fußball-Club Bayern, München e. V., kurz FC Bayern München, ist ein deutscher Sportverein aus der bayerischen Landeshauptstadt München. Er wurde am 27. Februar 1900 gegründet und ist mit 290.000 Mitgliedern der mitgliederstärkste Sportverein der Welt. Bekannt wurde der FC Bayern München durch seine professionelle Fußballabteilung, die seit 2001 in die FC Bayern München AG ausgegliedert ist. Die erste Herrenmannschaft spielt seit der Saison 1965/66 ununterbrochen in der Bundesliga."

Der Vorstandsvorsitzende des FC Bayern München, Karl-Heinz Rummenigge, erklärt Ende September 2017, man sei mit sich im Reinen und freue sich auf die großen Herausforderungen der nächsten Zeit. In zwei Tagen steht ein Match in der Champions League gegen den französischen Meister Paris Saint-Germain an. Die Mannschaft gilt in Europa als schwer besiegbar, nachdem sie für 222 Millionen Euro den Stürmer Neymar gekauft hat. Nun verheert der französische Angriffsfußball die besten Mannschaften Europas.

Aber Karl-Heinz Rummenigge verbreitet Bayern-Stolz: „Ich freue mich auf Paris, das ist ein Prestigespiel. Auf der einen Seite der neureiche Verein, auf der anderen der altreiche. Wir haben mehr Erfahrung in der Champions League. Und die müssen wir ausspielen."

Der traut sich was, der Bayern-Boss!

Es ist ja nicht so, dass die Münchner von Sieg zu Sieg sausen.

Im Gegenteil.

Es läuft mäßig. Manche Grantler meinen gar, die Zeiten seien beschissen.

Gerade hat der FC Bayern die Generalprobe vor dem Paris-Spiel vermasselt

Am Abend des 22. September 2017 tun sich die schnellen Berichterstatter von *Spiegel Online* mit dem Formulieren objektiver

Häme leicht. Nach dem Bundesligaspiel des FC Bayern München gegen den VfL Wolfsburg rutscht der Spott geschmeidig ins World Wide Web: „Bayern verspielen Zwei-Tore-Führung gegen Wolfsburg. Eine 2:0-Pausenführung hat nicht gereicht: Der FC Bayern ist gegen den VfL Wolfsburg nicht über ein Unentschieden hinausgekommen. FCB-Keeper Sven Ulreich patzt.“

Was war jetzt des?

Zefix!

Mi leckst am Arsch!

Die Freunde des ehemals erfolgreichen FC Bayern München halten nicht mehr mit ihrem Zorn hinterm Berg. Der Verein schlittert von einer Peinlichkeit in die nächste. Startrainer Carlo Ancelotti trägt piekfeine Anzüge und ist scheinbar ungerührt – dabei fragen sich mittlerweile selbst Bayern-Sympathisanten, welche Seltsamkeit dem Wundercoach noch einfallen mag.

Es gab Zeiten, da wäre in solchen Augenblicken Franz Beckenbauer, dem „Kaiser“, der Kragen geplatzt. Da hätte er gewettert:

„Das Spiel hätte nicht im Stadion stattfinden sollen, sondern auf dem Sandplatz nebenan.“

„Das sind alles gute Fußballer. Nur: Sie können nicht Fußball spielen.“

„Ich bin immer noch am Überlegen, welche Sportart meine Mannschaft an diesem Abend ausgeübt hat. Fußball war's mit Sicherheit nicht.“

Der „Kaiser“ aber hat andere Sorgen und kommentiert das Geschehen nicht. Dafür kommen erschreckende Töne von den Spielern. Nach dem Wolfsburg-Match sind die Akteure – ganz anders als ihr Boss Rummenigge – überhaupt nicht zuversichtlich.

Thomas Müller, der in den vergangenen Monaten alle Leichtigkeit früherer Zeiten verloren hat, versucht, den Torwart in Schutz zu nehmen: „Ulle weiß Bescheid, dass das auf ihn geht. Er hat sich entschuldigt. Das passiert. Von der Mannschaft wird kein Vorwurf kommen.“

Mats Hummels, ein Freund klarer Gedanken und gerader Worte, sagt: „Wir haben sie leider ins Spiel zurückgelassen. Ulle ist selbst sauer auf sich, blödes Ding.“

Es wird viel geredet in den Tagen vor dem Spiel gegen Paris Saint-Germain. Die Fans machen sich Sorgen, die Neider des FC Bayern haben eine gute Zeit. In den Redaktionen des *Spiegel* und des *Stern*, beim *Kicker* und der *Sport Bild* denken die Macher darüber nach, mit welchen Beiträgen sie die „Krise der Bayern" begleiten werden. Die TV-Sender dauerparken mit Übertragungsteams an der Säbener Straße, wo die Profis ein- und ausgehen. Es könnte was explodieren bei den Bayern – man hat da so ein Bauchgefühl.

Die Bayern pfeifen im Keller. Besser ausgedrückt: Sie versuchen, sich aus der „Krise" zu quatschen.

Startrainer Ancelotti probiert's mit Allgemeinplätzen: „Wir müssen eine komplette Leistung abliefern, im Angriff und in der Verteidigung. Wir brauchen alle unsere Qualitäten."

Mats Hummels besinnt sich auf seine Führungsrolle und gibt nach dem Abschlusstraining die Parole „Vorwärts" aus. „Das Spiel ist unheimlich attraktiv. Ich freue mich auf die Herausforderung."

Arjen Robben, geborener Niederländer und nimmersatter Routinier bei den Bayern, will, will, will: „Wenn man sich auf so ein Spiel nicht freut, muss man aufhören."

Was Robben nicht weiß: Der Trainer wird ihn gegen Paris nicht mal aufstellen.

Parbleu! Das wird ein Höllenritt.

Wie es begann

Am 27. September 2017 lassen es sich die Menschen in Schwalmtal gut gehen. Die Sonne wärmt das niederrheinische Land, es werden sanfte 22 Grad gemessen, zum Wochenende soll's noch sommerlicher werden.

Viel zu tun im Garten. Die letzten Tomaten sind reif. Die Kartoffeln ausbuddeln, abbürsten, kühl, trocken und dunkel einlagern. Die Rosen blühen lange in diesem Jahr; Astern, Sonnenhut und Fetthennen legen sich ins Zeug.

Cando, der Hofhund, genießt Tage wie diesen: Nicht zu heiß ist es – aber ein älterer Herr wie er mag es auch nicht kalt. Das Wetter ist perfekt, Cando aalt sich vor der Haustür.

Ein vollkommener Tag in Schwalmtal. Wenn nicht Frau Heynckes den Ärger mit ihrem Knie hätte. Das muss operiert werden. Blöde Geschichte!

Ansonsten: alles bestens.

Jupp Heynckes – sorgfältig rasiert, im lässigen Outfit – sieht blendend aus, er fühlt sich großartig. Blutdruck 120 zu 90. Ruhepuls 60. Morgens treibt er Sport, im Bauernhof gibt es einen Fitnessraum mit einer Mehrzweckkraftanlage. „Daran kann ich 25 Übungen machen. Außerdem fahre ich Rad, mache Gymnastik und gehe schwimmen."

Der Hofherr kümmert sich ums Müsli-Frühstück, stromert später mit Cando über die Gemarkungen. Er telefoniert, erledigt den Briefkram, liest, werkelt im Garten, macht Besorgungen in Schwalmtal und Mönchengladbach, hat immer zu tun, ist selten gestresst.

Ein sportlicher Mann, dem man seine 72 nicht ansieht. Er ist ja ein Mensch mit hellem Teint, aber der Sommer an der Sonne hat einen dezenten Bronzeton hinterlassen.

Abends gibt es etwas Leichtes, dann noch ein bisschen Kultur, ein wenig Ablenkung durchs Fernsehen. Manchmal kommt die Tochter, oder man hat eine Einladung. An diesem 27. September 2017 ist es Fußball. Bayern spielt in der Champions League.

Sehr entspannt schaltet Jupp Heynckes ein. Er freut sich auf den Abend. Ein Glas guten Rotweins wird er sich gönnen. Bier haben sie im Haus Heynckes nicht.

Die Bayern spielen. Seine Bayern.

Mit den Fußballprofis des FC Bayern München hat Jupp Heynckes den größten Erfolg seiner beruflichen Karriere gefeiert. Bevor er in Rente ging, gewann der Trainer Heynckes mit der Mannschaft das Triple. Das war 2013. Bundesliga, Pokal, Champions League: Erster.

Danach war Heynckes endgültig einzigartig in Deutschland. Er ließ sich feiern und federte in den Ruhestand. Schluss mit der Anspannung. Kein Erfolgsdruck mehr. Zeit für die Frau, die Freunde, den Hund. Zeit für sich und zum Leben.

Heynckes hat nach seinem Triumph eine Reihe von irren Angeboten bekommen – da hätte man ihn gern in Gold aufgewogen. Ein halbes Dutzend renommierter Verlage bot viel Geld für seine Biografie. Lächelnd sagte er jedes Mal Nein. Er wollte seine Ruhe.

Nicht, dass sein Interesse für den Fußball aufgebraucht gewesen wäre. Er lehnte sich zurück, nippte am Wein, sah zu, genoss, dachte sich seinen Teil. Am Telefon quatschte er mit Insidern stundenlang über die Liga und die Lage. Wusste, welcher Spieler etwas taugte, welcher Profi umworben wurde, was Sache war. Ging, sozusagen, immer noch hinter den Kulissen ein und aus.

Jupp Heynckes also macht es sich gemütlich und hat Vorfreude. Seine Bayern treffen in Frankreichs Hauptstadt auf die Mannschaft mit dem teuersten Spieler der Welt. Für 222 Millionen Euro ist der Brasilianer Neymar zu Paris Saint-Germain gewechselt – seither gilt das Team als die Equipe mit dem furchterregendsten Angriff auf dem Kontinent. Nun müssen die Bayern – nicht so berauschend in die Saison gestartet – blankziehen.

Trainer der Münchner ist der Italiener Carlo Ancelotti. Einer der ganz Teuren, ein Fuchs, ein Titelgarant. Dem wird schon etwas einfallen, er muss schlaue Ideen haben, er muss.

Die Chefs beim FC Bayern München – Präsident Uli Hoeneß und Boss Karl-Heinz Rummenigge – sind nämlich stinksauer und sehr ungeduldig. Sie hatten sich von Signor Ancelotti versprochen, er würde das teure Ensemble von einem Sieg zum nächsten führen – mit ihm würde München endlich zu Europas Fußballhauptstadt werden.

Bislang war Ancelotti das viele Geld nicht wert. Nun – in Paris muss es das Team richten. Jetzt ein großer Auftritt, dann kann die Zukunft doch noch beginnen.

Jupp Heynckes weiß, wie sich die letzten Minuten vor einem Match anfühlen. Eigentlich kannst du als Trainer nichts mehr bewerkstelligen. Und doch bist du ein wichtiger Mann. Die Spieler nehmen schließlich wahr, was sich in den letzten Minuten vor dem Anpfiff tut.

Also müssen sie spüren, dass der Coach, dieser Übervater, den Sieg will. Er muss mit ihnen in den „Tunnel" gehen. Nun gibt es nichts Wichtigeres als die kommenden eineinhalb Stunden. Nur das Gewinnen zählt. Der Gegner muss bekämpft werden, die Massen draußen warten aufs Spektakel.

Jetzt brauchen die modernen Gladiatoren ihren Vorkämpfer. Lässig sollte der Trainer die Siegeszuversicht demonstrieren. Ancelotti + Bayern = Triumph.

So sollte das sein.

Und was sieht Jupp Heynckes?

Dieser Carlo Ancelotti flaniert durch die Katakomben und unterhält sich angeregt mit französischen Profis. Er hat jede Zeit der Welt für den Gegner. Trägt seinen maßgeschneiderten Anzug spazieren und kümmert sich kaum um seine Buben. Die stakeln in die Arena und sollen kämpfen. Derweil schäkert Schlachtenlenker Carlo mit dem Feind.

Im Fernsehen blenden sie die Mannschaftsaufstellung ein. Jupp Heynckes muss zweimal hinsehen. Auch der *Kicker* fasst es nicht:

„PSG-Coach Unai Emery greift gegenüber dem 0:0 in Montpellier, dem ersten Punktverlust der bisherigen Saison, wieder auf seine vermeintlich beste Elf zurück, in der Yuri, Meunier und auch der deutsche Nationalspieler Draxler keinen Platz finden. Kurzawa und

Dani Alves bekleiden die Außenpositionen in der Viererkette, außerdem kehrt Superstar Neymar nach einer angeblichen leichten Fußverletzung zurück.

Bayerns Trainer Carlo Ancelotti wechselt auf sechs Positionen: Süle, Martínez, Alaba (Rückkehr nach Sprunggelenksverletzung), Tolisso, Thiago und James dürfen von Beginn an ran. Boateng (nicht im Kader), Hummels, Rafinha, Rudy, Ribéry und Robben (alle Bank) müssen weichen."

Kann das gut gehen?

Tut es nicht.

Der FC Bayern fängt sich kurz nach dem Anpfiff gleich mal einen Treffer ein, berappelt sich ein wenig – und dann wird die Mannschaft auseinandergenommen. Paris gewinnt mit 3:0 – und in Europa sind sich alle einig, dass die Münchner fortan mit Sperrsitzen in der zweiten Reihe vorliebnehmen müssen.

Jupp Heynckes geht seufzend zu Bett. Das haben seine Bayern nicht verdient.

Beim Müsli am nächsten Morgen ahnt er, dass sein Freund Uli in den nächsten Tagen öfter mal anrufen wird. In München nämlich ist Land unter.

Die offizielle Verkündung erfolgt um 15:53 Uhr. 16 Zeilen unter der Überschrift „FC Bayern trennt sich von Carlo Ancelotti". Verwaltungsprosa, wie sie üblich ist bei Trainerentlassungen, mit Sätzen wie: „Die Leistungen unserer Mannschaft seit Saisonbeginn entsprachen nicht den Erwartungen, die wir an sie stellen." Dazu ein bisschen Herzwärme vom Vorstandsvorsitzenden Karl-Heinz Rummenigge: „Carlo ist mein Freund und wird es bleiben, aber wir mussten hier eine professionelle Entscheidung im Sinne des FC Bayern treffen."

Neutrale Beobachter sehen das auch so. Das Schweizer Radio und Fernsehen (SRF) berichtet: „Der FC Bayern hat sich nach dem ernüchternden 0:3 gegen PSG von Trainer Carlo Ancelotti getrennt."

Es gibt viele Gründe. Zum Beispiel „die Aufstellung von Ancelotti, der mehrere Stammkräfte auf der Bank ließ. Nach der Schlappe erklärte Klubvorstand Karl-Heinz Rummenigge: ‚Das ist eine Niederlage, nach der wir auch Klartext reden und Konsequenzen ziehen.'

Trainer Carlo Ancelotti muss gehen. Der Italiener war erst im

Sommer 2016 als Nachfolger von Pep Guardiola zu den Münchnern gestoßen – und führte den Klub zum Bundesliga-Titel.

Doch in der neuen Saison sind die Bayern bislang unter den eigenen Ansprüchen geblieben. In der Liga belegt der deutsche Rekordmeister nach sechs Spieltagen nur Rang drei."

Die aufmerksamen Schweizer Beobachter weiter: „Präsident Uli Hoeneß erklärte das Aus von Ancelotti nach 454 Tagen so: ‚Der Trainer hat fünf Spieler auf einen Schlag gegen sich gebracht. Das hätte er niemals durchgestanden.' Er habe in seinem Leben gelernt, dass der Feind im eigenen Bett der gefährlichste sei, so Hoeneß."

Was nun, Herr Hoeneß?

Es ist Donnerstag, der 28. September 2017. Der Rentner Jupp Heynckes macht mit Cando die Runde. Er unterhält sich mit seiner Frau über die Knie-OP. Heynckes macht Sport. Ihm geht es gut, sehr gut. Wie lange noch?

München, in den Tagen nach dem 0:3. Nichts ist wie sonst, wie auch? Normalerweise treffen sich die Entscheider des Vereins einmal in der Woche, um sich abzustimmen. Vereinsboss Rummenigge hat das im Interview mit dem *Manager Magazin* so beschrieben: „Jeder Vorstand bringt dann ein Update aus seinem Ressort. Die finanziellen Aspekte, Personal- und Stadionangelegenheiten werden besprochen, die Mannschaftsbetreuung und das Sponsoring. Nach den Updates diskutieren wir meist über Personalpolitik und Transferperspektiven. Im Fußball gehört es jedoch zum Geschäft, dass wichtige Angelegenheiten auch schnell per Zuruf über den Flur entschieden werden. Wir arbeiten also so strukturiert wie nötig und so flexibel wie möglich."

Nun geht es bei den Bayern zu wie in einem Kommandostand nach verlorener Schlacht. Großer Schaden ist entstanden, größerer muss vermieden werden.

Dabei hat es sich noch zu Saisonbeginn prima angefühlt, beim FC Bayern das Ruder zu führen. Die Nachrichtenagentur dpa vermeldete: „Der deutsche Rekordmeister Bayern München ist in der weltweiten Fußball-Geldliga um einen Platz auf Rang vier geklettert. Die Münchner steigerten ihren Umsatz in der Saison 2015/16 nach Berechnungen der Prüfungs- und Beratungsgesellschaft Deloitte auf 592 Millionen Euro."

Die Münchner, so die Nachrichtenagentur weiter, seien der einzige deutsche Fußballverein, der in der europäischen Spitze mithalten könne – schon zum fünften Mal in Folge rangierten die Bayern unter den Top Five.

„Neuer Spitzenreiter ist Manchester United, das mit 689 Millionen Euro Real Madrid (620,1) von Rang eins verdrängte. Die Königlichen rutschten auf Platz drei ab, Zweiter bleibt der FC Barcelona (620,2).

Der im Vergleich zur Vorsaison um 25 Prozent gestiegene Umsatz beim FC Bayern ist einem Plus an Einnahmen aus internationalen Fernsehverträgen der Bundesliga und verbesserten Deals mit Werbepartnern geschuldet.“

Das hörte sich gut an. Man würde größer, stärker, reicher – keine Frage. Zumal das Fußballunternehmen aus München bekannt ist für seine umsichtige Geschäftsführung. Uli Hoeneß, seit 1979 fürs Management verantwortlich, hat die Maßstäbe gesetzt. Der Schwabe agiert nach der Devise: keine Schulden!

Er hat einen grundgesunden Betrieb aufgebaut. Während die Italiener und die britischen Vereine sich immer wieder mal im Schuldenschlamm suhlen, schreiben die Münchner seit Menschengedenken schwarze Zahlen.

Vorsichtige Geschäftsleute sind sie an der Säbener Straße, wo der FC Bayern sein Zuhause hat. Hoeneß hat ihnen schwäbische Sparsamkeit und Vorsicht beigebracht. Sein Kollege und Nachfolger Karl-Heinz Rummenigge erklärt im *Manager Magazin*: „Wir kalkulieren immer mit dem Worst-Case-Szenario. Wenn wir Champions League spielen, dann hat mein Kollege in der Finanzplanung für das nächste Jahr nur die Einnahmen aus der ersten Gruppenphase im Budget. Wenn wir dann Achtelfinale, Viertelfinale spielen, sind das Zusatzeinnahmen. In der Bundesliga kalkulieren wir im Schnitt mit 50.000 Zuschauern, obwohl wir jetzt schon wissen, dass im nächsten Jahr jedes Spiel mit 66.000 Zuschauern ausverkauft sein wird.“

Als Mittelstürmer ist Rummenigge ein Feuerkopf gewesen, bereit zu jedem Wagnis – Hauptsache, er machte ein Tor. Als Entscheider des FC Bayern mahnt er Demut an: „Es wird in den nächsten Jahren nicht einfach werden, unseren Platz zu behaupten. Das wissen wir. Wir müssen also versuchen, im Transfermarkt vorausschauend zu agieren. Wir haben hier auch eine andere Philosophie, wir setzen auch auf Dinge wie Teamgeist und auf Geduld, um die Mannschaft zu entwickeln."

In der Branche zieht man den Hut.

Die Bayern wissen, wie man Geschäfte macht. Marco Mesirca von der MFS (Münchner Fußball Schule) kennt sich aus im Business, er schreibt: „Der wirtschaftliche Erfolg ist absolut abhängig von den Leistungen der Lizenzspieler. Daher ist der Spielerkader des FC Bayern auf die Teilnahme an internationalen Wettbewerben, explizit an der UEFA Champions League, ausgerichtet. Eine Nicht-Qualifikation an diesem europäischen Wettbewerb hat unmittelbaren Einfluss auf das Betriebsergebnis, da insbesondere Anpassungen an den Ausgaben nur bedingt möglich sind."

Alles hatte so rosig ausgesehen, zu Beginn der Saison 2017/18. Und nun hat Carlo Ancelotti das Team in die Gefahrenzone gesteuert.

Den Bossen sträuben sich die Haare. Und weil Hoeneß nicht mehr so viele Haare zum Sträuben hat, jagt sein Blutdruck in den Himmel.

Sie haben einen Interimstrainer. Willy Sagnol, der Co von Ancelotti, springt nach der Entlassung des Italieners als Übungsleiter ein. Er hat schon früh den Chefcoach kritisiert: „Pep Guardiola setzte drei Jahre die jungen Spieler immer wieder ein, Ancelotti verlässt sich nur auf die erfahrenen Profis. Da fehlt die Kontinuität. Die Münchner Mannschaft ist zu alt. Du kannst die Champions League nicht gewinnen, wenn du vier Spieler hast, die 33 Jahre und älter sind."

Aber Sagnol ist nicht wirklich der Mann, den Hoeneß und Rummenigge wollen. Sie reden über Julian Nagelsmann (der Senkrechtstarter unter den jungen Wilden ist in Hoffenheim unter Vertrag), über Thomas Tuchel (toller Mann, momentan arbeitslos, aber in der Branche als – pardon! – Stinkstiefel verrufen), sie reden über Joachim Löw (aber der will definitiv 2018 mit der Nationalmannschaft Weltmeister werden) und Jürgen Klopp (ist sehr happy in Liverpool und will vorerst nicht zurück in die Bundesliga, vielleicht wird er ja Löws Nachfolger) …

Sie zerbrechen sich die Köpfe. Sagnol verliert mit Bayern sein erstes Spiel als Chefcoach …

… und plötzlich ist er omnipräsent: der Name Jupp Heynckes.

Der Mann in Schwalmtal winkt ab. Er hat es doch gut, er tut sich den Stress nicht noch mal an.

Nein! Nein! Nein!

Aus München funken sie SOS.

Nein! Nein!

In München erklärt Uli Hoeneß, er brauche jetzt seinen Freund Jupp.

Nein!

Hallo, alter Spezl, hilf!

Jupp Heynckes trifft die Münchner. Zu dritt besuchen sie ihn. Man verhandelt. Man weiß: Er wird es machen. Er hat die Geschichte mit sich selbst schon ausgekartelt. Er ist sich bewusst, worauf er sich einlässt, er hat alles analysiert. Und er kennt seine Ziele.

Darüber wird er erst mal nicht öffentlich reden. Er gibt als Sprachregelung vor, dass er sich vorstellen könne, „aus Freundschaft" den Bayern zu helfen. Man müsse noch ein paar Formalien klären, er habe Personalforderungen, er brauche zuverlässige Wegbegleiter an seiner Seite.

In München schlucken sie ein wenig: Die Neuen, die Heynckes will, müssen aus Verträgen abgelöst werden, sie kosten Geld.

Aber es muss nun mal sein. Sonst kommt der Jupp nicht.

Am Freitag, dem 6. Oktober 2017, vermeldet n-tv: „Der FC Bayern holt Jupp Heynckes aus der Fußball-Rente zurück in die Bundesliga. Der 72-Jährige wird den Rekordmeister als Nachfolger des in der vergangenen Woche beurlaubten Cheftrainers Carlo Ancelotti bis zum Saisonende übernehmen. Das bestätigt der Klub nun auch offiziell. ,Ich wäre zu keinem anderen Verein der Welt zurückgekehrt, aber der FC Bayern München ist eine Herzensangelegenheit für mich. Ich habe ein sehr gutes Gefühl', sagte Heynckes in der Pressemitteilung der Münchener.

Für Heynckes ist es das insgesamt vierte Engagement bei den Bayern nach 1987 bis 1991, 2009 und 2011 bis 2013. Mit der Entscheidung für den Routinier bis zum Saisonende gewinnen die Bayern-Verantwortlichen um Vorstandschef Karl-Heinz Rummenigge und Präsident Uli Hoeneß vor allem Zeit, eine langfristige Lösung zu finden.

Assistenten von Heynckes werden Peter Hermann und Hermann Gerland. Hermann war bis zuletzt Co-Trainer bei Zweitliga-Tabellenführer Fortuna Düsseldorf. Medienberichten zufolge haben ihn die Bayern für 1,75 Millionen Euro aus seinem Vertrag gekauft. Im Erfolgsfall soll sich die Ablöse auf 2 Millionen Euro erhöhen. Gerland lässt für die Aufgabe seine Tätigkeit als sportlicher Leiter im Nachwuchsbereich des FC Bayern bis zum 30. Juni 2018 ruhen."

So sei es.

Kleiner Nachtrag zur Personalie Hermann. Das regelt Heynckes wie ein Gentleman. Der Düsseldorfer Trainer Friedhelm Funkel erinnert sich: „Als ich hörte, dass Jupp Heynckes bei den Bayern im Gespräch ist, wusste ich: Das macht der nie ohne den Peter Hermann. Jupp rief mich extra an, um mir zu erklären, warum er den Job in München ohne Peter nicht machen kann. ,Jupp', habe ich gesagt, ,das brauchst du mir doch nicht zu erklären.' Da meinte er, ich sei jünger und könne mich schneller auf einen Neuen einstellen. ,Jupp', habe ich gesagt, ,ich bin 63.' Da hat er gemeint: ,Na und?'"

Sie sind vom gleichen Schlag, der Friedhelm Funkel und der Jupp Heynckes. Für sie liegt die Wahrheit wirklich aufm Platz. Sie wollen aus jedem Spieler das Beste herausholen. Über Bande spielen – nicht ihr Ding. Intrigen? Krumme Dinger? Linke Touren? Nicht ihr Ding.

Sie sagen, was sie denken. Und wenn sie nichts sagen wollen, bekommen sie ein verschlossenes Gesicht und halten den Mund.

Es muss sauber zugehen bei ihnen.

„Wenn ich an meinem letzten Arbeitstag mein Auto bei den Klubs abgab, war es gewaschen, von mir persönlich ausgesaugt und aufgetankt. Da bin ich wie der Jupp. Es gibt viele Spieler und auch Trainer, die machen das ganz anders, die hinterlassen bei vielen Arbeitgebern keinen guten Eindruck. Das bezieht sich nicht nur auf den Dienstwagen. Vielleicht ist das auch ein Grund, warum Jupp und ich noch da sind. Und ein anderer Grund ist unsere Liebe zum Sport. Sie können mir glauben: Ich freue mich auf jeden Spieltag. War immer so."

Jupp Heynckes' Geschichte beginnt also 1945, ganz unten. Und führt in die Jetztzeit, ganz oben.

2017 wird der ehemalige Fußballtrainer Jupp Heynckes – nach einem letzten großen Triumph zurückgetreten – reaktiviert.

Er soll den in Not geratenen FC Bayern München retten.

Der Klub kann sich jeden großen Trainer auf dem Globus leisten.

Die Bosse wollen Heynckes.

Denn es ist nun mal so: Wenn jetzt einer helfen kann, dann ist es der Jupp Heynckes vom Niederrhein.

Es gibt sonst keinen.

Jupp Heynckes ist der Einzige für diese Mission.

Schon irre!

Er führt eine Truppe aus Männern, die in „dünner Luft" überleben müssen.

Fußball ist immer Heynckes' Leidenschaft gewesen. „Es ist eine Freude, da rauszugehen und zu kämpfen", sagt er. „Aber es ist kein Genuss zu tun, was ich zu tun habe. Ich stehe morgens auf und arbeite Fußball – den ganzen Tag. Nachlassen ist nicht erlaubt. Das Training muss vorbereitet werden, ich muss den nächsten Gegner studieren, ich muss mir eine Strategie fürs nächste Match ausdenken. Jedes Spiel ist ein Endspiel. Ich rede mit den Männern, ich hole das Maximum aus ihnen heraus. Das ist anstrengend."

Abends kommt er ins Hotel und ist platt.

Am nächsten Tag geht es weiter.

Muss ja.

Wenn Heynckes nicht funktioniert, funktionieren auch die „Bayern" nicht.

Knapp zwei Wochen nach Heynckes' Amtsantritt gewinnen die Münchner daheim vor 70.000 Zuschauern die Champions-League-Begegnung gegen Celtic Glasgow mit 3:0. Es ist eine klare Angelegenheit. Zielstrebig erarbeiten die Münchner sich den Sieg. 26:9 Torschüsse. 61 Prozent Ballbesitz. 12:3 Ecken. Die Torschützen: Endlich wieder mal Thomas Müller. Joshua Kimmich. Mats Hummels.

Im Studio des Sportsenders Sky sitzt Experte Lothar Matthäus und ist erfreut. Das sehe doch wieder nach den alten Bayern aus, sagt er und nimmt sich noch ein alkoholfreies Bier.

Er habe es gar nicht mehr mit anschauen können, wie die Münchner sich in den letzten Monaten selbst verloren haben. „Das hat hinten und vorn nicht gepasst. Und Carlo Ancelotti hatte wohl schon aufgegeben. Der Jupp ist jetzt Gold wert."

Lothar Matthäus kennt Jupp Heynckes seit 38 Jahren. 1979 fiel der Jungspund aus Herzogenaurach dem jungen Trainer auf. Heynckes holte Matthäus nach Mönchengladbach und formte ihn: „Dass ich später Weltklasse wurde, habe ich dem Jupp sehr zu verdanken. Er war in dieser Zeit wie ein zweiter Vater für mich."

Jetzt beobachtet Matthäus – ehemals Weltklasse, dann Trainer, heute Experte, immer noch ausgesprochen redefreudig, immer noch nicht sehr misstrauisch – den hochverehrten Jupp Heynckes bei seinem Comeback in einem europäischen Wettbewerb.

„Es ist, als ob er nicht weg gewesen ist", sagt Matthäus. „Der Mann ist in Topform, da können sich manche Junge eine Scheibe abschneiden. Beim Jupp habe ich manchmal das Gefühl, der Mensch wird nicht alt."

Wie das?

„Ich weiß, wie der die Mannschaft führt. Wie er gleichzeitig eine Vaterfigur und ein strenger Aufpasser ist. Sein Ehrgeiz ist immer noch so groß wie früher. Ich sag' euch, das ist ein Ehrgeiz, den du erst einmal aushalten musst."

Wie das?

„Ich erzähl' euch eine Geschichte. Ich war noch nicht lang bei Gladbach – vielleicht in der zweiten oder dritten Saison. Wir sind mit dem Bus nach Hamburg, hatten ein Auswärtsspiel beim HSV. Es war grausam, ich weiß das Ergebnis nicht mehr – aber wir haben furchtbar verloren.

Sind danach in die Kabine, keiner hat ein Wort gesagt. Der Heynckes hat nur da gestanden und die Arme verschränkt. Wir haben geduscht, die Sachen gepackt und sind zum Bus gedackelt. Ein paar Fans standen rum und haben uns beschimpft.

Wir waren froh, als der Bus losgefahren ist. Einer wollte Musik machen. ‚Nix da!', hat der Heynckes gesagt. Ein paar wollten Karten spielen. ‚Nix da!', hat der Heynckes gesagt.

Sonst hat er nichts mehr geredet. Auf der ganzen Fahrt nicht. Wir haben es auch nicht gewagt zu sprechen. Es war das totale Schweigen, bis Mönchengladbach.

Man ist ausgestiegen und zu seinem Auto. Kein ‚Auf Wiedersehen‘, nur: ‚Morgen um neun Sondertraining!‘

Da warst du als junger Spieler echt bedient. Wenn der Heynckes beleidigt war, war er schlimmer als jede Frau."

Gleich muss Matthäus raus ins Live-Studio, die zweite Halbzeit des Bayern-Spiels ist fast zu Ende. Er wird sagen können, dass Heynckes' Truppe einen ziemlich soliden Auftritt gehabt habe. So dürfe es weitergehen.

„Der macht das schon", sagt Matthäus.

Was macht er schon?

„Das, was er vorhat. Wirst sehen."

Arbeitssieg

Die Profis des FC Bayern München steigen am Abend des 12. Januar 2018 aus dem Bus, sie tragen die weißen Trainingsjacken, die Hälfte der Spieler steckt unter dicken Kopfhörern. Jupp Heynckes sieht grimmig drein und erkennt nicht, was links und rechts vorgeht. Die jungen Männer sind echt böse Jungs, man möchte ihnen nicht in dunkler Nacht oder in einer einsamen Parkgarage begegnen, sogar Franck Ribéry ist auf Krawall gebürstet.

So betreten sie die Bay Arena. Noch eineinhalb Stunden bis zum ersten Match der Bundesliga-Rückrunde. Eine konzentrierte Zeit haben die Bayern hinter sich. Lang vorbei die friedlichen Abende, an denen sie aus allen Ecken der Welt ihre Neujahrswünsche getwittert haben.

Rafinha grüßte mit ausgestrecktem, reichlich tätowiertem rechtem Arm. Das Foto mit pinkfarbenem verschwommenem Hintergrund war wohl nach einem gewonnenen Spiel entstanden: Das Haar des Spielers ist blondiert, er wirkt zufrieden und müde. In Schnörkelschrift steht da: HAPPY NEW YEAR 2018 – RAFINHA. Das Bayern-Logo oben rechts macht sich prächtig.

David Alaba hatte sein Posting animiert. Zu sehen ist, wie er von der Grundlinie aus nach rechts in den Strafraum flankt. Der Körper ist aufs Äußerste gespannt, bis in die nach oben ragenden Haarspitzen. Der Spieler Alaba scheint unter Strom gesetzt. Flankt also – der Ball löst sich von seinem Schuh, fliegt auf den Betrachter zu, platzt aus dem Laptop. Auf dem Bildschirm erscheint in Comic-Lettern das Wort ALABOOM.

Manuel Neuer war in Feierlaune. Er grüßte mit einem Bankettfoto. Neuer, der Welt bester Torhüter, im weiß-roten Karohemd, lachend, schäkernd. Von einer Verletzung und von Sorgen natürlich nichts zu sehen. Im Hintergrund verwischt Männer in Anzügen und das Geblinke von Bier- und Weingläsern.

Javi Martínez sah klasse aus. Er stellte sich zum Foto vor eine Winterlandschaft: Die Linke stützt er auf ein verschneites Geländer, Daumen und zwei Finger der Rechten umgreifen elegant das zu einem Viertel gefüllte Rotweinglas. Martinez ist lässig gekleidet, den Bart hat er gestutzt, das Lächeln ist das eines Mannes von Welt.

Kollege Lewandowski grüßte mit Frau Anna aus einem Hotel, vor dem Palmen wachsen: Das Paar steht vor dem leeren Pool – er im Smoking, sie im durch Spitze raffiniert aufgearbeiteten kleinen Schwarzen. Lewandowski gibt sich cool, rechte Hand in der Tasche, die Linke umfasst die Taille seiner Hübschen, die den Kopf kokett zur Seite neigt.

Thomas Müller hatte sich im Studio ablichten lassen: Softbox von links, harte Lichtkante von rechts – das macht einen interessanten düsteren Ganovenschatten im Gesicht. Müller trägt Kapuzenpullover und Funktionsjacke drüber. Der Spieler lacht sein Lausbubenlachen, das auch ein wenig wirkt wie die Mimik eines cleveren Überlebenskünstlers von der Straße. Er hebt die Handflächen in die Kamera, in die linke ist ein Herz geklebt: „Happy New Year to all my fans around the world."

Und auch Ribéry hatte sich nicht lumpen lassen: Da stehen sie auf der Villenschwelle, seine Frau, die beiden Töchter, die zwei Söhne. Die Damen sind allerliebst und verzaubern in Abendgarderobe und mit einem Lächeln zum Dahinschmelzen. Die Söhne gucken lässig, machen Victory-Faxen mit den Fingern und fühlen sich ganz wohl in ihren Brokat-Jacketts. Franck, *le patron*, hat zu lange Hosen und ein gewagtes Nadelstreifensakko (*voilà*, ein Gangster aus den 1940ern) an. Er versteckt sich ein bisschen rechts hinten. Und schaut in die Kamera, wie das ein Patron nun mal so tut: streng, kaum lächelnd, alles unter Kontrolle. Aber vor allem: stolz, wie *le chef* nur sein kann auf sein Unternehmen Ribéry.

Sie hatten nicht viel weihnachtlichen Ausgang. Kaum war Silvester verraucht, mussten die Bayern ins Trainingslager nach Doha.

Dahin flog der Verein nun zum achten Mal – alles war wie immer um die Jahreswende. Heißes Wetter, Wüste, Eins-a-Location auf dem Gelände der Aspire Academy.

Und doch ist es anders gewesen in diesen frühen Tagen des Jahres 2018. Dafür hat schon Herr Heynckes gesorgt.

2. Januar. Am Vormittag um zehn hebt die mit überlebensgroßen Lewandowski-, Neuer- und Alaba-Airbrush-Helden veredelte Lufthansa-Maschine in München ab. An Bord: 25 Spieler, darunter Neuzugang Sandro Wagner und die Nachwuchsakteure Ron-Thorben Hoffmann, Lukas Mai, auch die Amateure Niklas Dorsch, Marco Friedl und Felix Götze dürfen mit. Franck Ribéry, Jérôme Boateng, Arjen Robben, Arturo Vidal, Rafinha und James Rodríguez reisen eigenständig aus ihrem Urlaub nach Doha; Manuel Neuer, Thiago und Christian Früchtl bleiben zuhause, um ihr Rehaprogramm in München fortzusetzen. Auch Robert Lewandowski bleibt wegen Muskelbeschwerden daheim.

Auch im Flieger: der Trainerstab, die Betreuer. Fans. Journalisten. Ein aufgekratzter Haufen auf dem Weg zur Sonne.

Jupp Heynckes besucht die Medien-Menschen und erklärt: „Die Erholungsphase war sehr kurz, jetzt ist sie zu Ende. Das werden harte fünf Tage. Wir haben ein dichtes Programm. Nun müssen wir an den Stellschrauben drehen, wenn wir in den kommenden Monaten bestehen wollen."

Echt: Der Mann freut sich auf die Schinderei in Doha.

Der Flieger landet, die Menschen checken aus …

… und zwei Stunden später leisten die Spieler auf dem Gelände der Aspire Academy ihre erste Einheit ab.

Aspire Academy: ein Ort, an dem die Vermessenheit fröhliche Urständ.

Aspire Academy: die Science Fiction des Sports.

Aspire Academy: Traumstatt für Helden in spe.

Die Kataris wollen zu den größten Sportnationen der Welt gehören. Sie haben viel zu wenig Menschen, in der Wüste ist Sporttreiben nicht möglich, es gibt keine Tradition – doch was soll's?

Dann kauft man sich eben den Erfolg.

Man kauft mit dem Ölgeld Meisterschaften und Turniere und Spiele. Man kauft Trainer und Athleten. Man hat's ja.

Und für eine Milliarde haben die Scheichs in Doha die Academy aus dem Sand gestampft. Kernstück ist der Aspire Dome – mit 250.000 Quadratmetern überdachter Fläche die größte Sporthalle der Welt. Im Bauch des Monumentalbaus gibt es ein Fußballfeld samt Tribüne für 8.000 Zuschauer, ein Leichtathletikzentrum mit Platz für 3.000 Besucher, ein olympisches Schwimmbecken, eine Halle für Ballsportarten, Anlagen für Turnen, Fechten, Tischtennis und Squash.

Unter freiem Himmel: sieben Fußballfelder mit Nagelscheren-gepflegtem Rasen, Tartanbahnen, Leichtathletik-Greens, Tenniscourts, für alle etwas. Bei 50 Grad und mehr im Sommer liefert ein eigenes Kraftwerk den Strom für die Klimaanlagen des Geländes, auf dem die Nachwuchssportler auch wohnen und zur Schule gehen können.

Aus ganz Afrika kommen die jungen Talente und sollen zu Olympiasiegern und Weltrekordlern geschult werden. Katarische Fußballvereine versuchen sich an der Aufgabe, das Niveau der Europäer oder Südamerikaner zu erreichen. Olympia-Größen aus aller Welt bereiten sich in der Academy auf die nächsten Spiele vor. Und da sind auch noch die europäischen Spitzenklubs, die vermehrt in der Academy ihr Fußball-Trainingslager aufschlagen. Die Schalker sind aus Doha mittlerweile im Winter genauso wenig wegzudenken wie die Bayern.

Normalerweise nehmen sich die Münchner ein bisserl Zeit – 2018 wird's ein Crashkurs in Sachen Fitness und Stellschrauben-Drehen.

Heynckes – Trainingsanzug, kein Tropfen Schweiß auf der Stirn – versammelt die Spieler um sich. Drei Minuten dauert sein Vortrag, in dem er erklärt, was die Spieler in den nächsten Tagen erwartet und was er von den Männern erwartet. Alle hören zu, alle sind bei der Sache. Sie haben fünf Stunden Flug in den Knochen, mussten sich hopphopp umziehen, nicht einmal ausgepackt haben sie.

Egal. Jetzt wird gearbeitet.

Heynckes klatscht in die Hände. Es geht los. Die Ortszeit: 20 Uhr. Gleißendes Licht auf dem akkurat getrimmten Rasen. 19 Grad. Alles perfekt.

Locker laufen sie und tänzeln, sie hüpfen, sie dehnen ausgiebig. Die Trainer geben Bälle aus. Kommandos kommen nun von Peter Hermann, der hat ein platzgreifendes Organ.

„Klatschen lassen!"

„Pass! Pass! Pass!"

„Und Feuer!"

Heynckes steht, die Arme verschränkt, am Rand und saugt alles in sich auf. Er sieht es, wenn einem Profi der Ball zu weit vom Fuß springt, wenn der scharfe Kurzpass ungenau gerät, wenn ein Spieler nicht hochkonzentriert die Übungen abarbeitet.

Ab und zu sprechen die Trainer kurz etwas miteinander ab – und es kommt vor, dass Heynckes einen Spieler zu sich heranruft und ihm erklärt, warum er etwas falsch gemacht hat. Der Spieler nickt und mischt sich wieder ins Geschehen.

Nur Hermanns Rufen hallt über den Platz, zu hören ist das entschiedene Ploppen satt getroffener Bälle, das Schnaufen der hetzenden Profis beim Spiel auf engem Raum ohne Tor.

Es ist ein anstrengender Abend, für alle Beteiligten.

Die Spieler atmen denn auch auf, als Heynckes anordnet, man werde nun auf halbem Platz ein Trainingsspiel veranstalten. Leibchen werden ausgegeben, das Match nimmt seinen Lauf.

Laut ist es nun. Die Spieler wollen auf sich aufmerksam machen, jeder fordert den Ball. Wer hier nicht schreit, kommt nicht weit. Hier wird der Ernstfall geprobt, hier wird gebrüllt, als sei man inmitten von 66.000 Menschen.

Kingsley Coman, den sie zuhause in Frankreich „la dynamite" getauft haben, ist einer der Lautesten an diesem Abend. Und er macht auch das erste Tor des Trainingslagers Doha 2018. Freut sich tierisch – wie im Ernstfall eben.

Nach 75 Minuten pfeift Jupp Heynckes ab. Die Spieler trotten verschwitzt zum Hotel zurück, bis zur Lobby sind's nicht mal fünf Minuten Fußweg.

Es ist nicht unbedingt ein Bau nach dem Geschmack junger Menschen. Viktorianischer Stil, protzig, viel Kristallglas, viel Bling-Bling, dicke Teppiche allerorten. Im Grand Heritage mögen sich vielleicht neureiche Oligarchen oder die Scheichs aus der Region wohlfühlen – das Haus ist aber nicht der Stil der Bayern-Profis. Die mögen es moderner, lässiger, westlicher …

Obwohl: Es ist schon okay, das Grand Heritage mit seinen 136 superteuren Zimmern und Suiten. Du musst dich um nichts kümmern. Das Frühstücksbüfett ist großartig, die Pools und Terrassen vom Feinsten, das Personal allzeit bereit. Du latschst in den Pantinen durch die Lobby und bist der Hausherr, sozusagen. Heynckes hat alles unter Kontrolle, die Fuzzis von der Presse können einen nicht belagern, die Fans bleiben in angenehmer Distanz, du hast die Ruhe, die du brauchst.

Manchmal ist den Profis fad. Dann twittern sie ein wenig, das ist unverbindlich und vertreibt die Langeweile. Niklas Süle klatscht sich im Teppich-Brokat-Silber-Gold-King-Size-Bed-Room nach dem Training eine Feuchtigkeitsmaske aufs Gesicht – und Kumpel Ribéry filmt sich und diesen Clown von Süle. Das Video ist auf Twitter ein Renner und schafft es bis in die *Bild*.

Ansonsten trainieren sie. Schlafen, essen, werden massiert. Mehr geht nicht. Dieser Heynckes nimmt sie böse ran.

Acht Einheiten und ein Testspiel in fünf Tagen. Das ist übel Stress.

Die meiste Zeit üben die Bayern mit Ball. Sie schulen das Zweikampfverhalten, sie behaupten sich auf knappstem Raum, sie verfeinern die Kurzpässe, sie schlagen weite Flanken. Zack, zack, eine Übung nach der anderen. Nur kein Stillstand, nur kein Innehalten. Das Arbeiten unter Heynckes ist körperlich anstrengend – und es zuzelt die letzte Aufmerksamkeit aus den Spielern.

Nach eineinhalb Stunden am Ball schlurfen sie zurück ins Hotel und sind durch mit der Welt. Da interessiert nicht mal mehr die Gesichtsmaske des Kollegen. Da wirft man sich nur noch aufs Kingsize-Bett und erholt sich.

Einmal bleibt der Ball außen vor. Das ist an Tag zwei, Heynckes erwischt die Burschen kalt. Sie werden gepiesackt, bis ihnen das Frühstück im Hals steht.

Sit-ups mit Gewichten, Klimmzüge, Kniebeugen mit Gummiseil, Einbein-Sprünge über Minihürden. Das ist der Prolog, nun sind die Herrschaften warm. Jetzt folgt der Kraftzirkel.

Acht Stationen haben die Fitnesstrainer des FC Bayern vorbereitet, die jeder Spieler zweimal für 30 Sekunden durchlaufen muss. Funktionelle Ganzkörper-Kräftigungsübungen zur Stabilisation und Prävention nennt das der Fachmann. Klingt eher harmlos und gesund – ist aber ein Grenzgang für die Leistungssportler des FC Bayern München.

Jede Übung ist wie eine Runde Boxen. Du steigst in den Ring und gibst alles. Du weißt, dass die Schmerzen kommen werden. Du weißt, dass dein Körper revoltieren wird. Spürst die Blicke des Trainers, der keinem eine Schwäche durchgehen lässt. Wenn du jetzt nicht alles gibst, stellt er dich nicht auf. Wenn du nicht genug drauf hast, stellt er dich nicht auf. Wenn die Kollegen es besser machen, stellt er dich nicht auf. Also ignorierst du den Schmerz und schreist dich in bester Sportlermanier an: Quäl' dich, du Sau!

Es gibt ein Foto des Abwehrspielers Javi Martínez, der sich gerade durch den Kraftzirkel schindet. Das Trikot ist verrutscht, die dunklen Haare hängen nass in die Stirn. Javis Mund ist geöffnet, der Mann bekommt nicht genug Luft. Die verschatteten Augen sind schmerzerfüllt.

Der Spieler arbeitet mit einer Zehn-Kilo-Hantelscheibe. Er muss sie über einen Parcours tragen und in höchst anstrengenden Pumpbewegungen vor und über den Körper hieven. Martinez kann eigentlich nicht mehr. Er hält die Scheibe nicht mehr gerade, sie gleitet ihm fast aus den verkrampften Fingern. So wuchtet er sie nach oben und steht mit gequältem Gesicht unter Dohas Sonne.

Ein Mann, der ein Stück Metall über seinen Kopf hebt: Das kennt man doch. Das kennt man gerade von einem wie Martínez. Normalerweise ist das Metall edel und zu einem Pokal oder einer Schale verarbeitet. Und Martinez lacht wie einer, dem die Welt geschenkt worden ist. An diesem Mittwoch im Januar hält er mit letzter Kraft nur eine Eisenscheibe hoch. Und zum Lachen gibt's auch keinen Grund.

Am Samstagabend treffen die Bayern im Freundschaftsspiel auf das Team von Al-Ahli. Sie gewinnen mit 6:0. Ein Tor erzielt der Neue. Flanke James, Kopfball Wagner – Tor! So ist's recht. Sandro Wagner ist hochzufrieden. In der Winterpause haben die Bayern-Bosse den Hünen eingekauft – er ist ein Mittelstürmer mit Fortune und soll vor allem für den Fall Sicherheit geben, dass der unersetzliche Robert Lewandowski verletzt ist.

Nun also ist der Pole in München geblieben, und Wagner macht gleich mal seinen Job. Er ist immer gefährlich, scheitert dreimal an einem exzellenten Torhüter, trifft einmal die Querlatte, dann köpft er ins Tor.

Super!, sagen Trainer und Kollegen. Den Mann kann man brauchen.

Jérôme Boateng: „Ich glaube, dass wir einen guten Stürmer bekommen haben. Er ist sehr ehrgeizig und gibt Gas."

David Alaba: „Ich glaube, dass er sich schon sehr wohlfühlt. Er hat sich super eingefügt."

Jupp Heynckes: „Sandro hat sich wirklich sehr gut eingegliedert. Er war sehr aktiv, hat sich in den Trainingseinheiten immer wieder positiv gezeigt. Ich finde, dass er für uns noch ein wichtiger Spieler werden kann."

Okay, so darf's weitergehen: „Nach einer harten Trainingswoche mit sehr intensiven Einheiten war das heute ein ordentlicher Test, denke ich", resümiert Wagner nach dem 6:0. „Wir hatten gute Spielzüge, alle sind gesund geblieben. Mit der nötigen Frische hätten wir noch das eine oder andere Tor mehr machen können."

Er ist, erklärt er, rundum glücklich: „Ich habe beim FC Bayern das Fußballspielen gelernt, dann ging es mal rauf und mal runter. Dass ich noch einmal bei den Bayern landen würde, dass ich jetzt mit 30 sogar Nationalspieler sein würde – das habe ich nicht mal geträumt."

Der gebürtige Münchner ist als Fußballer in der Tat ordentlich Achterbahn gefahren: FC Bayern München, zweite und erste Mannschaft. MSV Duisburg. Werder Bremen, erste und zweite Mannschaft. Kaiserslautern. Hertha BSC Berlin, Erste und Zweite. Darmstadt. Hoffenheim. Und jetzt, 2018, FC Bayern München. „Ja, das ist echt ein Traum. Ich habe ein gutes Leben. Und Herr Heynckes ist für mich wie eine Vaterfigur."

Gegen Ende des Trainingslagers muss der Neue beim Abendessen singen. So ist das Usus bei den Bayern. Mal sehen, wie sich der Novize beim Karaoke blamiert.

Wagner singt nicht, er knödelt. Sehr musikalisch ist er nicht. Aber loyal. Und der Refrain des Songs, den sich der Kerl ausgesucht hat, ist toll: „Marmor, Stein und Eisen bricht, aber unsere Liebe nicht."

Das finden sie geil, die anderen. Jupp Heynckes schmunzelt.

Zurück in Deutschland gibt's einen Tag frei. Dann ist Endspurt der Rückrundenvorbereitung. Mats Hummels (Adduktorenprobleme) und Robert Lewandowski (Patellasehnenprobleme) stoßen zur Mannschaft. Hummels ist, zusätzlich zur abklingenden Verletzung, ein wenig abgelenkt. Seine Frau wird in den nächsten Tagen ihr erstes Baby bekommen. Das macht den Profi nervöser als ein Pokalspiel.

Letzter Test gegen die SG Sonnenhof Großaspach. 5:3 gewonnen, Ribéry schießt drei Tore.

Letzte Pressekonferenz vor der Rückrunde. Heynckes ist prima gelaunt. Er warnt, was soll er sonst wohl machen: „Seit zwölf Spielen hat Leverkusen nicht mehr verloren. Das ist eine junge, hochtalentierte, hungrige, schnelle Mannschaft, die auch viel Fantasie hat. Ein hartes Spiel wird das – mit vielen Zutaten, die den Fußball attraktiv machen. Es ist schon ein Auftakt, der es in sich hat, der prickelnd und schwierig ist."

Heynckes grinst (übrigens: Der Mann müsste mal zum Friseur, das silbergraue, nach hinten gekämmte Haar gerät aus der Fasson). Er ist gerade gefragt worden, ob er keinen Bammel vor der Statistik habe; schließlich hätten die Bayern seit Jahren nicht mehr in Leverkusen gepunktet.

Der Bayern-Trainer wird zum Schelm: „Den letzten Bayern-Sieg in Leverkusen, wer hat den errungen? Wer war da Trainer?" Die Herrschaften von der Presse schweigen, worauf der Jupp die Frage selbst beantwortet: „Das war ich. Warum soll ich da Bammel haben?"

Als er mit der Mannschaft in den Katakomben der Arena verschwindet, ist vom Schelm nichts übrig. Jupp Heynckes ist im Fight-Modus, genau wie seine Spieler.

Auf der Ehrentribüne lockert Präsident Hoeneß den Fanschal.

Die Gladiatoren laufen ein, machen sich ein letztes Mal warm. Hoeneß sieht hinunter auf die teuren Akteure: die Ersatzspieler und die elf Männer, die Heynckes ins Gefecht schickt.

Vor einem Vierteljahr war das noch ein Haufen außergewöhnlicher Fußballer, die nicht so recht zusammenzupassen schienen. Die zum Teil verunsichert waren, die ihre Laufwege vergessen hatten, die nicht mehr an geile Spiele glaubten. Nun hat sie dieser Jupp zu einem Trupp von Sieg-Söldnern geschweißt. Sie klatschen sich ab und machen sich an die Arbeit.

Die erste Bayern-Elf 2018:

Sven Ulreich. Manuel Neuer, der beste Torhüter der Welt, ist noch immer nicht gesund, quält sich durch eine knüppelharte Reha. Sein Stellvertreter Sven Ulreich spielt klasse. Jupp Heynckes mag seine nüchternen, effizienten Auftritte. Und der Trainer schätzt die Intelligenz Ulreichs. Der weiß, dass sein Freund Neuer unerreichbar ist. „Manu hat einfach eine Gabe, die brutal ist. Er antizipiert die Bälle extrem früh. Manu ist auf einer anderen Ebene als alle anderen Torhüter auf der Welt." Aber solange er, Ulreich, den Job bei Bayern machen darf, genießt er's. Macht keine Fehler, ist einer der Besten der Liga. Hält sogar Elfer, die der Neuer nicht pariert hätte. Die Fans haben Vertrauen, er hat ein gesundes Selbstvertrauen: „Fußball ist so schnelllebig. An einem Tag bist du der Depp, am anderen kannst du der Held sein. Wichtig ist, dass du weißt, du hast ein gutes Spiel gemacht, ohne in der Bewertung zu übertreiben. Man muss immer die Kirche im Dorf lassen."

Rafinha, bürgerlich Marcio Rafael Ferreira de Souza, geboren 1985 im brasilianischen Londrina. Friedlicher Zeitgenosse, mit dem Mann kann man nicht streiten. Keine Allüren, keine Extrawürste, ein zuverlässiger Dienstleister, in der Abwehr wie auch im Aufbauspiel. Die Bosse mögen den Rechtsverteidiger sehr. „Rafinha ist für uns ein wichtiger Spieler auf dem Platz, aber auch ein sehr beliebter Mensch in der Kabine", sagt Karl-Heinz Rummenigge. Und Rafinha? Macht eine gänzlich unkomplizierte Liebeserklärung: „Der FC Bayern ist für mich wie eine zweite Familie und einer der besten Vereine der Welt. Hier kann ein Fußballprofi alt werden. Hier möchte ich noch so viele Titel wie möglich gewinnen."

Jérôme Boateng. Weltmeister. Einer, der eine Abwehr versichert mit seinem Können. Fehler sind ihm fremd. Schlägt Pässe, wenn es sein muss, bis zum Mond. Ein ruhiger Zeitgenosse. Bildet sich nichts auf sich ein – auch wenn er einen Modefimmel kultiviert und mit Werbung viel Zugeld verdient. Hatte mit Verletzungen an der Schulter und am Oberschenkel zu tun, nun will er wieder der Alte werden. Vergisst allmählich die letzten Tage unter Trainer Ancelotti, vor allem die Momente vor dem Spiel in Paris. „Wir saßen im Besprechungsraum, und fünf von uns wurde dann anderthalb Stunden vor dem Spiel gesagt, dass wir nicht spielen, plötzlich und ohne jede Erklärung", schildert Boateng den denkwürdigen Tag: „Die betreffenden Spieler waren geschockt, das kann man schon sagen."

Niklas Süle, ungarische Wurzeln, gradlinig, auf dem Platz ein harter Brocken. „Du musst versuchen, du selbst zu bleiben. Das Wichtigste ist für mich, dass alles respektvoll abläuft. Man sollte sich nie verstellen, sondern einen guten Job machen und nicht künstlich werden."

David Alaba. Kommt aus Wien, hat's manchmal mit Selbstzweifeln. Stiller Kollege, der ohne Alkohol feiern kann wie ein Volltrunkener. Sein Vater George, Musiker aus Nigeria, sagt: „Moral ist wichtig. Das wollten wir unserem Sohn David mit auf den Weg geben. Afrikanisch-asiatisch-europäische Moral. Das Beste von drei Kontinenten." Afrikanisch sei Davids Ehrgeiz. „Und sein unbändiger Wille, etwas zu erreichen."

James David Rodríguez Rubio, kurz „James". War bei der WM in Brasilien Torschützenkönig, ist aber in Madrid in der Versenkung verschwunden. Als ihn die Bayern holten, höhnte die *Zeit*, durch die Verpflichtung dieses Hinterbänklers mache sich der Münchner Verein „klein gegenüber Real". Im Januar 2018 sagt der Kolumbianer, ohne mit der Wimper zu zucken: „Ich denke, dass wir imstande sind, es zu schaffen, alle drei Titel zu gewinnen. Wenn so große Qualität in der Mannschaft ist, darf man schon mal vom Triple träumen."

Javi Martínez. Spricht mit dem Trainer gern mal Spanisch. Sagt, Heynckes habe das drauf mit den ganz großen Siegen. Blind folge er diesem wunderbaren Coach. Martínez ist der Gentleman der Mannschaft. Sogar die *Bunte* ist berückt: „Javi, der mittlerweile zu den absoluten Bayern-Stars zählt, verzauberte seine Fans auf Instagram jetzt mit einem niedlichen Schnappschuss. Papa und Sohn liegen sich auf der Couch ganz gemütlich gegenüber und strahlen um die Wette. Sein sonniges Gemüt hat Baby Luca offensichtlich von seinem Vater geerbt. Der Fußballer scheint in seinem Vaterglück vollkommen aufzugehen – und seine Fans freuen sich sehr für ihn! Sie posten jede Menge Herzen in ihren Kommentaren und beglückwünschen ihn und seine Aline zu einem so goldigen Söhnchen. Hoffentlich sehen wir in Zukunft mehr von dieser süßen Familie!"

Arturo Erasmo Vidal Pardo, kurz „Vidal". Im September 2017 gerät er in eine Disco-Schlägerei, und die *Bild* veröffentlicht seine „Skandal-Akte": „November 2011: Vidal kommt nach einer Taufe zu spät und betrunken zum Training. Folge: Kurz-Rausschmiss aus der National-elf. – Oktober 2014: Schlägerei vor Nachtklub in Turin, mehrfach soll er betrunken beim Training erschienen sein. Folge: Juventus brummt ihm 100.000 Euro Strafe auf. – Juni 2015: Unfall mit 1,2 Promille, Ehe-frau Maria verletzt, Ferrari Schrott. Ex-Nationaltrainer Sampaoli: ‚Er mag es zu trinken, ist ein Fall für den Arzt.' – August 2017: Casino-Party in Chile. Von einem Polizei-Einsatz morgens um 7 Uhr ist die Rede. Die Schwiegermutter von Torwart Claudio Bravo (34) im TV: ‚Alle Welt weiß, dass Vidal besoffen zum Training kam.'" Das also ist Vidal, chilenischer Profi beim FC Bayern München, sie nennen ihn den „Krieger". Auch mit dem muss Heynckes klarkommen.

Arjen Robben. Freundlicher Holländer, Künstler am Ball, hem-mungslos ehrgeizig, neigt manchmal zum Mimosentum. Ist mit den Niederlanden 2017 bei der WM-Qualifikation ausgeschieden, war untröstlich. Lang kann er nicht mehr auf dem ganz hohen Niveau spielen, er weiß das. Will mit den Bayern partout noch alles gewinnen, was sich darbietet. „Mittlerweile bin ich Bayer durch und durch. Ich bin ein Teil dieses Vereins."

Franck Ribéry. *Comment?* Monsieur Robben soll Bayer durch und durch sein? *Ça va pas, non?* Da hat Franck Ribéry denn doch ein Wort mitzureden. *Le FC Bayern Munich, c'est lui, Franck Ribéry, né à Bou-*

logne-sur-Mer. Der Franzose, geboren in Boulogne-sur-Mer, ist Monsieur Munich, er liebt die Stadt, die Stadt liebt ihn, die Fans wollen ihn sehen, auch wenn er mal 90 Minuten lang wie ein wirres Huhn über den Platz derwischt. Ribéry, das ist der Mann fürs „Mia san mia". Ribéry rennt für die Mannschaft – bis sie ihn vom Platz tragen. Außerdem kleidet ihn die Lederhose trefflich.

Thomas Müller. Keiner, dem eine Lederhose passt. Er hat Waden wie Steckerl. Dünn und wenig tragfähig scheinen sie, aber er macht mit seinen dürren Beinen Dinge, die die Fachleute auch nach Jahren nicht begreifen. Die gegnerischen Verteidiger treibt er damit zur Verzweiflung. Eine Weile freilich schien es, als habe er das Müllern verlernt. Carlo Ancelotti, der Trainer, mochte ihn nicht besonders. Thomas Müller verkümmerte, ein griesgrämiger Sucher wurde er, das Tor traf er schon gar nicht mehr. Dann kam Jupp Heynckes – und jetzt ist er aufgeblüht, der Mann mit den Steckerl-Waden.

Das sind die elf Mann, die ins Jahr 2018 starten. Stille und Laute, Bedächtige und Vorlaute, Hitzige und Besonnene, Familienmenschen und Hallodris, Trainingsschwänzer und Überstundenleister. Sie alle hat Jupp Heynckes in drei Monaten ziemlich auf Kurs gebracht.

Nun beginnt die Rückrunde. Es folgen Endspiele in den Pokalwettbewerben, lauter Endspiele. In der Liga zeigen alle Gegner das Beste, was in ihnen steckt. Siege gegen die Bayern sind so wunderschön – und voller Häme. Nun muss das Orchester FC Bayern zeigen, ob es die guten Töne kann. Keine Schonfrist mehr.

Schiedsrichter Siebert pfeift an. Uli Hoeneß' Blutdruck ist hoch.

Leverkusen geht es schnell an, attackiert früh, diktiert das Spiel. Aggressiv sind die Gastgeber, sie wollen die Bayern einschüchtern. Volland bekommt nach zehn Minuten Gelb, vier Minuten später gibt es eine Gelbe Karte für Bellarabi.

Nach einer Viertelstunde ist das erste Pulver verraucht. Die Münchner finden ihren Rhythmus, sie fangen die gegnerischen Attacken ab und marschieren selbst nach vorn. Vidal ist einer, der besonders viel Druck macht. Er schießt scharf aus linkem Winkel, das ist nicht ungefährlich. Die folgende Ecke segelt in den Strafraum, da ist dieser Vidal schon wieder am Ball. Der „Krieger" ist auf den Geschmack gekommen.

Die Bayern nehmen Fahrt auf. Mit Angriffen von außen berennen sie das Leverkusener Tor.

Raus aus der Defensive! Kontrolle! Thomas Müller hat sich warm gespielt. Er rennt und brüllt, er hadert mit dem Schiedsrichter. Müller bekommt Gelb, weil er zu ungestüm mit dem Gegenspieler umspringt. Er ist genervt, klaut einem besser postierten Kollegen den Ball.

In der Mitte soll es Müller richten. Da der Lewandowski noch nicht wieder fit ist, hat Heynckes den Müller auf die zentrale Position vor der Leverkusener Abwehr beordert. Das behagt dem Münchner nicht so recht – er treibt sich am liebsten überall und nirgends rum. Nun aber muss er mittig auf die Bälle lauern. Lang schlagen die Mitspieler die Bälle in seine Richtung, aber er ist nicht der Typ, der mit dem Rücken zum Tor die Pässe annimmt, sich irgendwie in den Strafraum wurschtelt und dann zielstrebig aufs Tor zugeht. Müller spielt gern „über Bande", unkonventionell – so wie es nur Thomas Müller kann.

Nun, Heynckes hat es anders angesagt. Und so läuft und hetzt der Stürmer durch die Angriffszentrale – nur der Ball gehorcht noch nicht.

Ecke. Vidal mit Kopf. Abwehr Sven Bender. Martínez ist da. Hält drauf. Kunstvoll ist das nicht, aber ein Tor. Es ist die 33. Minute.

Heynckes lässt weiter über die Außenbahnen spielen. Das ist anders als bei Pep Guardiola, der die Mannschaft zum Passen und Verlagern anhielt. Das ist auch anders als bei Ancelotti. Auf jeden Fall zwingt es den Gegner in Standardsituationen. Mit denen ist Leverkusen in der ganzen Saison nicht so recht klargekommen.

Martínez schon wieder mit dem Kopf nach einer Ecke in der 38. Minute. Gefahr, Gefahr für Bayer!

Jetzt haben die Bayern die Partie im Griff. Schon die sechste Ecke. Süle mit dem Kopf dran. Gefahr, Gefahr!

Im Mittelfeld gewinnen sie jetzt die Zweikämpfe, vor allem die nickligen. Wie oft haben sie das in Doha geübt: rein in den engen Zweikampf, das Stochern um den Ball, das Spitzeln zum Nebenmann, das Behaupten des Balls, der befreiende Pass in den freien Raum.

Den Bayern gehört das Mittelfeld, sie sind jetzt die Platzherren.

Nach der Pause machen sie weiter so. Lassen sich auch durch einen Lattentreffer in der 55. Minute nicht beirren.

Alaba. Rafina. Martínez. Süle. Das sind Arbeiter des soliden Zweikampfs

Genau eine Stunde rum.

Konter. James flankt. Von rechts kommt mit Tempo Ribéry, von der Mittellinie kommt er, nimmt den Ball nach rechts mit, schlägt einen Haken, legt sich den Ball auf den rechten Fuß, zieht durch.

Dann hoch die Faust. Ein Siegerzeichen zu James. Heldenpose vor den Fans.

2:0. Das war's dann wohl.

Noch einmal bäumen sich die Leverkusener auf.

71. Minute.

Volland bekommt den Ball an der rechten Strafraumecke. Zieht nach links. Gegen Ribéry rennt er an, gegen Vidal, gegen Süle – er ist immer noch am Ball. Er schießt, der Ball wird abgefälscht. 1:2.

Später wird Bayer-Coach Heiko Herrlich sagen: „Da habe ich geglaubt, dass wir das Spiel noch gewinnen können."

Volland frei vorm Tor, langes Bein von Boateng in der 76. München kommt nicht mehr aus der Defensive.

Das Spiel kippt. So etwas mag Heynckes gar nicht.

Ribéry, mittlerweile ausgewechselt, hält es nicht mehr auf seinem Stuhl. Er streift die Kapuze ab, geht ein paar Schritte nach vorne und signalisiert: Gebt mal ein bisschen Gas!

James wird am Strafraum gefoult, da war er auf dem Weg zum Tor. Er schießt den Freistoß selbst. Zwei lockere Schritte. Kunstschuss mit links, der Ball dreht sich über die Mauer und landet links oben im Tor. Da kann Bayer-Torwart Leno fliegen, wie er will.

Die Bayern werfen sich auf James. Jetzt ist ihnen der Sieg nicht mehr zu nehmen.

Auf der Ehrentribüne rüsten sich die Menschen für den Heimweg. Michael Schade, Sprecher der Bayer-Geschäftsführung, kommt zum Gratulieren. Hoeneß steht kurz auf, nickt wie ein Politiker, setzt sich wieder. Ernst sieht er aus, dabei gewinnen die Jungs doch gerade.

Eine Minute später pfeift Schiedsrichter Siebert ab. Thomas Müller läuft mit den anderen Bayern zu den Fans, die sind genauso ausgelassen wie die Akteure. War ein hartes Stück Arbeit, das hätte auch noch schiefgehen können. Na ja, sei's drum, die drei Punkte sind gebongt, Zeit zum kurzen Feiern. Müller winkt lachend zu den Menschen auf der Tribüne. Nimmt Alaba in den Arm, gibt dem Ulreich einen Klaps auf den Hintern, latscht zur Mittellinie zurück. Ein Reporter steht im Weg.

Schnell, schnell, eine Antwort, auf den Punkt:

„Das war mehr als okay. Wir haben gleich mal allen gezeigt, dass mit uns nicht zu spaßen ist."

Schon begriffen. Die *Frankfurter Allgemeine* sieht die Bayern anderntags „kampfbereit auf den Spuren von Rocky. Seit Monaten schon und seit dem Winter-Trainingslager vielleicht noch ein bisschen mehr wirken die Münchner wie besessen von der Vorstellung, es allen – und auch sich selbst – noch einmal zeigen zu wollen: in Gedanken ganz bei sich, den eigenen Stärken und dem Ziel. Die Welt da draußen mit ihren Verführungen und Fallen? Ausgeblendet."

Autor Christian Kamp reibt sich die Augen über dieses Team, das im Herbst noch in Schockstarre schien: „Es ist eine schöne, ja eine romantische Geschichte, in der die Bayern derzeit schwelgen. Und spannend ist sie auch. Schließlich ist noch längst nicht klar, wohin die ganze Schufterei am Ende führen kann. Ob die Münchner auf ihre älteren Tage vielleicht wirklich noch einmal einen legendären Fight in sich haben oder ob doch eher das Handtuch fliegt, wenn die schweren Jungs aus Paris, Barcelona oder Manchester kommen."

Ach, was soll das Gerede? In München versuchen die Verantwortlichen, zu große Euphorie zu kontrollieren. Immer gelingt ihnen das nicht. Ein durch und durch beseelter Karl-Heinz Rummenigge singt im Fernsehen das Hohelied auf diesen phänomenalen Jupp. Den wollen sie auch in der nächsten Saison als Ausbilder haben:

„Es gibt diese Charmeoffensive von Uli Hoeneß – und wenn ich ehrlich bin, unterstütze ich die total. Wir haben jetzt 17 Spiele betrieben – 16-mal sind wir als Sieger vom Platz gegangen. Die ganzen jungen Spieler lieben ihn. Wir wären ja schlecht beraten, diesen Mann, der nicht nur ein guter Trainer ist, sondern auch ein wunderbarer Mensch, wenn wir den so ohne Weiteres kampflos aufgeben würden. Es ist nicht auszuschließen, dass Jupp Heynckes am 1. Juli noch auf der Trainerbank sitzt. Heynckes wäre der idealste deutsche Trainer. Man muss den Jupp, ohne ihn zu drängen, mit der notwendigen Eleganz begleiten."

Der Trainer selbst ist schon Minuten nach dem ersten Sieg des Jahres die Nüchternheit in Person. „Meine Mannschaft", sagt Heynckes – ein wenig blass, mit ein paar hektischen Flecken auf den Wangen, „meine Mannschaft hat heute über weite Strecken taktisch sehr gut gespielt, vor allem in der Defensive. Leverkusen war sehr offensiv ausgerichtet, und da mussten alle unserer Angriffskräfte defensiv arbeiten. Es ist schwer, in Leverkusen zu gewinnen. Das ist eine junge, hungrige und talentierte Mannschaft, und heute waren sie ungemein offensiv ausgerichtet, aber wir haben das defensiv sehr gut gemacht."

Aber: „Es hat ganz einfache Ballverluste gegeben, die Jungs sind ein bisschen oberflächlich und nicht konzentriert genug aufgetreten. Es gibt noch viel zu tun. Wir sind noch nicht auf dem Level, das ich mir vorstelle."

Katrin Müller-Hohenstein vom ZDF fragt, warum Heynckes den Stürmer Sandro Wagner erst recht spät eingewechselt habe.

Der Bayern-Trainer sieht an der Fernsehfrau vorbei, er hat einen kleinen Ekel in der Mimik. Diese Art Fragen ist ihm zuwider. „Ich weiß, dass alle wollten, dass Sandro von Anfang spielt. Aber ich habe gesehen, dass er noch nicht so weit ist. Er muss sich an uns gewöhnen. Und ich werde nicht so aufstellen, wie sich die Leute das vorstellen. So ticke ich nicht."

Basta.

Und da ist noch der unverfälschte Emotionalist Franck Ribéry. Der redet mittlerweile auf Anfrage ungebremst Deutsch. Das hört sich dann an wie nach dem Kick gegen Leverkusen: „Is gut, wenn du mach Tor. Ich hab immer viel Dribbling, dann mach Tor. Is schön. Leverküsen ist immer ein schwierig Spiel. Wir haben gemacht ein gut Urlaub in Katar. Aber das ist schön, dass wir gewinn 3:1. Ich hoffe, weiter spielen bei Bayern, so lange wie möglich bleiben. Bin immer glücklich, habe meine Spaß, auch mit die Fans. Ciao."

Avec plaisir, Franck! Ciao!

Aufstieg

Schon abgeschrieben – echt?
Der Masterplan des Jupp Heynckes sieht
so aus: den Anschluss an die Tabellenspitze in
der Bundesliga nicht verlieren, im Pokal und
international im Rennen bleiben.
Das wird hart sein, sehr hart.

Meisterschaft, die erste

11. Januar
Fußballweltmeister Mats Hummels und seine Ehefrau Cathy sind Eltern geworden. Das freut alle – vom Boulevardmagazin *Brisant* über *Spiegel Online* bis zur *Bunte* und zu *Gala*. Die Eltern natürlich auch. „Wir sind unglaublich glücklich und ich könnte nicht stolzer auf meine Frau und meinen kleinen Sohn sein", twittert Mats Hummels. Der Profi darf die ersten Tage trotz des Rückrundenauftakts seines FC Bayern München auf jungen Familienvater machen. Wegen Trainingsrückstands nach Muskelproblemen gehört der Innenverteidiger auswärts gegen Bayer Leverkusen nicht zum Kader.

12. Januar
„90.+1. Minute: JAAAAAAAAMES!!! Was für ein Tor. James schlenzt einen direkten Freistoß aus 17 Metern unhaltbar in den Torwinkel, 3:1 für die Bayern!" Auf der Homepage des FC Bayern München klingen die Kommentare jetzt ganz anders als noch sechs Wochen zuvor. Vorsichtig üben die Macher sich in stolzen Sätzen.

13. Januar
Spiel bei Leverkusen gewonnen, Hummels lebt die Harmonie vor, rundum bei Bayern kein Zoff in Sicht. Also fahndet die *Abendzeitung* nach einem ominösen Schuh-Telefonierer vom Vorabend. In der 49. Minute war in Leverkusen der Bayern-Fan bei der Live-Übertragung des ZDF zu sehen: gut gelaunt, Sportschuh am Ohr, Thomas Müller

im Blick. „Was läuft da?", fragt die *Abendzeitung* – Fußballfan Max weiß, was der Bayern-Fan da sagt, und verbreitet im Netz: „Ja, Mama. Ich hab die warmen Socken an, brauchst dir keine Sorgen machen. #B04FCB." So recht kann die Allgemeinheit sich noch nicht mit dem Gedanken anfreunden, dass sich die Münchner gerade auf den Weg zum sportlichen Triumph machen.

14. Januar
Karl-Heinz Rummenigge redet bei Sky. Er ist natürlich gut gelaunt: „Wenn ein Klub zu weit von den Tabellenplätzen zwei, drei, vier, fünf entfernt ist, leidet die Emotion." Die Liga brauche Spannung, und er und seine Bayern seien momentan Spielverderber. Die Zeiten waren schon mal spannender, sagt der Bayern-Boss und erinnert sich träumerisch an die Saison 2000/01. „Da wurde bis zur letzten Sekunde um den Titel gekämpft. Das war meine schönste Meisterschaft überhaupt."

15. Januar
Rummenigge legt nach. Es geht um die Personalie Jupp Heynckes: „Wir wären schlecht beraten, wenn wir diesen Mann, der nicht nur ein guter Trainer ist, sondern auch ein wunderbarer Mensch, ohne Weiteres kampflos aufgeben würden, und das werden wir auch nicht tun."

16. Januar
Lothar Matthäus, Experte bei Sky, hat auch was zu sagen: „Karl-Heinz und Uli lieben Heynckes. Die Bayern-Stars lieben ihn. Die Fans lieben ihn – wohlgemerkt selbst die gegnerischen. So eine Zuneigung, wie sie Jupp aktuell erfährt, hat noch nie ein Bayern-Trainer zu spüren bekommen."

17. Januar
Heynckes ist hundert Tage im Amt. 17 Spiele, 16 Siege. Alles paletti. Nach zwei freien Tagen lässt der Coach die Spieler Pässe üben und feilt weiter an der Abstimmung und den Feinheiten in der Mannschaft. Rafinha sagt, der Trainer, wisse echt, was er mache. „Er ist wie ein Vater für uns. Wir haben großen Respekt vor ihm. Sein ganzes Team macht großartige Arbeit."

18. Januar

„Mein Image bleibt in jedem Fall." Jupp-Heynckes-Titel der aktuellen Ausgabe des *Kicker*.

19. Januar

Geheimtraining. Rudy und James beharken sich – bis es Rudy zu blöd wird. Ribéry und Boateng müssen ihn zurückhalten, sonst würde er dem Kollegen eine schallern. Der Coach ist angetan: „Ich fordere so was auch ein. Das ist Männersport."

20. Januar

Im Training trägt Franck Ribéry ein grünes Leibchen. Bringt Glück, sagt er. Der morgige Gegner in der Bundesliga ist Bremen – die „grünen Fischköpfe". Gegen die hat Franck 2007 im ersten seiner bislang 386 Pflichtspiele zwei Tore geschossen. Der Trainer ist sehr angetan vom Ribéry 2018: „Er ist ungemein engagiert, spielfreudig und er arbeitet für die Mannschaft."

21. Januar

4:2 gegen Werder Bremen. Tore: je zwei von Lewandowski und Müller. Vorsprung in der Bundesliga ausgebaut.

22. Januar

Gestern schoss er sein 100. Bundesliga-Tor. Thomas Müller nimmt's zur Kenntnis: „Das ist eine Etappe, die ich erreicht habe. Aber die Reise ist noch nicht zu Ende."

23. Januar

Die Bayern müssen sich in den nächsten Wochen durch die „Wurstel-Spiele" mühen. In der Bundesliga ist vieles entschieden, der letzte Druck fehlt bis zu den nächsten Auftritten in der Champions League und im Pokal. Nicht einfach, da sauber zu arbeiten. Heynckes: „Gegen Bremen waren wir nicht so klar in unseren Aktionen, wir haben zu behäbig aus der Defensive gespielt. Aber es zeichnet uns aus, dass wir solche Spiele gewinnen."

24. Januar
Der Wechsel des Stürmers Pierre-Emerick Aubameyang von Borussia Dortmund zum FC Arsenal wird immer wahrscheinlicher. In Dortmund wollen sie den genialischen Stinkstiefel nicht mehr. Er hat sich so lange danebenbenommen, dass man ihn nicht mehr sehen kann. In München erklärt ein ernster Jupp Heynckes, dass einer noch so gut Fußball spielen könne – wenn er sich so aufführe wie der Gabuner, dann solle er bleiben, wo der Pfeffer wächst.

25. Januar
226 Teilnehmer aus 43 Nationen – alle voll „geflasht". Bei den ersten FC Bayern HackDays brachten sich Bayern-Fans und Digitalexperten in der Allianz Arena mit ihren Ideen für die Zukunft ein. „Die Atmosphäre war wie bei einer großen Party", freut sich Karl-Heinz Rummenigge. „Die Digitalisierung soll ein zentraler Bestandteil unserer Strategie jenseits des Fußballplatzes sein." Gewonnen hat das Nerd-Team „Beat Adidas". Die fünf Mitglieder haben eine App entwickelt, mit der unter anderem Fans ihre Bayern auf der Allianz-Videowand anfeuern können.

26. Januar
Während Sven Ulreich, Torwart Nummer zwei, auf Wolke sieben schwebt und von den Mannschaftskollegen nur noch „Mann des Jahres" genannt wird, weil er hält wie ein Weltmeister, meldet sich der wahre Weltmeister zu Wort. Manuel Neuer wird nicht sehr konkret, aber er verbreitet Optimismus. „Mir geht es sehr gut, habe keine Schmerzen. In den nächsten Wochen werde ich mein Gangbild weiter verbessern. Ich mache Kräftigungsübungen, auch für den ganzen Körper, und bin in einem sehr guten Fitnesszustand."

27. Januar
Bayern München – Hoffenheim 5:2. Die Münchner liegen sehr schnell mit 0:2 hinten, drehen dann das Spiel noch. Heynckes: „Wir sind nicht so ins Spiel gekommen, wie wir es gewohnt sind. Hoffenheim ist gut organisiert und nutzt die Räume, die der Gegner lässt. Wir haben zu wenige zweite Bälle gewonnen, dadurch hat Hoffen-

heim sein Potenzial nach vorne ausspielen können. Insgesamt bin ich aber zufrieden."

28. Januar

150-mal hat Jupp Heynckes nun mit dem FC Bayern in der Bundesliga gewonnen – mehr Siege schafften bei den Münchnern nur Udo Lattek (184) und Ottmar Hitzfeld (158).

29. Januar

„Duzen erlaubt", wundert sich die *Süddeutsche*. Weil Heynckes nach dem 5:2 dem 42 Jahre jüngeren Kollegen Julian Nagelsmann das „Sie" entzogen hat.

30. Januar

Uli Hoeneß haut mal wieder locker ein paar Schlagzeilen-Sätze raus – diesmal in Düsseldorf auf dem Branchenkongress SPOBIS. Er wolle Heynckes auch im nächsten Jahr, auch wenn die Chancen nur bei zehn Prozent stünden. „Wir werden den Jupp ,charmeurisieren'. Wenn ich ziemlich nackt vor ihm stehe, habe ich vielleicht eine kleine Chance." Hoeneß weiter: „Wenn ich einen Trainer malen sollte, dann wäre der sehr ähnlich dem Josef Heynckes aus Schwalmtal. Ich hoffe, ihn davon überzeugen zu können, noch ein Jahr zu bleiben. Seine Mission bei den Bayern ist noch nicht zu Ende. Ich gebe nicht auf."

31. Januar

Sandro Wagner knickt im Training um, muss die Einheit abbrechen. Nach der Untersuchung gibt Doc Hans-Wilhelm Müller-Wohlfahrt Entwarnung.

1. Februar

Es wird ernst. In München fällt nasser Schnee, an der Säbener Straße trotten die Profis vom Gelände. Nun kann sie kommen, die erste englische Woche des neuen Jahres. Zuerst ein Gastspiel am Samstag beim 1. FSV Mainz 05, am Dienstag Viertelfinale gegen Paderborn im DFB-Pokal, dann gegen Schalke zuhause. Volles Programm, aber: „Ich habe lieber viele Spiele, die Woche geht schneller vorbei, wenn

wir zwei Spiele haben", freut sich Javi Martínez. „Wir sind bereit."
Klingt gut.

2. Februar
Heynckes: „In dieser Woche haben wir sehr intensiv trainiert, mit großem Umfang und hoher Intensität. Ich bin sehr zufrieden, weil sich niemand zurücklehnt, weil alle bereit sind, sich zu verbessern. Das stimmt mich optimistisch. Die englische Woche kann kommen."

3. Februar
FSV Mainz 05 – FC Bayern München 0:2. Die Tore für die Münchner: Franck Ribéry (32.) und James Rodríguez (44.).

4. Februar
Heynckes-Nachlese zum Sieg in Mainz: „Man stellt sich immer vor, dass solche Spiele für Bayern München leicht sind. Aber gegen uns wachsen Mannschaften über sich hinaus, sind kämpferisch wie auch physisch unheimlich präsent und spielen zudem phasenweise gut Fußball."

5. Februar
Der Trainer vor dem Pokal-Viertelfinale gegen Paderborn: „Wir werden hochkonzentriert ins Spiel gehen. Das war meine Message an die Mannschaft – und die ist bis jetzt auch immer deutlich und pünktlich angekommen."

6. Februar
Am Ende steht es 6:0 gegen Paderborn. Bayern im Halbfinale des DFB-Pokals. Das erste Tor des Abends hat Thomas Müller vorbereitet, wobei er schmerzhaft mit dem gegnerischen Torhüter kollidierte. Er bleibt liegen und beobachtet den Ball auf dem Weg ins Tor. Danach rennen die Kollegen nicht auf den Torschützen Coman zu, sondern umringen kollektiv Thomas Müller. Geht's wieder? Ist es schlimm? Komm, wir helfen dir hoch! Am Rand steht Jupp Heynckes und sieht die Szene mit Wohlgefallen. Das Tor ist okay, die Geste der Mannschaft ist klasse.

7. Februar

Steffen Baumgart, Trainer des SC Paderborn, aus gegebenem Anlass über den FC Bayern München: „Es ist schon beeindruckend, mit welcher Konsequenz die Sachen gemacht werden. Wir haben es probiert, Paroli zu bieten, aber der Gegner war einfach zu groß für uns."

8. Februar

Business as usual in einer busy week. Thiago trainiert erstmals nach elf Wochen Verletzungspause (Muskelteilriss im Oberschenkel) mit der Mannschaft. Martínez (verstauchtes Sprunggelenk) ist wieder auf dem Posten. Jérôme Boateng arbeitet nach Magen-Darm-Infekt individuell mit Peter Hermann. Thomas Müller tut die Oberschenkelprellung vom Pokalspiel noch weh, er begnügt sich mit Aqua-Jogging. Und Corentin Tolisso versorgt die Medien mit dem Bayern-Mantra: „Wir machen gute Spiele und schießen viele Tore. So müssen wir weitermachen. Große Herausforderungen warten auf uns. Wir sind bereit dafür."

9. Februar

Punkten in Fernost. Laut einer Studie der renommierten Mailman Group (Shanghai) belegt der FCB bei den Digitalaktivitäten in China Platz drei hinter Manchester United und Real Madrid. Zudem wird der Klub für den besten Technologie-Einsatz eines europäischen Vereins in Fernost ausgezeichnet. So konnten chinesische Fans vor den Stadien der Testspiele in Shanghai und Shenzhen mit über 4.000 eigens dafür produzierten VR-Brillen eine virtuelle Runde durch die Allianz Arena und übers Vereinsgelände an der Säbener Straße drehen.

10. Februar

Die *Süddeutsche* macht sich Gedanken. Wegen Manuel Neuer! „Bei der Nationalmannschaft und beim FC Bayern beobachten sie genau, wie sich ihr Torwart in diesen Wochen gibt. In München hätten sie es aber auch gerne, dass die großen Gegner, gegen die es spätestens im Viertelfinale in der Champions League Ende März geht, auf ein Tor zurennen, in dem einer steht, vor dem sie sich erschrecken. Doch gerade der in diesen Fragen konservative Heynckes drängt Neuer nicht, lieber schont er ihn ein Spiel zu lange. Vielleicht, vielleicht geht es ja dann auf einmal wieder ganz schnell."

10. Februar

2:1 gegen Schalke. Heynckes nicht dabei. Er liegt mit Grippe im Hotel. Es gibt Zwiebelsud mit Honig, wirksame Wickel, Rezepturen aus guten früheren Zeiten.

Das Regiment bei den Bayern hat Co-Trainer Hermann. Der lässt Heynckes' Platz im Stadion ungenutzt. „Eine Nummer zu groß für mich." Und sonst? Spieler Niklas Süle: „Seine Ansprache zur Pause war super. Nicht viel anders als bei Herrn Heynckes." Okay, meint Hermann. „Man muss schließlich was sagen."

12. Februar

Sven Ulreich bleibt für weitere drei Jahre beim FC Bayern München. Der 29-jährige Torhüter, dessen bisheriger Vertrag bis zum 30. Juni 2018 datiert war, verlängerte nun beim deutschen Rekordmeister bis zum 30. Juni 2021. Außerdem hört man, dass sich Bundestrainer Löw für Ulreich nach dessen guten Leistungen in den vergangenen Monaten interessiert.

13. Februar

In München ist Fasching, aber ein Bayern-Profi schiebt am trainingsfreien Dienstag eine Sonderschicht. Die Aussicht auf einen Startelfeinsatz am Wochenende in Wolfsburg motiviert den Spanier Thiago – schließlich hat der Trainer erklärt, er trage sich mit dem Gedanken, Thiago von Anfang an einzusetzen.

14. Februar

In den deutschen Zeitungen steht vermehrt zu lesen, beim FC Bayern München mache man sich Triple-Hoffnungen. Das ignorieren die Bosse an der Säbener Straße nicht einmal. Sie kommentieren auch nicht die Einlassungen von Lionel Messi im Gespräch mit dem *Sunday Mirror*: „Bayern ist ein großartiges Team, das bis zum Ende mit dabei sein wird."

15. Februar

Eintrag auf der Homepage der Bayern: „Den ersten Sieg hat Jupp Heynckes in dieser Woche schon eingefahren. Den gegen die fiebrige Erkältung, die ihn seit dem letzten Wochenende plagte. Am Donnerstagvormittag kehrte der FCB-Chefcoach auf den Trainingsplatz zurück und hatte gleich doppelten Grund zur Freude. Denn abgesehen vom rekonvaleszenten Manuel Neuer konnten auch alle seine Spieler an der Einheit teilnehmen."

Geheimes Training, jetzt immer öfter „geheimes Training". 20 Feldspieler und drei Torhüter rennen, grätschen und schießen hinter geschlossenen Vorhängen. Die Vorbereitung auf das Bundesligaspiel in Wolfsburg am Samstag behagt dem Trainer: „Schön, wie fit der Kader ist. Es ist Luxus, dass ich so viele Alternativen habe."

Der Trainer weiß genau, was passiert, wenn er solche Sätze mantrahaft öffentlich macht. Die Spieler bekommen's mit – und die Freude des Coachs überträgt sich auf die Akteure. „Wenn man die Spiele sieht und weiß, nächste Woche sind wir in der Champions League selber dran, dann ist das einfach ein geiles Gefühl", sagt Mats Hummels.

Am kommenden Dienstag gastiert Beşiktaş Istanbul zum Hinspiel in der Allianz Arena. Drei Wochen später, am 14. März, steigt das Rückspiel in Istanbul. „Ich freue mich unheimlich auf die Partien und nach längerer Pause die Champions-League-Hymne wieder zu hören", meint Hummels, „es sind ja doch mehr als zwei Monate ohne internationale Spiele gewesen."

16. Februar

Martin Schmidt sagt: „Wir haben nicht viel zu verlieren." Er ist Trainer in Wolfsburg, wo Bayern sein nächstes Bundesligaspiel bestreitet. „Wir gehen mit erhobenem Kopf und einer breiten Brust in die Partie. Ich muss meinen Spielern ein bisschen den Respekt nehmen und sie wissen lassen, dass man den Bayern auch wehtun kann."

17. Februar

Wolfsburg – München 1:2. Die Tore für Bayern schießen Wagner und in der Nachspielzeit Lewandowski.

18. Februar

Thomas Müller: „Wir haben kein schlechtes Spiel gemacht. Dieser Wille, Spiele gewinnen zu wollen, obwohl es vorne vermeintlich nicht mehr wirklich spannend wird, das macht einfach Spaß. Die Mannschaft ist einfach geil."

19. Februar

Istanbuls Trainer Şenol Güneş, 65 ist er und ein ausgebuffter Hund: „Bislang haben wir uns diese Saison immer als Favorit gesehen. Jetzt ist es das erste Mal, dass wir sagen, wir gehen nicht als Favorit ins Spiel. Von außen gesehen ist Bayern stärker als wir, aber wir werden rausgehen und unseren Fußball spielen."

20. Februar

5:0. Müller. Coman. Müller. Lewandowski. Lewandowski.

21. Februar

Mittelfeldspieler James hat sich beim Champions-League-Spiel gegen Beşiktaş Istanbul verletzt, aber nicht arg. Er wird von Hans-Wilhelm Müller-Wohlfahrt untersucht, und der gibt Entwarnung: Der Kolumbianer hat lediglich leichte Probleme in der Muskulatur der linken Wade, er muss ein paar Tage pausieren.

22. Februar

Die *Bild*, ungeduldig auf der Suche nach Negativzeilen aus München, versucht es mal damit: „5:0 schlagen die Bayern im Achtelfinal-Hinspiel der Champions League Beşiktaş Istanbul. Können praktisch schon für die nächste Runde planen. Allerdings: Superstar Arjen Robben (34) reagierte nach dem Abpfiff angefressen. Wie geht es weiter mit dem Holländer? Der Vertrag des alternden Superstars läuft aus."

23. Februar

Es war ein beeindruckender Lauf, den die Bayern von August bis Oktober 1980 hinlegten. 14 Pflichtspiele in Folge konnte das Team von Trainer Pál Csernai damals gewinnen. Seit dem Bundesliga-Aufstieg 1965 gelang dem Rekordmeister keine längere Serie – bis heute?

Aktuell steht die Mannschaft von Jupp Heynckes nämlich erneut bei 14 Siegen am Stück. Der Uralt-Rekord wurde also bereits eingestellt, aber was passiert am Nachmittag gegen Hertha BSC?

24. Februar

Nicht gewonnen. Zuhause kommen die Münchner gegen Hertha BSC trotz großer Überlegenheit nicht über ein torloses Unentschieden hinaus, aber der Vorsprung in der Liga wächst und wächst. Momentan sind es 20 Punkte.

25. Februar

Nur 0:0. Ist der Trainer jetzt stinkig? Nee, gar nicht. „Meine Mannschaft hat trotz des Unentschiedens eine gute Einstellung zum Spiel gefunden. Wir waren sehr engagiert und hatten vor allem in der ersten Halbzeit hochkarätige Chancen, die wir nicht genutzt haben. Wir können mit dem Punkt leben, ich kann meiner Mannschaft überhaupt keinen Vorwurf machen. Wir haben viele Chancen vergeben, das ist ungewöhnlich, aber solche Tage gibt es."

26. Februar

Sonntag. Die Spieler trudeln ein. Sie laufen aus, das ist eine lockere Einheit, man kann sich während des Sports ein wenig unterhalten. Der Kreislauf kommt auf Touren. Die Muskeln werden leicht und fühlen sich gut an. Der Körper „vergisst" das Spiel vom Vortag.

Danach versammelt der Trainer die Profis und erklärt, sie hätten jetzt erst einmal zwei Tage frei. Da können sie mal den Kopf frei bekommen. Am Mittwoch sehe man sich wieder in alter Frische. Alsdann, viel Spaß, fit bleiben. Und tschüss!

Geil. Was für ein cooler Coach!

„Spiele sind schöner als Training. Wir spielen jetzt erst nächsten Sonntag wieder", meint Arjen Robben. Sieben Tage liegen zwischen dem Hertha-Spiel und der Auswärtspartie kommenden Sonntag in Freiburg, und jeder Fußballer weiß, dass es nichts Schöneres gibt, als zu spielen. „Das ist eine lange Zeit. Da muss man durch", sagt der Holländer.

27. Februar

Der französische Nationalspieler Kingsley Coman hat sich am Samstag beim 0:0 gegen Hertha BSC einen Riss des Syndesmosebandes oberhalb des linken Sprunggelenks zugezogen. Dies ergibt eine Nachuntersuchung am Folgetag. Jetzt, am Montag, wird Coman in Tübingen von Professor Dr. Ulrich Stöckle operiert. Kein großes Ding – aber der 21-Jährige fällt mehrere Wochen aus.

28. Februar

Die aktuellen Leistungen des Teams sind mit ein Grund dafür, dass Karl-Heinz Rummenigge als Strahlemann den Geburtstag des FC Bayern am 27. Februar feiert. „Man kann voller Stolz behaupten, dem Geburtstagskind geht es gut. Wir sind pumperlgsund", resümiert der 62-Jährige die Lage zum 118. Vereinsjubiläum.

Im DFB-Pokal trifft der FCB am 17. April im Halbfinale auf Bayer Leverkusen, in der Champions League stehen die Chancen auf das Viertelfinale nach dem 5:0-Hinspielsieg bestens, und die Liga führt der Rekordmeister nach 24 Spieltagen mit 19 Punkten Vorsprung an.

Man könnte jetzt ein bayerisches Sprichwort bemühen. Das heißt „mit vollen Hosen ist gut stinken". Aber so ein krachlederner Typ will Rummenigge nicht sein. „Wir feiern erst, wenn es mathematisch feststeht. Wir warten das in Ruhe ab", beteuert ungefragt der ehemalige Weltklasse-Stürmer, der trotz des Vorsprungs keinen Konzentrationsabfall in der Mannschaft befürchtet: „Es ist ja nicht das erste Mal, das hat auch etwas mit Erfahrung zu tun. Und außerdem wird Jupp Heynckes kein Larifari dulden."

1. März

Bei Temperaturen im knapp zweistelligen Minusbereich tun die Spieler alles dafür, warm zu bleiben. Will man sie bei der Einheit beobachten, hat man Probleme, sie zu erkennen. Bei Arturo Vidal beispielsweise sieht man teilweise nur noch die Augen, so sehr hat er sich vermummt, um der Kälte standzuhalten. „Es ist Wahnsinn, es ist hart zum Trainieren", sagt er.

Der Chilene kennt das deutsche Wetter zwar schon lange, so richtig daran gewöhnt hat er sich jedoch nicht. „Man fühlt die Füße nicht. Es geht alles ein bisschen schwerer." Wer nun aber denkt, der als Leichtfuß und Lebemann bekannte Vidal mache wegen der grimmen Kälte halblang, der täuscht sich: „So ist es halt. München. Deutschland. Winter. Ist scheiße. Aber wir müssen alles geben, um 100 Prozent auf dem Feld zeigen zu können."

Diese und die kommende Woche sind für den FC Bayern reine Trainingswochen, erst danach geht es mit den englischen Wochen weiter. Dafür wollen die Bayern nun die Grundlagen legen. „Wir können die zwei Wochen hart und voll konzentriert zusammenarbeiten. So können wir uns für die letzten zwei Monate der Saison vorbereiten", erklärt Vidal – dann sagt er: „Es wäre mir lieber, alle drei Tage zu spielen, alles ist irgendwie emotionaler."

2. März
Freitag bei spürbar steigenden Temperaturen. Endspurt der Vorbereitung auf das Bundesligaspiel in Freiburg am Sonntag. Es fehlt Franck Ribéry. Der Franzose laboriert an einem Magen-Darm-Infekt und wird nicht in den Breisgau fahren.

„Es ist klar, dass er am Sonntag nicht dabei sein kann", so Jupp Heynckes, der hofft, „dass er am Montag wieder mit der Mannschaft trainieren kann." Ebenfalls am Montag könnte auch James Rodríguez (Wadenprobleme) wieder ins Teamtraining einsteigen. Der Kolumbianer hatte nach einer Woche Pause am Donnerstag erstmals wieder Rasen unter den Füßen.

Wenn Heynckes so die Personalien seiner Mannschaft erklärt, wird er sehr ernst. Es stört mächtig, dass der Franzose jetzt krank geworden ist – hoffentlich ist es nicht die Grippe, die in diesem Jahr besonders rüde in München gewütet hat und die auch Heynckes länger als erwartet außer Gefecht setzte. Die Waden von James, die Knie von Vidal, die Füße von Tolisso, die Gesundheit jedes einzelnen der 25 Spieler werden von Heynckes jeden Abend thematisiert. Er braucht eine gesunde Truppe, die durchhält bis Mitte Mai. Am liebsten hat er es, wenn er sagen kann: Wir sind „topfit" – sein Lieblingswort in den nächsten Wochen.

3. März

Heynckes weiß, dass trotz des großen Vorsprungs noch viel Arbeit auf sein Team wartet, speziell gegen den Tabellendreizehnten aus dem Breisgau. „Das wird ein schwieriges Spiel", warnt der Triple-Trainer vor den Freiburgern, die in den „vergangenen Wochen und Monaten sehr erfolgreich Fußball gespielt haben. Die Jungs sind nicht nur richtig fit, sondern auch sehr laufstark und aggressiv. Wir müssen hellwach sein, um das Spiel zu gewinnen."

4. März

„Locker flockig", so formuliert es Thomas Müller, steigen die Profis des FC Bayern nach dem Bundesligaspiel beim SC Freiburg am Sonntagabend in den Mannschaftsbus und treten die Heimreise nach München an. Dank eines klaren 4:0-Sieges bei den Breisgauern baut der Tabellenführer seinen Vorsprung auf 20 Punkte aus und benötigt noch drei Siege aus den verbleibenden neun Partien, um die Titelverteidigung perfekt zu machen. Tolle Stimmung, kein einziger Misston.

„Das war ein gutes Spiel, ein sehr engagierter Auftritt von uns. Wir wollten nach dem Unentschieden in der letzten Woche wieder zeigen, was los ist. Das haben wir geschafft. Deswegen sind wir hochzufrieden", sagt Müller. Auch Torwart Sven Ulreich spricht nach dem dritten Spiel in Folge ohne Gegentreffer von einer „guten und souveränen" Leistung des Rekordmeisters beim Tabellendreizehnten.

Und der Trainer? Sagt nicht viel: „Ich bin heute sehr zufrieden mit meiner Mannschaft, das war eines unserer besten Spiele in dieser Saison. Ich war sehr angetan."

5. März

Ach, dieser Tolisso!

Dem geht es immer besser. Der könnte mal ein ganz Großer werden.

Jetzt hat er sogar ein Tor per „Kunstschuss" gemacht.

Es war aber kein Sonntagsschuss, das hatte nichts mit Glück zu tun. Das Tor von Freiburg ist das Ergebnis harter Arbeit. „Ich übe diese Schüsse oft nach den Einheiten mit Co-Trainer Peter Hermann", erklärt der 23-Jährige dem *Kicker* und fügt an: „Diese Extra-Schichten haben sich jetzt ausgezahlt, darüber bin ich sehr glücklich."

Wenn die Kollegen schon in die Kabine gehen, bleibt der Mittelfeldspieler meist noch etwas länger auf dem Rasen und schießt aufs Tor oder macht andere Ballübungen mit dem Assistenten von Jupp Heynckes. Doch nicht nur diese Zusatzschichten tragen derzeit Früchte, das ganze Team profitiert von Heynckes' Einheiten, wie die starken Leistungen des Rekordmeisters belegen. „Dass die Jungs diese Wettkampfhärte haben, wie sie sie heute gezeigt haben, das haben sie sich in unserem täglichen Training erworben", erklärt ein durch und durch zufriedener Cheftrainer nach der Partie. „Die Mannschaft ist hochmotiviert, die Jungs wollen nicht zurückstecken. Sie wissen, dass sie den Rhythmus brauchen. Wir machen so weiter wie bisher."

6. März
Eindeutig: Die Fans wählen den Kapitän zum „Spieler des Monats". Thomas Müller bekommt 52 Prozent der Stimmen – auf Platz zwei landet James Rodríguez mit 16, vor Kingsley Coman mit zehn Prozent.

7. März
Protokoll eines Comebacks:

Nachdem James Rodríguez am Dienstag erstmals nach seinen muskulären Problemen aus dem Beşiktaş-Spiel wieder einige Übungen mit dem Ball machen konnte, zündet nun die nächste Stufe zu seinem Comeback. Der Kolumbianer mischt wieder im Mannschaftstraining mit. Auch Arjen Robben ist komplett mit dabei, somit fehlen lediglich die beiden langzeitverletzten Kingsley Coman und Manuel Neuer.

James ist die Freude über diese Rückkehr ins Team sichtlich anzumerken. Der 26-Jährige turtelt mit dem Ball, zeigt Tricks, hat ein breites Grinsen auf dem Gesicht. Das vergeht ihm nicht einmal, als er realisiert, dass Jupp Heynckes & Co. die Spieler durch eine straffe Einheit knüppeln.

Nach einem freien Tag müssen die Profis rennen und sprinten, es ist ein schweißtreibendes Programm. Danach geht es in Spielformen auf engstem Raum intensiv zur Sache, und das Tempo lässt keine

Pausen für die Spieler zu. Wer sich hier gehen lässt, braucht nicht auf einen Einsatz zu hoffen – da ist Herr Heynckes eigen.

Nach diesem Härtetest muss James zurück ins Leistungszentrum, wo er sein individuelles Rehaprogramm fortsetzt. Die Kollegen spielen nun auf größerem Feld gegeneinander. Nur ja nicht schlappmachen.

Sicherlich, Heynckes ist hochzufrieden. Aber das schützt die Spieler nicht vor Schinderei.

8. März

Heynckes in der *Sport Bild:* „Ich schätze Thomas Tuchel, er hat den Weg in Mainz von den Jugendmannschaften nach oben kontinuierlich zurückgelegt. Das ist die Erfolgsleiter, die man gehen muss: Man lernt die richtige Ansprache, den Umgang mit Menschen. Borussia Dortmund hat dann unter Tuchel einen sehr tollen Fußball gespielt, mit gutem System. Alle modernen Elemente, die zum heutigen Fußball gehören, waren vorhanden. Tuchel wurde Vizemeister, Pokalsieger und ließ attraktiven Fußball spielen. Es hat mir Spaß gemacht, seinem BVB zuzusehen. Deswegen schätze ich ihn und halte ihn für einen sehr guten Trainer.“

Ein Punkt, der an Tuchel immer wieder kritisiert wird, ist sein Charakter. Der 44-jährige Taktikfuchs gilt als schwierig, soll in der Mannschaftsführung nicht leicht sein. Heynckes warnt davor, dieses Thema zu heiß zu kochen. Er sagt: „Ach, was wurde da über mich auch schon alles geschrieben. Als junger Trainer macht man Fehler, mein Gott, das kommt vor. Natürlich wird Thomas irgendwann die eine oder andere Sache anders sehen. Aber das sind Kleinigkeiten. Was zählt, ist doch: Seit Tuchel weg ist aus Dortmund, hat der Verein nicht mehr einen so tollen Fußball gespielt.“

9. März

Wieder eine dieser quälenden Pressekonferenzen. Es gibt nichts mehr zu fragen – die Verletztenliste ist abgearbeitet, man hat besprochen, dass der Hamburger Sportverein eine grottenschlechte Bilanz beim FC Bayern München hat. Dass die Hamburger mit dem Rücken zur Wand stehen, nach einer Niederlage werden an der Elbe „die Lichter ausgehen“. Und daran zweifelt im Raum niemand. „Noch Fragen?“, will Jupp Heynckes wissen, dabei schaut er an die Decke – es wäre so schön, wenn jetzt keine Fragen kämen. Aber einer will wissen, wie es denn nun um die Trainerzukunft beim FC Bayern nach der Saison bestellt sei. Heynckes blickt den Journalisten an, der Coach der Münchner hat ein hageres Gesicht (hat er abgenommen, seit er wieder in München arbeitet?), in dem kein Muskel zuckt. Einen Western könnte man mit diesem Gesicht bestücken, eine Szene kurz vor dem Showdown: sengende Sonne, Staubfahnen vor dem Saloon, der Böse und der Gute, beide mit kalten Augen und kleinem Schwitzen auf der Stirn, gleich werden sie ziehen, gleich gibt es einen Toten. So guckt Jupp Heynckes.

Die Frage ist da. Heynckes schweigt einen Moment. Dann: „Ich habe nie gesagt, dass ich am 30. Juni definitiv aufhöre. Haben Sie das von mir einmal gehört? Nein! Ich hätte gern, dass die Medien mal über Fußball schreiben. Aber Sie wollen nur wissen: Wer ist der Trainer in der neuen Saison. Mein Gott!" Fertig! Terminado! Wieder einmal ist Don Jupp nicht das Opfer.

Als der Boss, Carlos Rummenigge, von dem Duell im Presseraum erfährt, schmunzelt er. So soll es sein.

10. März
Ribéry (8.). Lewandowski (12.). Lewandowski (19.). Robben (55.). Ribéry (81.). Lewandowski (90.). Bayern – HSV 6:0. Beim nächsten Sieg sind die Münchner Deutscher Meister. Vielleicht. Wenn nicht, dann einen Sieg später.

11. März
Uli Hoeneß in der *Abendzeitung*: „Am 1. Juli brauchen wir einen Trainer. Wir genießen die Zeit gerade total, wir haben Ruhe im Verein. Seit der Jupp hier ist, schwebt der FC Bayern auf einer Wolke, und das wollen wir so lange wie möglich genießen." Und dann?, fragt die *AZ*. Kommt Tuchel? Hoeneß grantelt: „Wir sind hier nicht bei der *FAZ* im Stellenmarkt!"

12. März
Nichtöffentliches Training. Die Ordner stehen breitbeinig vor der

Einfahrt. Auf Bayerisch sagt man: Sie rauchen keinen Guten. Übersetzung ins Hochdeutsche: Mit den Mannsbildern ist nicht gut Kirschen essen.

Sie verschränken die Arme vor der geblähten Brust und schauen drein wie Arturo Vidal, der „Krieger". Nur wenn eine Angestellte vorbeikommt, hellen sich die Gesichtszüge der Bayern-Bodyguards auf. Wenn's eine hübsche, lächelnde Angestellte ist, blecken sie die Zähne und knurren ein „Servus, Spatzl" in den Montagvormittag.

Und jetzt, wo der Manuel Neuer vorfährt, lächeln sie natürlich auch. Der beste Torwart der Welt, immer noch in der Rekonvaleszenz, schwingt sich aus seinem Ingolstädter Auto, er umrundet den Wagen und öffnet für den Hund. Das ist ein hochläufiger, heller, freundlicher Vierbeiner, den es schon arg gedrückt hat. Er wuselt zur Hecke eines Anrainers, hebt den Hinterlauf und pieselt dorthin, wo er es immer tut.

„Hopp!", sagt der beste Torwart der Welt, und der Hund macht es sich wieder im Auto gemütlich. Neuer quert die Straße und federt, vorbei an einem lächelnden Ordner, hinauf zum Eingang der Geschäftsstelle. Er braucht nicht lange.

Nach zehn Minuten schwingt die Tür wieder auf. Neuer blickt rechts und links auf die Säbener Straße. Er ist einer, der immer wissen will, was sich in seiner Umgebung tut. So hat er es im Beruf gelernt. Ein guter Torwart ist immer auf der Hut.

Gut schaut er aus. Lässige Jeans, schlichtes helles Sweatshirt, der Friseur hat zu viel Haar an der Seite weggenommen. Neuer lächelt, ein hünenhafter junger Mann mit cooler Allüre.

Er tanzt die Treppen hinunter. Eine Stufe nach der anderen. Die Ballen kommen auf, geben einen kleinen Impuls, nächste Stufe. Locker sieht das aus, sehr unangestrengt. Das ist der Treppenlauf eines jungen Mannes in seinen besten Jahren. Eines Sportlers, der kein Gramm Fett zu viel hat, der sich gesund ernährt und seinen Körper pflegt.

Das ist der Treppenlauf eines Mannes, der noch einmal das ganz große Ding „reißen" will.

Links geschaut, rechts geschaut, Straße gequert, Autotür auf, ein nettes Wort für den Hund, hinters Steuer geschwungen, Tür zu, Motor an, unangestrengt den Hals gedreht und nach hinten geblickt, alles frei, Neuer fährt los.

Manuel Neuer wird das schaffen. Er ist – man wünscht es ihm – am Ende eines langen harten Wegs. Vorne wird es schon sehr hell für ihn.

Eine Japanerin blickt dem Wagen hinterher. Sie steht ein wenig verloren auf dem Trottoir. Wollte eigentlich das Training sehen – doch nun sind die Schotten dicht.

„Gell Madla, kummst aa ned nei?"

Die junge Frau erschrickt sich sehr. Sie versteht nicht, was der dickbäuchige Mann mit der handgestrickten Wolljacke meint. Er wiederholt, langsam und in bemühtem Englisch, die Frage.

Sie schüttelt verzagt den Kopf.

„Where do you come from?"

Aus Japan.

So weit! Der stämmige Franke wiederholt's für seine zwei Spezl. „Allmächd, des Deandl kummt vo Japan, nur wechn unsere Bayern. Und dann kann se ned zum Training. Des is hart."

Man nickt. Ein bisschen besänftigt ist man – schließlich war die Anreise aus Nürnberg nicht gar so weit wie der Trip aus Fernost. Nun wird man eben nicht den Bayern beim Trainieren zusehen können, muss früher zurück in die Stadt, wo die Gattinnen shoppen.

Aber ganz aufgeben wollen die Herren nicht. Sie werden eine Runde ums Bayern-Areal drehen. Ist immer noch unterhaltsamer, als den Damen bei der Anprobe zuzusehen. Vielleicht hat gar das Paulaner-Stüberl geöffnet.

Hat es nicht. Es duckt sich im Schatten eines Krans. Die Bayern bauen. Hinter den hohen Zäunen hämmert und sägt es. Der Herr Hoeneß residiert in der Nachbarschaft eines Bürotrakts, der entsteht.

Das Nürnberger Trio stapft hinter der Schwimmhalle einen kleinen Wall hoch, biegt nach rechts, hält sich am Metallzaun und wandert in Richtung der Schreie, die vom Trainingsplatz kommen.

Von hier oben können sie aus der Ferne sehen, wie die Burschen Fünf-gegen-Zwei spielen. Der Ball wandert in flottem Tempo von einem Fuß zum anderen. Zwei Profis hetzen hinterher, machen die Räume dicht, sind fast dran.

Aber „fast" gilt nicht. Der Ball flutscht durch, saust durch letzte freie Räume, erreicht wieder einen Fuß, wechselt die Richtung.

Zack. Zack. Fatsch. Patsch. Kick. Drop. Popp.

Millimeterarbeit ist das.

Am Rand steht Jupp Heynckes, die Hände hinterm Rücken, und rührt sich nicht. Die Konzentration ist ihm anzusehen.

Wenn mal ein Pass nicht zentimetergenau passt, wenn der Jäger den Ball erreicht – dann rührt sich Jupp Heynckes ein wenig. Das ist die Enttäuschung darüber, dass etwas nicht perfekt war. Das will er nicht.

Am Zaun stehen zwei Männer in Reporterkluft. Der mit dem Notizblock sagt zu dem mit dem 500er-Objektiv: „Halt mal auf seine Schuhe."

„Warum?", fragt der Fotograf.

„Na, schau hin. Die letzten Monate hat er beim Training Winterboots angehabt. Und heute?"

Der Fotograf äugt in die Kamera.

„Stimmt. Hast recht. Geil. Turnschuhe."

Es macht klick. Am nächsten Tag wird das Foto in den Boulevardzeitungen zu sehen sein. Mehr gibt es nicht zu berichten an diesem Montag: Die besten Fußballspieler Deutschlands machen beim Fünf-gegen-Zwei nur selten Flüchtigkeitsfehler. Und ihr Trainer hat die Winterstiefel eingemottet.

Sie brüllen viel beim Training – auch wenn nichts passiert. Aber die Profis werden von Igor übertönt. Igors Eltern sind aus Russland, er selbst ist so etwas wie der Forrest Gump von der Säbener. Trainiert zur selben Zeit wie seine Idole. Er braucht nicht viel: einen Grasteppich, auf dem er seine Freistöße schießt. Eine Mauer, gegen die er bolzt. Den zerschlissenen Ball. Kickschuhe, wie sie der Thomas Müller auch hat. Einen dunkelblau-roten Bayern-Trainingsanzug, dessen Hosenbeine jetzt, nach fast einer Stunde, verdreckt sind.

Igor hängt sich voll rein. Rennt im Matsch hin und her. Saust, dass es nur so spritzt. Legt die Pille zurecht. Läuft an. Hält drauf. Der Ball klatscht gegen die Mauer.

„Tooor!", ruft Igor, sehr begeistert. „Wieder ein Tooor für BAYERN. 997:28. TORSCHÜTZE: VIDAAAL! GROOSSARTIG!"

Igor rennt, um den Ball zu holen. Nächster Schuss.

„TOOOR! Wieder ein Tor für BAYERN. 678:13. TORSCHÜTZE: ROBBEN! ROBBEN! GROSSARTIG."

Fotoalbum
Jupp Heynckes

Siebzehn Jahr, blondes Haar:
Jupp Heynckes 1962 als
Jugendnationalspieler.

Jupp Heynckes 1965 an seinem
Arbeitsplatz. Parallel zum Fußball
absolvierte er zunächst eine
Ausbildung zum Stuckateur.

Tor gegen die Bayern!
Mit 220 Toren, davon 195 für Borussia
Mönchengladbach, liegt Jupp Heynckes auf
Platz drei der ewigen Bundesliga-Torjägerliste,
hinter Gerd Müller und Klaus Fischer.

Familienglück:
Jupp Heynckes
1973 mit Frau
Iris und Tochter
Kerstin.

„Ich fühle mich nicht als Weltmeister." Jupp Heynckes 1974 im WM-Spiel gegen Australien, das Deutschland im Hamburger Volksparkstadion 3:0 gewann.

Sein größter Erfolg als Spieler: Jupp Heynckes mit dem UEFA-Pokal 1975.

Erste Trainerstation: Borussia Mönchengladbach. Heynckes mit seinen Schützlingen Lothar Matthäus, Wolfgang Kleff und Harald Nickel.

Bayern I: Jupp Heynckes bei seinem ersten Bayern-Engagement 1987
mit Leitwolf Klaus Augenthaler.

Don Jupp: 1992 wechselte Heynckes nach Spanien zu Athletic Bilbao. Es folgten u.a. Engagements bei CD Teneriffa, Real Madrid, Benfica Lissabon und erneut Athletic.

Hoch soll er leben! Die Spieler von Real Madrid feiern ihren Trainer nach dem gewonnenen Champions-League-Finale 1998.

Danke, Jupp! Bereits 2009 rettete Heynckes die Bayern, indem er an den letzten fünf Spieltagen noch die Champions-League-Qualifikation sicherte.

Oans, zwoa, drei, gwunna! Feuchtfröhlich feiern Arjen Robben und Anatolij Tymoschtschuk mit ihrem Trainer das Triple 2013.

Es ist Montag, der 12. März 2018. Ein ganz normaler Tag im März. Hinter dem Trainingsplatz des FC Bayern München schießt ein schmächtiger Mann Bälle gegen eine Mauer und ist glücklich. Der Fotograf von nebenan würde sagen: GEIL!

13. März

Der Reporter der *Bild* schaut am Münchner Flughafen genau hin und gibt an die Redaktion durch: „Vor dem Abflug nach Istanbul saßen Uli Hoeneß (66) und Franck Ribéry (34) einige Minuten lang in einem Flughafen-Café. Hoeneß tätschelte dabei die Hand seines Lieblings. Es wirkte wie: Franck, mach' dir keine Sorgen … Auffällig: Danach hüpfte Ribéry auf dem Weg zum Abflug-Gate wie ein kleiner Junge, machte Späße mit Alaba, Vidal und Rafinha und breitete die Arme aus wie beim Torjubel. War das schon der Jubel über den neuen Vertrag, obwohl es auch Zweifler im Klub an der Verlängerung mit ihm und Arjen Robben (34) gibt? In Istanbul wird Ribéry wohl neben anderen eine Pause bekommen."

Trotz der möglichen „B-Elf" die Ansage von Hoeneß: „Da kann nichts mehr passieren! Wenn wir ein 5:0 nicht verteidigen, müssen wir alle aufhören."

14. März

130 Dezibel im Rund. Das ist so viel wie auf einem militärischen Flugfeld.

Heynckes lässt keine „B-Elf" spielen. Welcher Wirrkopf hat das in die Welt gesetzt? Heynckes denkt nicht den Plan B.

Ribéry spielt. Trickst sich gegen zwei Gegner durch, passt klug nach innen, weiter geht's zu Müller. Der flankt nach innen, Thiago läuft den Ball ins Tor.

30 Sekunden in der zweiten Halbzeit gespielt. Da ist schon wieder Ribéry, der Rafinha schickt. Flanke nach innen. Eigentor.

Nach 59 Minuten bekommen die Münchner ein Gegentor. Das wird Heynckes mächtig stinken. Fünf Minuten lang haben sie getändelt. Dann kommt der Ball von Ulreich zu Alaba, der verliert ein Duell, der Ball kugelt in die Mitte, und Vágner Love trickst ins Tor. Boateng auf der Linie zu spät.

Zwei Minuten drauf schon wieder eine Hunderprozentige. Wer Heynckes kennt, weiß: Jetzt ist er echt sauer. Das wird Folgen haben. Schlimmes Foul von Rafinha, der mit gestreckten Beinen in den Gegner rutscht. Nur Gelb. Die nächste Großchance für Beşiktaş, Ulreich muss sich in Gefahr bringen. 68. Minute. Lewandowski geht nach 14 Ballkontakten vom Platz, Sandro Wagner kommt lächelnd ins Spiel. In der 84. hält er die Brust an eine Flanke von Alaba. So macht man das, Herr Lewandowski!

15. März
Markus Hörwick sieht prima aus. In den letzten Jahren seiner Zeit als Kommunikations-Chef der Bayern hatte ihn das Business sichtlich mitgenommen. Er hat sich zwar immer im Griff gehabt – aber gesund ist das nicht gewesen. Nun sitzt er im Café Schmalznudel, ist prächtig gelaunt und mag sein Leben.

33 Jahre hat er für den FC Bayern die Schultern breit gemacht. „Feierabend gibt es da nicht." Jetzt schaut er den Profis beim Gewinnen zu und hat die ungetrübte Freude. „Da kann noch etwas Großes entstehen. Wissen Sie warum? Nehmen Sie das Spiel gestern Abend in Istanbul. Da sind die Spieler und der Trainer nach dem Schlusspfiff aufgetreten wie Sportler, die gewinnen wollen. Sie haben sich nicht auf die Schultern geklopft und gesagt: 3:1, das ist doch klasse. Nein, sie haben das Spiel analysiert und nach den Fehlern gesucht. Das war klasse. Ich habe das öfter erlebt. Solche Leute sind fürs Siegen gemacht. Du darfst nie zufrieden sein – es muss immer noch besser gehen."

In der Tat: Nach dem Sieg in Istanbul sind verhaltene Töne aus der Mannschaft zu hören:

Jupp Heynckes: „Wenn man beide Spiele sieht, sind wir souverän weitergekommen. Beşiktaş hatte zuhause noch nicht verloren, daran kann man sehen, dass das eine sehr starke Mannschaft ist. Es ist nicht einfach, hier zu gewinnen. Beim Stand von 7:0 war die Gewissheit da, dass wir das Viertelfinale erreicht haben. Dass es dann hier und da ein bisschen hakt, ist ganz normal. Einziger Wermutstropfen war, dass wir zu viele Gelbe Karten bekommen haben. Thiago hat einen Schmerz unter der Fußsohle verspürt. Er wird morgen untersucht, aber ich glaube nicht, dass es so schwerwiegend ist."

Thomas Müller: „Es war ein hektisches Spiel mit vielen Ballverlusten, auch von uns, vor allem in der zweiten Halbzeit. Insgesamt haben wir ganz gut dagegengehalten, auch wenn die Struktur nicht so war, wie wir uns das vorstellen. Wenn man in Istanbul 3:1 gewinnt, ist nicht alles falsch. Wir freuen uns, dass wir unsere Aufgabe erfüllt haben, jetzt schauen wir in die nächste Runde."

Jérôme Boateng: „Es hat riesigen Spaß gemacht, hier zu spielen. Wir haben die Tore zum richtigen Zeitpunkt gemacht, ab und zu sind wir durch dumme Fehler aber auch in Verlegenheit geraten. Wir wissen, dass wir uns steigern müssen, denn es kommen noch andere Gegner in der Champions League."

16. März

Der erste „andere Gegner" in der Champions League ist Sevilla. Die Fans atmen auf – das ist ein gutes Los, finden sie. Die Bayern selbst üben sich in Respekt.

Jupp Heynckes: „Das ist ein schwieriges Los. Ich kenne den FC Sevilla sehr gut. Sie waren von 2014 an dreimal Europa-League-Sieger, spielen einen gepflegten, kreativen Fußball. Auch defensiv sind sie seit dem Trainerwechsel stabiler. Manchmal sind vermeintliche Topmannschaften besser zu besiegen. Wir müssen aufpassen, dass wir das Viertelfinale überstehen."

Hasan Salihamidžić: „Meine Schwiegereltern leben in Sevilla. Ich freue mich auf das Spiel, das wird interessant. Das ist keine einfache Mannschaft, sie haben Manchester United ausgeschaltet. Spanische Mannschaften spielen immer guten Fußball. Wenn man die Champions League gewinnen will, muss man sowieso jeden schlagen."

Thomas Müller: „Es ist ein gutes Los. Es waren Mannschaften im Topf, die einen klangvolleren Namen haben. Unser Anspruch ist, dass wir eine Runde weiterkommen. Wir haben viel Selbstvertrauen, wir sind der FC Bayern München. Wir wollen mit dem Selbstverständnis in diesem Wettbewerb auftreten, dass wir nicht nur mit etwas Glück weit kommen, sondern wir wollen das Ding auch gewinnen. Wir waren schon viel zu lange nicht mehr im Endspiel."

Mats Hummels: „Ich finde das ein sehr spannendes, sehr interessantes Los. Ich glaube, dass die Mannschaft viel, viel stärker ist, als sie auf den ersten Blick eingeschätzt wird. Wir spielen zuerst auswärts, da werden wir auf jeden Fall körperlich richtig dagegenhalten müssen. Die Mannschaft wird Gas geben von Anfang an, wird Druck machen und von einem frenetischen Publikum unterstützt werden. Da muss man dann auch mal gegen ankämpfen."

Javi Martínez: „Es wird nicht einfach, Sevilla hat eine super Mannschaft mit viel Qualität, vor allem im Mittelfeld. Sie sind sehr schnell auf den Flügeln, die Stürmer sind gefährlich. Die Atmosphäre im Stadion ist brutal, die Fans sind sehr laut. Zuhause spielt Sevilla sehr aggressiv und druckvoll."

David Alaba: „Nicht umsonst sind sie so weit gekommen. Es wird keine einfache Aufgabe, aber die Vorfreude ist schon riesig."

Sven Ulreich: „Es ist vermeintlich ein leichterer Gegner. Es waren schwerere Lose im Topf. Es ist eine Aufgabe, die machbar ist. Sie spielen einen gepflegten Fußball, Kurzpassspiel, typischer spanischer Stil. Sie haben viel Bewegung in den Reihen, flinke Spieler. Wir müssen unsere Hausaufgaben machen. Es ist eine gute Aufgabe für uns, an der wir wieder wachsen können."

17. März

Es ist Freitag – und auf das Sonntagsspiel gegen den FC Bayern München stimmt sich Leipzigs Trainer Ralph Hasenhüttl mit dem Humor eines Fatalisten ein: „Ich habe vier Wünsche: in Gleichzahl das Spiel beenden; kein Tor kassieren; irgendwann eins machen; danach sofort abpfeifen."

17. März

Der Winter ist zurück. An der Allianz Arena kämpft sich ein Pärchen durchs Schneetreiben. Es ist ein unwirtlicher düsterer Nachmittag. Die junge Frau und ihr Verlobter kommen aus dem Saarland, seit gestern leisten sie sich München. Hofbräuhaus. Shopping in der Fußgängerzone. Viktualienmarkt bei Schmuddelwetter.

Jetzt das Bayern-Museum. Die junge Frau zückt das Handy, knipst ein Foto und sendet es in die Heimat. „Die werden gucken", sagt sie. Er lacht. Klar werden die Leute vom Fanklub ein wenig neidisch sein, wenn sie das sehen: Eine Frau und ein Mann, hinter ihnen steigt das

Allianz-Schiff in den Himmel. Es macht nichts, dass der Schnee jagt, dass der Himmel eisgrau ist, dass die Hülle der Arena gar nicht so einladend ist. Die Freunde sind bei ihrer Stadttour in Bayern im Mekka angekommen. Für den echten Bayern-Fan scheint im Münchner Norden – 48° 13' 7" N, 11° 37' 28" E – allweil die Sonne.

Die Allianz Arena: mehr als 75.000 Plätze, davon 57.343 Sitzplätze, 13.794 Stehplätze, 1.374 Logenplätze, 2.152 Business Seats und 966 Sponsorenplätze. An Spieltagen glimmt sie rot, es summt und dröhnt und wummert. Später kreischt die Arena, sie jubelt auf, manchmal stöhnt oder murrt sie. Meist aber bleibt es beim Halleluja-Plärren, als wenn 75.000 „Münchner im Himmel" mit Laute in die Arena herabgestiegen wären.

Die Kreativen von Herzog & de Meuron sind immer noch ganz besoffen, wenn sie erzählen, was sie sich da ausgedacht haben. Wer in der Arena Fußball schaue, sitze immer in der ersten Reihe – ob ganz unten, wo er fast den Hosensaum von Robben grapschen, oder ganz oben, wo er das Verschiebe und Getriebe auf dem 8.000-Quadratmeter-Naturrasen verfolgen kann. Besser gehe es nimmer, schwärmen die Architekten. „Wie in Shakespeares Globe Theatre ist der Zuschauer ein Teil der Handlung, so nah dran ist er."

Das Pärchen folgt den Pfeilen zum Museum. Durch die Eingänge zu den Zuschauerblöcken sehen die jungen Leute hinunter auf den stillen Rasen. Nichts summt, nichts wummert, niemand jubelt. Aber die Arena ist eben kein „lost place". Sie wartet auf den nächsten großen Showdown.

„Weißt du noch, wie wir letztes Jahr da waren?", fragt sie.

Natürlich erinnert er sich. Im Februar war es. Auch so ein kalter Abend. Aber den Zuschauern ist es ganz heiß geworden, als die Burschen unten Arsenal mit 5:1 wegfegten. Zweimal Thiago, je einmal Robben, Lewandowski und Müller, großartige Nacht. Da hat man noch gedacht, der Ancelotti würde es doch noch „reißen".

„Meine Güte, sind wir versackt!"

Ja. Sie kichert. Irgendwann haben sie einander in der großen Stadt verloren. Sind dann am nächsten Morgen im Hotel nebeneinander aufgewacht und wussten nicht so recht, wie es gekommen war.

Ins Museum haben sie es noch nie geschafft. Das ist heute eine

Premiere. Sie zahlen den Eintritt – ist ganz schön teuer – und lassen sich treiben.

Große Geschichte. Große Geschichten. Helden. Bilder, an denen man sich nicht satt sieht. Pokale. Das Bayern-Lied.

Hand in Hand wandern sie durch die Historie ihres Vereins. Kurt Landauer, der Präsident, der vor den Nazis fliehen musste. Tschik Čaikovski, der Trainer, der „kleines dickes Müller" und den „Kaiser" zusammengeschweißt hat. „Bulle" Franz Roth, dessen Schuss ein Tornetz zerfetzen konnte. Giovane Elber und Bixente Lizarazu, die so bayerisch waren, dass es münchnerischer nicht mehr ging. Bastian Schweinsteiger, der nie und nie und niemals aufsteckte – da war er wie der besessene Stefan Effenberg oder der schräge Mario Basler …

Ach!

FC Bayern, Stern des Südens,
du wirst niemals untergehen,
weil wir in guten wie in schlechten Zeiten
zueinander stehen.
FC Bayern Deutscher Meister,
ja, so heißt er, mein Verein,
ja, so war es,
und so ist es,
und so wird es immer sein.

Der Gang ist zu Ende. Bevor sie den Souvenirshop queren, nehmen die junge Frau und ihr Verlobter noch einen Drink an der verwaisten Bar. Sie stoßen an – wie es sich gehört, klonken die Böden der Weißbiergläser wie Kiesel gegeneinander.

„Prost", sagen sie.

„Auf dein Wohl, Schatz", meint die Frau. „Ein schöner Tag, gell?"

„Sehr schön."

„Was meinst? Gewinnen wir morgen?"

„Logisch. Was denkst denn du? Logisch gewinnen wir."

Sie lächelt glücklich.

18. März

Nix ist es mit Gewinnen! Leipzig liegt zwar zunächst mit 0:1 hinten, am Ende steht es aber 2:1 für die Mannschaft des Herrn Hasenhüttl.

Kollege Heynckes wirkt ganz ruhig nach dem Spiel. Friedlich ist er. Man muss auch jönne könne. „Wir sind heute auf einen überragenden Gegner getroffen. Das muss man anerkennen. Leipzig war sehr aggressiv und laufstark, wir sind nicht so aufgetreten wie in den vergangenen Wochen. Deshalb ist Leipzig der verdiente Sieger. Es gibt solche Spiele, in denen man nicht so souverän auftritt."

Sagt es, wünscht schon mal frohe Ostern und wird nicht mehr gesehen. Herr Heynckes macht Urlaub auf dem Bauernhof.

Herr H. hat Urlaub

Die Palmkätzchen im Niederrheinischen sind schon im Frühlingsfell. Ansonsten tut sich die Natur noch hart, der Winter lässt sich nicht so leicht vertreiben in diesem Jahr. Stumpf und fahl ist das Gras auf den Koppeln, kahl das Geäst der Schwarzerlen am Hariksee.

Aber es ist nicht mehr lang bis Ostern. Also richten sie am Inselschlösschen die Terrassen für die Ausflügler her. Und couragierte Jogger wagen sich schon jetzt in kurzen Hosen auf die Seerunde.

Herr H. genießt seinen Urlaub in Schwalmtal. Lang ist er nicht zuhause gewesen. Es ist schön. Cando, der Hund, geht nicht von der Seite. Sie streifen übers Anwesen und machen die Runde auf den Feldwegen der Umgebung.

Herr H. ist recht schweigsam. Er denkt über dies und jenes nach. Ob man bereits den Gemüsegarten bepflanzen soll? Was ist mit den Bäumen, die verschnitten werden müssen – ist es bereits an der Zeit, oder wartet man noch zwei Wochen? Die Kübelpflanzen aus dem Keller holen? Eher nicht.

Dann denkt Herr H. über seinen Auftrag nach. Bis jetzt ist alles nach Wunsch gelaufen in München. „Ich dachte anfangs nie an die Meisterschaft, die Mannschaft musste sich erst konsolidieren", hat er immer wieder erklärt. Er erinnert sich. Bis Weihnachten war es „wahnsinnig schwierig, weil Ribéry oder Müller verletzt fehlten. In den ersten Spielen haben wir mit großer Verbissenheit die Klippen umschifft, dann bekam alles eine gewisse Dynamik. Und zur Winterpause war der Weg in Richtung Titel zu erkennen. Erst da hatte ich solche Gedanken."

Mit „solche Gedanken" meint er die nun immer drängender wiederkehrende Frage, ob er sich – außer mit dem Ziel, Deutscher Meister zu werden – auch noch mit anderen Visionen trage.

Natürlich tut er das. Jupp Heynckes hat gelernt, dass man die „großen Dinge" denken muss. Dann arbeitet man hart dafür, dann braucht man das Glück. Und dann, irgendwann, macht es klick. Danach wäre man ein Schwachkopf, wenn man die „großen Dinge" nicht wollen würde.

Die „gewisse Dynamik" – das ist eine Heynckes-Untertreibung. Er hat die „gewisse Dynamik" erahnt, als er den dümpelnden FC Bayern übernahm. „All in", hat Heynckes (der nun beileibe kein Spieler ist) gesagt und sich scheinbar wie ein Glücksritter ins Abenteuer München gestürzt.

Nun wird er zuhause eine Woche „den Akku aufladen" – danach warten, zurück an der Isar, die Herkulesprüfungen. Josef Heynckes geht dieser Tage seiner Wege und sinniert, welche Aufgaben auf seine Truppe zukommen werden.

Wie ein Haufen Krieger werden sie in die Gefechte ziehen. Sie sind bereit, er spürt es. Die Kämpfer brauchen seine Kraft, also: Akku vollmachen!

Es ist ganz einfach, stark zu werden – wenn man sich kennt. Herr H. freut sich über die bunten Krokus-Nester, über die Schneeglöckchen-Trupps. Er schnauft tief durch, redet mit seiner Frau. Morgens schnippelt er Obst fürs Müsli, macht sich hier und da nützlich. Treibt Sport. Passt auf sich auf.

Denkt. Tüftelt. Ordnet das Gedachte. Spielt durch, was kommt. Wappnet sich.

Herr H. macht sich stark.

Was da draußen in der Welt geschieht, registriert er. Mehr auch nicht.

Das geht ihn nichts an.

Er muss stark sein.

Einen Plan hat er. Er ahnt, was kommt. Er weiß, wie hart der Ritt wird. Er freut sich drauf. Und Herr H. weiß: Jetzt darf er sich nicht ablenken lassen.

Von niemandem.

Und von nichts.

Die Gipfelstürmer des FC Bayern haben eine Woche Pause. Der Fußball nicht. Er rollt und rollt und rollt.

Endlich mal andere Themen als dieser makelfreie Siegeszug der Münchner.

Endlich mal wieder Wühlen im Schlamm.

Die Chefs der 36 Profivereine aus der ersten und zweiten Liga geraten sich gewaltig in die Haare. In Frankfurt streiten sie über die 50+1-Regel – die sichert den Vereinen eine Stimmenmehrheit in den Kapitalgesellschaften und verhindert dadurch die Übernahme eines Klubs durch externe Geldgeber.

Man hat einfach Schiss in deutschen Landen.

Bammel vor den Scheichs und den Moguln, vor den russischen Oligarchen und den Ölmultis, den chinesischen Medienmagnaten, den französischen Modezaren, den amerikanischen Immobiliengiganten.

Roman Abramowitsch. Abdullah bin Nasser Al Thani. Chen Yansheng. Alex Zheng. Mansour bin Zayed Al Nahyan. Zhang Jindong. François Pinault. Peter Lim. Frank McCourt. James Pallotta. Dmitri Rybolowlew ...

Lauter gierige Männer. Die meisten kommen aus dem Nichts und wollen ans Licht. Viele Milliarden im Umlauf. „Faules" Geld ist auch dabei.

Klar ist Fußball käuflich.

Aber man will sich nicht kaufen lassen. „Njet!" zu den Nimmersatten. Man will es – nach erbittertem Streit in Frankfurt – belassen, wie es ist.

„Man" – das sind 18 von 34 Vereinen. Zwei Profiklubs haben keine Vertreter nach Frankfurt geschickt, denen war die Agenda nicht prickelnd genug.

Also: „Man" hat beschlossen, dass die Dinge erst einmal so bleiben, wie sie sind.

Der Vertreter des FC Bayern München, Karl-Heinz Rummenigge, tritt zornrot vor die Presseleute. Er wollte mit den Gierigen anbandeln, er wollte ans ganz große Geld.

Man habe eine Chance verpasst. Man werde den Anschluss verpassen. Man habe dem Fußball eine Watschn verpasst. „Es fällt auf, dass von den großen Ligen in Europa, von England, Frankreich, Spanien, Italien, nur noch Deutschland sich diesen ‚Luxus' erlaubt, dass wir fremdes Kapital nicht im Land haben wollen. Die große Frage am Ende des Tages ist: Erhalten wir langfristig die internationale Wettbewerbsfähigkeit der Bundesliga aufrecht?"

Tagelang streiten die Fußballfreunde über 50+1. Herr H. in Schwalmtal steht derweil schwärmerisch vor den Tulpen, die nun mit Gewalt aus der Erde drängen. Ob sie wohl erblühen, bevor sein Urlaub zu Ende ist?

Und was ist denn nun mit dem Videobeweis?

Segen?

Fluch?

Schluss mit der Diskutiererei, erklären die Vereinsbosse in Frankfurt und geben zu Protokoll:

„Die 18 Bundesligavereine setzen dauerhaft auf den Videobeweis: Der offizielle Einsatz der Technik ab der kommenden Saison wurde während der Mitgliederversammlung der Deutschen Fußball Liga (DFL) in Frankfurt/Main bei nur einer Enthaltung beschlossen. Bislang wurde der ‚VAR' (Video Assistant Referee) in der höchsten Spielklasse offiziell nur getestet.

In der zweiten Liga wird der Videobeweis ab der kommenden Spielzeit ‚offline' zum Einsatz kommen, das heißt ohne Auswirkungen auf den Spielbetrieb. Ab wann die Technik ‚online' geschaltet und so wie in der Bundesliga verwendet wird, ist noch offen. Über den Einsatz ab der Spielzeit 2019/2020 entscheiden die Zweitligisten zu einem späteren Zeitpunkt. Die Kosten werden von der DFL getragen."

Heißa, wacker gesprochen!

Nachdem also die Technik zu funktionieren scheint, macht sich Big Brother endgültig in den Erstliga-Arenen breit. Man dürfte hoffen, damit seien die leidigen Diskussionen beendet. Damit sei die Schiedsrichter-ans-Telefon-Ära endgültig Vergangenheit, in der Bundesliga kehren Objektivität, Gerechtigkeit und ewiger Frieden ein.

Ach was!

Früher hat der Schiri entschieden. Wenn er schieflag, kriegte er am Montag in den Zeitungen sein Fett weg, das war eine wunderbare Aufgeregtheit, die die Fans bis zum nächsten Spieltag beschäftigt hat.

Heute hört der Referee, wie der Mann in seinem Ohr sagt: Videobeweis.

Irgendwas stimmt wohl nicht.

Der Referee stoppt alle Geschehnisse auf dem Feld, man wartet, die Muskeln kühlen aus, der Ball ruht.

Die Zuschauer finden es gar nicht toll.

Der Mann im Ohr sagt was.

Der Unparteiische entscheidet was.

Das Spiel nimmt seinen Lauf.

Perfekt – möchte man annehmen.

Unfehlbar.

Nie mehr Streit.

Denkste!

Sie zanken immer noch wie die Kesselflicker.

Herrn H. ist der Videobeweis ziemlich egal. Er will, dass seine Jungs den Ball ins andere Tor bringen und dass sie die eigene Bude sauber halten. So einfach ist das. Ungerechtigkeiten – das hat er in vielen, vielen Jahren erfahren – gleichen sich aus. Hauptsache, die Jungs kämpfen.

Herr H. zieht die Stirn kraus. Dieser Scheißmaulwurf hat im Winter wieder mal ganze Arbeit geleistet.

Während der Bayern-Trainer in der Klausur darüber nachdenkt, wie Erfolg in der Saison 2017/18 funktioniert, probt die Nationalmannschaft den Ernstfall für die kommende Weltmeisterschaft. Gegen Brasilien verlieren die Deutschen in Berlin mit 0:1. Erfolgstrainer Joachim Löw ist sauer. Das habe er sich nicht so vorgestellt. Ihn gräme nicht die Niederlage. Vielmehr bekümmere ihn, dass die Spieler, denen er eine Chance gegeben habe, zu zeigen, was sie können, es am rechten „Kampfgeist" und an der „Körpersprache" haben fehlen lassen.

Da sei noch viel zu tun, erklärt der National-Löw energisch.

Herr H. ist prima erholt, am Ende der Woche. Das Wetter, immer noch unwirtlich, juckt ihn nicht. Er krault seinem Hund das Ohr, während er in sich hineinhorcht. Ja, er ist bereit. Er wird alles aus dem

Weg räumen, was ihm im Weg ist. Er wird selbst die lästige Fragerei nach seinem Nachfolger wegstecken.

Wer kommt nach Jupp Heynckes?

Kein Tag, an dem nicht ein „Experte" seinen Senf dazugibt. Der Stellenmarkt ist eröffnet, und die „Fachleute" würfeln den Nachfolger von Jupp Heynckes aus. Nehmen wir die seriöse *Süddeutsche Zeitung*, die sich in österlicher Spökenkiekerei versucht. Die Mitglieder der Sportredaktion sehen – es ist Ende März – sechs Aspiranten auf den Job, der von Juli an zu vergeben sein soll.

Da hätten wir Jürgen Klopp. Hat zwar noch bis 2022 bei Liverpool Vertrag, doch so etwas gilt nicht arg viel in der Branche. Bewegt sich mit seinem aktuellen Verein in der Champions League zielstrebig in Richtung Halbfinale. Hat sich neue Haare implantieren lassen und passt auch deswegen gut in die Nachbarschaft der *Bunte*-Redaktion.

Niko Kovač war mal Profi bei Bayern und hat sich dort tadellos eingefügt. Auch er sieht – wie Herr Klopp – famos aus, hat echt gute Manieren und holt aus der Frankfurter Eintracht Erstaunliches heraus. Über Kovačs Job am Main urteilt Kollege Julian Nagelsmann: „Die Arbeit von Niko ist sensationell. So viele Spieler aus verschiedenen Ländern mit verschiedenen Sprachen zu einer Einheit zu formen, die nicht nur kämpft, sondern richtig guten und total stabilen Fußball spielt: Chapeau, Chapeau, Chapeau!"

Ach ja, der Nagelsmann steht auch auf der Liste der *SZ*-Fußball-Spezialisten. Sie schreiben: „Julian Nagelsmann, 30, übernahm Hoffenheim vor zwei Jahren im Abstiegskampf und etablierte den Klub an der erweiterten Ligaspitze. Im Sommer 2019 greift eine Ausstiegsklausel." Nagelsmann kann's mit den Medienmenschen, er ist offen, aber er vergaloppiert sich nicht. Vor der Öffentlichkeitsarbeit bei Bayern München müsste ihm nicht bange sein. Er ist noch ein junger Wilder, aber das wischt er weg: „Ich bin kein Lehrling mehr, ein Bubi ist noch unter 18, da liege ich schon deutlich drüber. Ein Wunderkind bin ich auch nicht. Ich habe hart gearbeitet und viel gelernt, um diesen Job zu machen."

Ein Routinier ist auch Kollege Domenico Tedesco nicht. Jahrgang 1985. Der Vater, ein Drucker, wanderte aus Kalabrien nach Baden-Württemberg aus, da war Domenico zwei Jahre. Ein Einser-Schüler ist er, ein lässiger Streber. Groß- und Außenhandelskaufmann, Wirtschaftsingenieur, Innovationsmanager, gelernter Trainer. Einskommanull, immer wieder Einskommanull. Als Spieler nur Kreisligist, als Trainer bei der Hoffenheimer Jugend, beim Zweitligisten Aue, nun Schalke. Dort haben ihn die wertebewussten Anhänger skeptisch empfangen – aber nicht lange, und Tedesco war einer der ihren. Oliver Müller erklärt es in der *Welt*: „Was ist Tedesco, der sich in der Öffentlichkeit zurückhaltend und nüchtern gibt, aber offenbar ein gewaltiges Feuer in seinen Spielern entfachen kann, für ein Mensch? In jedem Fall einer, der in nur fünf Monaten begriffen hat, wie Schalke tickt. Der weiß, was der chronisch unruhige Traditionsverein braucht. Und was nicht. Zusammenhalt ist gut, grenzenlose Euphorie dagegen nicht."

Tedesco zu jung, Nagelsmann zu „grün"?

Kein Problem, spekulieren die *SZ*-Wissenden. Da wäre noch Lucien Favre im Angebot. Momentan hat er bei OGC Nizza nicht gerade Fortüne und will den Verein zum Saisonende gegen drei Millionen Ablöse verlassen. So einer lässt sich gerne mal aufs „Trainerkarussell" setzen. Ist ein netter Kerl, hat Ahnung vom Sport. Außerdem hat er – damit machte er sich einen Namen als furchtloser Coach – den unberechenbaren Stürmer-Genius Mario Balotelli gezähmt (bei den Bayern kann man solch einen Dompteur immer gut gebrauchen). Der sei gar kein böser Bub, erklärte Favre der *Zeit*. Sondern „ein guter Junge. Wenn man ihm mit Respekt begegnet, zahlt er mit Respekt zurück." Balotelli seinerseits – bekannt für sein Rüpeltum – rühmt Favre als den „Super-Trainer, den ich für mich entdeckt habe. Er ist so gut wie Mourinho."

So weit ist Ralph Hasenhüttl noch nicht. Mit 50 hat er es bis nach Leipzig geschafft und schmust auffällig gern mit den Bayern-Bossen. Lässt auch mal einfließen, dass er zwei Jahre für die Zweite der Bayern als Stürmer unterwegs war.

So! Die sechs vorösterlichen Kandidaten der *Süddeutschen* dementieren nichts und bestätigen nichts. Sie lächeln, wenn sie zur Causa befragt werden, denn es steigert den Marktwert, wenn man zum Kreis der „Kandidaten" zählt.

Ist immer noch besser als der Affenzirkus mit Thomas Tuchel.

Während Herr H. in Schwalmtal mit den Blumen redet, quatscht Tuchel informell mit den Bullterriern von der *Bild* und ein bissl auch mit den Herrschaften der *SZ* oder von Sky. Am Ende wissen's dann alle informell: Der Tuchel geht nicht zu den Bayern. Der wechselt ins Ausland.

Heißt es (man weiß nie).

Bei den Bayern atmet Mats Hummels auf. Er kennt Thomas Tuchel, der ein ausgewiesen ehrgeiziger und beschlagener Fußballanalytiker ist. Hummels hat Tuchel (da war der, zugegeben, ziemlich erfolgreich) als Trainer erlebt und erklärt allen, die es wissen wollen, und auch den anderen: Wenn der Tuchel kommt, habe ich ein Problem.

Nun ist Hummels ein aufrechter Zeitgenosse. Wenn der jemanden nicht mag, hat das gute Gründe.

Also: Tuchel kommt wohl nicht.

Auch gut.

Thomas Helmer – früher Abwehrrecke in München, jetzt Sportmoderator in einer Sendung mit Stammtischniveau, ist erstaunt über Herrn Tuchel: „Bayern-Trainer, das ist schon eine Auszeichnung, ich frage mich schon: Wieso macht er das nicht? Wieso bevorzugt er einen Verein im Ausland?"

Tuchel ist ein kluger Stratege. Kann es sein, dass er einen Bogen um die Bayern macht, weil er ahnt, dass er einer derjenigen wäre, die als Coach an der Säbener Straße scheitern?

Das sind nicht wenige.

Geholt werden sie mit großem Tamtam. Alle Beteiligten sind entzückt und sehr verliebt. Großartiger Trainer mit Meriten und/oder blendender Zukunft heuert an – er spricht von einem großen Traum, der sich erfüllt. Ein Präsidium verlautbart, nun hätten sich endgültig die Hundertprozentigen vermählt. Nun könne sie beginnen, die Reise ins große Glück.

Manchmal sind es in der Tat wundervolle Ehen auf Zeit. Ottmar Hitzfeld und der FC Bayern München hatten viel Freude aneinander. Sie führten eine innige Beziehung – und als die alte Frische verflogen war und sich eine gefährliche Müdigkeit einschlich, trennte man sich in großem Respekt. Dettmar Cramer, der große Fußball-Napoleon, ist auch nach seinem Abschied im Verein verehrt worden. Giovanni Trapattoni hatte irgendwann fertig mit den Münchnern – aber die Erinnerung an ihn fühlt sich gut an. Gegen Franz Beckenbauer sagt ohnehin niemand was.

Aber es hat die „Glücklosen", die Erfolglosen, die Ungeliebten, die Unverstandenen gegeben. Sie kamen mit Ballyhoo – und als sie gingen, weinte ihnen kaum jemand nach.

Einer gar, der Holländer Louis van Gaal, tritt auch Jahre nach der Trennung nach. Er mag sich in seinem Rosenkrieg mit den Münchnern gar nicht beruhigen.

In den Siegestagen stand er auf dem Balkon des Münchner Rathauses und gab schwitzend mit hochrotem Kopf das „Feierbiest" in der Lederhose. Aber wenn sie unter sich waren, die Alphatiere van Gaal und Hoeneß, dann haben sie sich gefetzt, dass selbst die Journalisten von der *Bild* den Zank mitbekamen (oder waren der Presse von einer der Parteien schmutzige Interna „gesteckt" worden?).

Van Gaal ist gegangen – und er wird nicht müde zu erzählen, wie weh ihm dieser Hoeneß getan hat.

Anständig geht anders.

Andere sind auch im Groll gegangen – aber wenigstens haben sie so viel Manieren gehabt, die ungute Geschichte damit auf sich beruhen zu lassen.

Jürgen Klinsmann hätte mit revolutionären jungen Methoden die Profis an Europas Spitze führen sollen. In der Tat verblüffte er die Fußballspieler mit sehr fußballfremden Anwendungen und unziemlicher Einmischung in ihr Privatleben (er hätte sie echt gern zum ersten Veganer-Verein der Bundesliga gemacht).

Otto Rehhagel stolperte durch München, als ob er nicht zur Stadt und zum Verein gehörte. Wie ein gut bezahlter Autist wirkte er. Die Profis verstanden ihn nicht, er verstand die jungen Männer nicht, und selbst die Begeisterung des Uli Hoeneß für Otto verflog rasch.

Pep Guardiola machte großen Eindruck. Anfangs. Er verstand so viel vom Fußball, dass einem die Ohren rot wurden vom Zuhören. Und er perfektionierte die Mannschaft so lange, bis sie den Spaß am Gewinnen verlor und den Spielern in der heißen Phase der Saison der Saft ausging.

Carlo Ancelotti?

Na ja.

Wenigstens in der Osteria hat er *bella figura* gemacht.

Es ist schon ein schwieriger Job. Trainer beim FC Bayern München – das können nur ganz wenige Menschen auf dem Globus.

Es ist Zeit. Der Urlaub ist zu Ende. Herr H. packt. Auf nach München.

Barbara I

„Weiß Jupp Heynckes überhaupt, was er da tut?"

Barbara hat wenig Ahnung vom Fußball. Ihr gebricht es auch an Respekt für den Sport. Dass der Fußballlehrer Jupp Heynckes den FC Bayern „retten" soll, wäre ihr herzlich egal.

Aber sie ist nun mal mit mir, dem Autor dieses Buchs, zusammen. Und es macht sie hellhörig, als ich sage, dieser Entschluss von Herrn Heynckes sei etwas Besonderes. Das gebe den Stoff für ein Buch her.

„Was soll das, bitte, für ein Buch sein?"

Na, über einen Mann, der eine Vision hat. Der einen Verein aus der „Krise" an die Spitze führen wolle.

Ein Buch über Werte und Fairness, über Willen und „Wunder".

Ein Buch über die ungebrochene Faszination des Fußballs.

Über die Schönheit des Spiels, über Dramen, Thriller, Sensationen.

„Jetzt übertreibst du", sagt Barbara. „Was soll denn ein einzelner Rentner ausrichten? Fußball – das ist ein Millionengeschäft, was kann da schon ein einzelner Herr Heynckes verändern?"

Barbara ist nicht allein mit ihren Zweifeln. Freunde haben gesagt, es sei irre, auf den Erfolg eines emeritierten Meistertrainers zu setzen, der einen Verein in düsterster Situation übernimmt. Es sieht ja so aus, als ob die Münchner die Meisterschaft schon vergeigt hätten, in der Champions League diesmal tüchtig abgeledert würden und wahrscheinlich auch im DFB-Pokal ihr Fett abbekämen.

Hände weg von dem Thema.

Nun sitze ich im nach Straubing ausgelagerten Archiv der Münchner *Abendzeitung* und lese nach, wie es gewesen ist, als Heynckes einstmals als Trainer beim FC Bayern München anheuerte. Das war 1987, das war 2009, das war 2011.

Jedes Mal war was faul bei den Bayern, jedes Mal hat Heynckes die Kastanien aus dem Feuer geholt. Die Schlagzeilen von damals lesen sich verteufelt aktuell:

„Jetzt soll Heynckes den Titel holen. Die Fans feiern."

„Rummenigge: ‚Wir waren gezwungen, die Reißleine zu ziehen, es musste ein Befreiungsschlag her.'"

„Hoeneß: ‚Wir hoffen, dass wir mit Heynckes und Gerland noch die Kurve kriegen. Wir brauchen jetzt eine Aufbruchstimmung. Wir hatten so viele Bremsen drin zuletzt.'"

„Heynckes: ‚Ich tue das für den FC Bayern und aus Freundschaft zu Uli Hoeneß.'"

„Matthäus: ‚Heynckes ist ein Besessener.'"

„Eines hat Heynckes gleich mal klargestellt: Die Spieler müssen wieder frei werden, Spielfreude spüren."

„Retro ist in beim Rekordmeister. Der Jupp heiligt die Mittel, die Bayern sind zurück. Viel wichtiger: Das gute Gefühl ist zurück. Endlich wieder richtig jubeln, ganz frei, ganz losgelöst."

„Beckenbauer: ‚Auch wenn er ein paar Jahre eine Auszeit genommen hat – es ist, als ob er nie weg gewesen wäre.'"

„Fans feiern Jupp. Sechs zu null! Der HSV wurde in München gedemütigt. Super Bayern! Die Liga zittert."

„Beckenbauer: ‚Die Bayern sind die Besten, die Bayern sind halt souverän.'"

Der Archivar stellt die Bände wieder in die hallenhohen Regale. Er hat einen mitfühlenden Blick. Logisch, sagt er, sei er ein Fan der Bayern. Im Augenblick leide er wie ein Tier, weil die Mannschaft so runtergewirtschaftet sei.

Daran seien der Ancelotti schuld und die geldgierigen Bosse. Die Spieler, ja mei, was soll man sagen? Der Thomas Müller ein Schatten seiner selbst. Der Robben und der Ribéry – ausgebrannt, alt halt. Der Vidal – der kriegt seinen Zorn auch nicht in den Griff. Und der Ulreich, der den verletzten Neuer im Tor vertritt – ein echter „Fliegenfänger".

Der FC Bayern München: ein Sauhaufen.

„Da wird sich der Jupp schwertun", sagt der Archivar. „Das wird nichts mehr in dieser Saison. Schadensbegrenzung, mehr ist da nicht drin."

Der letzte Band ist eingeräumt.

„Und Sie wollen ein Buch schreiben? Über Bayern? Sie sind mir einer."

Telefonat mit Barbara. Der Archivar habe mich für bekloppt gehalten.

Barbara schweigt kurz.

Dann: „Ich verstehe den Mann."

Augsburg und Manni

Im ersten Programm des Bayerischen Rundfunks moderiert am 7. April 2018 Uwe Erdelt *Heute im Stadion.* Er tut das mit einer tiefen beruhigenden Stimme, die optimistisch klingt. Erdelt hat vor Kurzem ein Haus gebaut, das ihm viel Freude macht, weil das Musikzimmer bereits fertig ist. Auch die Fahne seines Lieblingsvereins hat er schon nach dem Richtfest auf dem Dach hochgezogen.

Das Spiel der Bayern begleitet er wohlwollend, aber recht objektiv. Über seinem neuen Haus flattert nämlich die Flagge des 1. FC Nürnberg. Die Franken, das sind seine Herzbuben. Was die Kicker des FC Augsburg und die Bayern anbelangt: Die mag er auch, sagt er. Gleichermaßen. Uwe Erdelt erklärt mit seiner sonoren Stimme, er sei unparteiisch.

Noch einmal erzählt Erdelt, dass Jupp Heynckes das Feiern im Falle eines Siegs der Bayern untersagt habe. Eingespielt wird eine Sequenz aus der Pressekonferenz vom Vortag. Da ist der strenge Herr Heynckes zu hören: „Der Franck hat Geburtstag, da wäre das schönste Geschenk ein Sieg. Dann bekommen die Spieler in der Kabine ein Gläschen Champagner, dann muss es auch gut sein. Wir haben schließlich am Sonntagmorgen um zehn Training."

So ist der Heynckes, sagt Erdelt und lässt ein Lächeln hören. Der will mehr als die Meisterschaft. Jetzt schalte man erst einmal nach Augsburg.

Es meldet sich Andre Siems. Jahrgang 1975. Hat in Deutschland, Österreich und Italien gelebt. Liebt den italienischen Fußball, liebt die Spielvereinigung Unterhaching. Anfangs kommentierte Siems im Fernsehen Fußballspiele für den Spartensender Sky.

„Ein gemütliches 0:0 nach einer Viertelstunde. Immer wieder die

gefährlicheren Gelegenheiten für den Gastgeber. Die Bayern kommen einfach hinten nicht raus, sind momentan überfordert. Ulreich zeigt an: Vorne ist nichts. Hängende Schultern, hängende Hände, hängende Stürmer – mehr ist da nicht."

Drei Minuten später:

„Tooor für den FC Augsburg. Sergio Córdova hat es gemacht. Ulreich kommt noch raus, der Ball geht von Ulreichs Knie zu Córdova, dann an den Kopf von Süle, dann ins Tor. Kurioser geht's nimmer."

Die Fußballreportage am Samstagnachmittag hat ihre wohl größten Zeiten in den 1970er und 1980er Jahren gehabt. Von halb vier bis viertel nach fünf hatten die „wortmächtigen" Männer das Sagen.

Den Ausdruck „wortmächtig" hat Werner Hansch in die Welt gesetzt – im *Spiegel* tat er das und meinte es nicht gar so ernst. „Ein kluger Mann hat mal gesagt, das Ohr sei das philosophische Organ des Menschen. Ihm bleiben Töne und Klänge viel länger im Gedächtnis als Gesichter. Weniger philosophisch ausgedrückt: Wenn Sie eine markante und einprägsame Stimme besitzen, können Sie den größten Käse erzählen, der Klang Ihrer Stimme wird den Hörern dennoch in Erinnerung bleiben. Manni, das ist doch beruhigend für uns beide."

Mit „Manni" meinte Hansch den Kollegen Breuckmann. Der verzog beim *Spiegel*-Interview keine Miene, als er den Hansch-Exkurs über das „philosophische Organ des Menschen" anhörte. Nun, da er auf sein Selbstverständnis als Bundesliga-Live-Mann angesprochen wird, erklärt er lakonisch: „Sehr beruhigende Erkenntnis, in der Tat."

Breuckmann ist ein alerter Mann des Wortes. Fußball – in jedweder Liga – hat er genauso kommentiert wie (er ist gelernter Jurist) Prozesse im „Pott" und den Rosenmontags-Umzug in Düsseldorf. Er moderierte *Morgenmagazin, Westzeit* und *Mittagsmagazin,* später *Zwischen Rhein und Weser.* Zwischendurch schrieb er die Krimis *Rote Karte für Pommes* (spielt im Revier) und *Schnee am Ballermann* (logo, Mallorca!), 2006 seine Jugendbiografie *Mein Leben als jugendlicher Draufgänger.* 2000 sang er einen Rocksong mit dem Titel „I'm Your Radio". Vorträge hält er, Podiumsdiskussionen leitet er, unter anderem war er immer wieder mit dem streitbaren Uli Hoeneß auf der Bühne …

Und er ist einer der Kommentatoren bei *FIFA*, dem Computerspiel. Das prägt die Kids enorm, denn mittlerweile trickst Ronaldo auf dem Schirm fast so zauberhaft wie der wahre Ronaldo (na gut, den perfekten Fallrückzieher hat der virtuelle Jahrhundertkicker noch nicht drauf, ansonsten aber: „Mannomann!", würde Herr Breuckmann sagen).

Es ist immer wieder der Fußball gewesen, es ist immer der Fußball. Als Kind ließen ihn die Eltern nicht in den Verein, weil sie Angst hatten, Manni würde sich verletzen. Also ist er mit den Kameraden aus Datteln auf den Bolzplätzen hinter der Pille hergejagt.

Am Sonntag durfte er den Papa zum Fußball begleiten. Es gibt eine Fotografie, auf die Manni Breuckmann ziemlich stolz ist. Der Papa im Feiertagsstaat („viele Männer hatten noch 'nen Hut auf, es war was Besonderes, zum Fußball zu gehen") – und er, der Manni, nicht mal zehn war er da, hatte einen Schlips um den Hals. Stolz wie Oskar war der Jung'. Er atmete Fußball ein, er lernte den Sport fürs Leben lieben. „Damals hat es noch keine Bratwurstbuden gegeben. Damals roch Fußball nach Feiertag, echt."

„Tor für den FC Bayern München! Kimmich bringt den Ball von rechts herein, Tolisso wird völlig allein gelassen, trifft. Es ist die erste wirkliche Chance der Bayern gewesen, die bis dahin völlig blass waren. Nach einer guten halben Stunde sind die Münchner wieder auf Meisterkurs."

„Schwippschwappschwupp, das Ding mal gedreht. 2:1 durch James, er haut den Ball links rein ins Tor der Augsburger. So schnell dreht man ein Spiel. Bis zur 32. Minute war ich drauf und dran, runterzugehen und den Bayern eine Sonnencreme zu geben. Die schienen nur zum Sonnenbaden im 20 Grad warmen Stadion zu sein. Mehr war da nicht. Aber dann. Schwippschwappschwupp!"

„45 Minuten sind durch, zwei Minuten werden draufgepackt. Eine halbe Stunde war von den Bayern nichts zu sehen. Jetzt haben sie sich geschüttelt und sind in Führung gegangen. Kurz gekitzelt, das war's!"

War's das?
Pause!

Dann wurde die Bundesliga eingeführt. Große Sache. Manni klemmte sich am Samstagnachmittag um halb vier vor den Radioapparat – anfangs so ein großer Kasten, später ein Kofferradio – und war in einer anderen Welt. Alle vier Wochen hatte er Stress – da musste er zum Beichten und hatte es danach eilig, von der Kirche nach Hause zu kommen.

Heilig waren die Zeiten. Einmal musste Manni arg weinen. Wir schreiben den Juni 1962, er saß vor dem Fernseher der Tante, es war Weltmeisterschaft in Chile. Zusammenfassung des Viertelfinals zwischen Deutschland und Jugoslawien. Der Kommentator unkt: „Und nun zeichnet sich die Entscheidung ab."

Zu sehen ist ein Angriff der Jugoslawen über rechts. „Galić. – Vorbei am Gegner. – An Schulz, vorbei an Schnellinger."

Zu hören ist das anschwellende Rauschen, die Fans der Jugoslawen jubeln sehr. Flanke. Ein Mann mit einem Verband schießt. 1:0 für Jugoslawien. Der Reporter schweigt schockstill. Dann: „Kovačević holt den Ball aus dem Tor, den der rechte Läufer Radaković aus vollem Lauf eingedonnert hat – Sie erkennen ihn leicht, er ist leicht verletzt, er trägt das Stirnband. Fünf Minuten vor dem Ende ist die Entscheidung gefallen, die Jugoslawen führen mit 1:0, jetzt muss die deutsche Mannschaft alles nach vorn werfen – aber sie hat nur noch 300 Sekunden Zeit."

Die Deutschen reißen das Ruder nicht mehr rum, die Deutschen sind raus. Manni weint.

Staatsanwalt hätte er werden können oder so was. Aber er fing mit 21 an, am Wochenende – den „Puschel" in der Hand, den Notizblock auf dem Knie – aus den Stadien im Revier zu berichten. Saß neben der Spielerbank und redete sich einen Knoten in die Zunge.

Er war so nah dran wie nie mehr in seinem Leben. Einmal saß er neben der Bank von Salzgitter, als die gegen Siegburg spielten. Breuckmann kommentierte also, was das Zeug hielt. Dann stoppte er. Irgendwas stimmte nicht. Er blickte zu den Reservisten von Salzgitter. Da hockte doch der Ersatztorwart in seiner Montur und schmökerte in einem lilafarbenen Tucholsky-Buch.

„Tschuldigung ma", sagte der Reporter, „deine Kumpels kicken und du liest 'n Buch?"

„Ja. Und wat?“

„Na, hab’ ich noch nich gesehn, so was.“

„Weißte, ich halt’ das nich aus. Da krieg ich die Krise, wenn ich zugucke. Macht mich total nervös. Da les’ ich lieber.“

Erdelt sagt: *„Einer sitzt auf der Bank der Bayern, dem stinkt das, oder, Andre?*

Andre Siems: „Ja, kann man sagen. Der Robert Lewandowski hat immer gern in Augsburg gespielt, aber heute muss er zusehen, was sein Konkurrent Sandro Wagner macht. Der gibt sich Mühe, aber was Zählbares hat er noch nicht zustande gebracht. Die Münchner dominieren jetzt, und in der Liga weiß man gar nicht mehr, wie das sich anfühlt, als Wolfsburg oder Dortmund mal die Meisterschaft gewonnen haben.

Jupp Heynckes sitzt ganz lässig auf seinem Platz und scheint zufrieden. So sieht einer aus, der weiß, dass der Titel eingetütet wird.“

„Hinten am Torpfosten steht noch einer, der bringt den Ball zurück in den Strafraum. Da ist Robben, der hält drauf. Und: Tooor! 3:1 für die Bayern. Jetzt ist das Ding durch.“

„Ein kleines Gläschen Champagner will Heynckes den Bayern erlauben. Nun, sie sind auf Meisterschaftskurs – aber Champagner? Ich habe noch nie Bayern-Profis beim Champagner-Schlürfen gesehen. Die werden schon was Deftigeres bekommen.

Bayern hat’s im Griff. Süle, Rückpass zu Ulreich, Kimmich kommt an den Ball, zu Boateng, wieder zu Ulreich, Abschlag zu Sandro Wagner, Lewandowski immer noch auf der Bank. Schenken wir uns alle Rechenspiele – das wird langen.“

„Liebe Kinder, wenn ihr uns hört: Wenn Mami und Papi sagen, es gab mal eine Zeit, als die Bayern nicht Meister wurden, dann stimmt das. Aber das war eine andere Zeit. Gefühlt haben damals noch die Dinosaurier gelebt.“

„Müller ist reingekommen für Robben. Bayern wieder furchtbar überlegen. FC-Bayern-Tetris wird hier praktiziert – beim Passen passt alles auf den Zentimeter, da gibt es keine Lücke, da ist alles perfekt. Zum 28. Mal Deutscher Meister. Was sonst?“

Andre Siems wähnt sich in der falschen Stadt: *„Tor in München. In der Mitte schraubt sich Sandro Wagner hoch. Kopf. Hinten ins Netz. 4:1."*

Breuckmann hat es draufgehabt. Er pulte beim Aufwärmen den Trainern immer noch eine Kleinigkeit aus der Nase. Ihm fielen meistens die richtigen Wörter für das ein, was er auf dem Feld sah. Ein phänomenales Fußballgedächtnis hat er ohnehin, so einer braucht keine dicken Ordner, wenn er sich an die Arbeit macht. Nach einem Jahr fühlte er sich so wunderbar wohl, wenn er vor dem Mikro saß. „Als die Angst vor dem schwarzen Loch weg war, bin ich geschwommen wie ein Fisch im Wasser. Ich durfte über das reden, was ich liebe."

Fußball! Das ist für Breuckmann der Reiz des Unvorhersehbaren. Es geht um Identifikation. „Wer behauptet, beim Fußball solle der Bessere gewinnen, der redet Stuss. Gewinnen soll meine Mannschaft. Toll ist das, wenn ich mich so engagieren kann."

Fußball! „Das ist Rasanz und Schönheit. Sollte es zumindest sein. Was ich nicht ausstehen kann, nie leiden mochte, ist dieser Ergebnisfußball. Ein gutes Spiel geht herrlich ans Gefühl."

Anfangs berichtete Breuckmann aus der Oberliga, schon bald war er erste Wahl. Da war Schluss mit dem Plätzchen an der Außenbahn; Breuckmann saß in der Sprecherkabine, hoch oben über den zigtausenden Fans.

Sicher, war schön. Aber manchmal auch bizarr. Auf Schalke fühlte er sich in der Sprecherkabine „wie in einem Wohnzimmer im sechsten Stock. Unter mir die Zuschauer, noch weiter unten das Spiel."

Kurioser noch war der Arbeitsplatz in Dortmund. Das Fenster ließ sich nicht öffnen. Also stülpte sich Manni Breuckmann Kopfhörer über. Damit er hören konnte, was in der Südkurve abging.

„Was ist sie wert, diese Meisterschaft? Wir haben die Fans gefragt. Es ist für sie wie immer. Außerdem geht es ja am Mittwoch schon weiter, nicht in der Meisterschaft, sondern in der Champions League.

Jetzt ist Schluss hier in Augsburg – und da rennt auch schon der erste Flitzer auf den Platz. Und sie haben dann doch Meistertrikots. Mit roten Trikots und einer weißen 6 drauf – das steht für die sechste Meisterschaft in Folge – laufen sie zu ihren Fans. Übrigens: Das auffälligste

Trikot hat Thiago, es ist in Gold gehalten. Sehr bizarr, das traut man sonst nur Olivia Jones zu. Na ja, der Thiago bringt so was."

Die Leidenschaft für den Fußball ist nie abgekühlt. Sicher, während des Spiels versuchte Breuckmann so abgeklärt wie nötig zu berichten. Aber so richtig hat er es nicht hinbekommen. Und es hat Momente gegeben, da hat er sich letztendlich vergessen. Eben weil es Fußball war.

Am 19. Mai 2001 kommentierte Manni das Spiel „seiner" Schalker gegen Unterhaching. Die Gastgeber haben mit 0:2 zurückgelegen, ausgeglichen, wieder ein Gegentor kassiert. Nun führten sie mit 5:3, der Schiri pfiff ab. Und da – so die letzte Meldung – der FC Bayern München in Hamburg gegen den HSV in der 90. Minute durch ein Barbarez-Tor mit 0:1 hinten lag, war in diesem Augenblick Schalke Meister.

Die Zuschauer stürmten das Feld, Manager Rudi Assauer griff zum Alkohol, keiner achtete auf die Videoeinwand. Meister, endlich wieder einmal! Meister der Herzen! Der „Pott" bebte.

Auf der Videoeinwand liefen „stumm" vier Minuten Nachspielzeit in Hamburg. Breuckmann hörte durch den Knopf im Ohr, dass in Hamburg noch immer nicht Schluss sei.

Blöder Rückpass der Hamburger auf den eigenen Torhüter. Freistoß. Letzte Aktion. Brandgefährlich. Eine Mauer von Männerleibern. Effenberg schob den Ball zu Patrik Andersson. Der hatte in der Saison noch kein einziges Tor geschossen. Er hielt drauf.

Ein Loch in der Männer-Mauer. Der Ball war im Tor. 1:1.

Bayern war Meister.

Wie betäubt war Breuckmann, als Assauer in der Pressekonferenz erklärte: „Es tut mir so unendlich leid für die Jungs. Sie sitzen da unten und heulen Rotz und Wasser. Auch ich habe geheult ohne Ende. Ab heute glaube ich nicht mehr an den Fußballgott."

Manni Breuckmann legt einen Trauerflor auf seine Stimme, wenn er von diesem „emotionalen Tiefpunkt meiner Karriere" erzählt. Er weiß nicht mehr viel von den Stunden nach dem Spiel. Die Frau ist gefahren. Sie haben bei einem befreundeten Gastronomen gestoppt. „Dann hat es das gegeben, was man bei uns eine Druckbepumpung nennt. Wir wollten nur vergessen. War nicht so leicht. Zwei, drei Wochen waren wir von der Rolle – so war das!

Solche Momente haben die kultige Bundesligakonferenz natürlich immens belebt. Man hatte ein Produkt, das sich herrlich ans Publikum bringen ließ. „Wir hatten einen eigenen Stil. Nahmen uns zurück. Wir wollten so sein wie der Heribert Faßbender, der liebte es unterkühlt."

Sie mussten die Stimme nicht sonderlich anheben, wenn es spannend wurde. Wie machte es der Faßbender vor? „Ball auf rechts. Flanke. Kopf. Tor." 90 Dezibel, mehr nicht.

In den letzten Jahren erschrak Breuckmann, wenn er das Radio zwischen halb drei und fünf einschaltete. Das schien Fußball aus dem Tollhaus zu sein. „Man muss doch nicht brüllen wie ein Geisteskranker, wenn man erzählen will, dass der Robben ein wunderbarer Spieler ist."

Andre Siems ist einer, der nicht rumbrüllt. Es ist zu hoffen, dass er zu einer neuen Generation von Reportern gehört, die sich auf die Tugenden der Alten besinnen. Die einfach auf die „Schönheit und die Rasanz" des Spiels bauen, nicht auf 120 Dezibel.

Siems hat mal einen Fragebogen ausgefüllt. Da gab er als „schönste Panne bei einer Übertragung" an: „Es war im Spiel Köln gegen Bayern im Dezember 2011: Ribéry bekommt die Gelb-Rote Karte, und ich sag so vor mich hin, wie dumm und sinnlos die Aktion war. Ich habe das gemurmelt und mich richtig ausgekotzt, weil ich mich geärgert habe. Was ich viel zu spät merkte: Alles, was ich sagte, war live im Radio zu hören. Meines Wissens ist Franck mir nicht bös gewesen."

Heute-im-Stadion-Moderator Uwe Erdelt hat das letzte Wort: „*In der Tabelle sind die Bayern uneinholbar vorne. Kann nix mehr passieren.*"

Nachtrag.

Gefeiert wird ein klein bissl.

Trainiert wird am Sonntag eher stad.

Am Montag steht in der Zeitung, was Heynckes da angerichtet hat. Christian Eichler in der *FAZ:* „Sichtlich bewegt, verdrückte Heynckes Tränen der Rührung. Die Reaktivierung eines 72-jährigen Rentners, die im Herbst wie ein Verzweiflungsakt wirkte, steht im Frühling als Geistesblitz von Präsident Uli Hoeneß und Vorstandschef Karl-Heinz Rummenigge da.

Ein Geniestreich war es nicht nur, weil Heynckes die verunsicherte und schlecht trainierte Mannschaft wieder auf Hochtouren brachte. Auch, weil er der oft kalten Pracht des nimmersatten Münchner Hochleistungsunternehmens mit seiner Empathie und Höflichkeit, mit altmodischem Anstand und einer völligen Abwesenheit von Arroganz etwas einnehmend Menschliches gab.«

Jetzt ist er also Meister.

Ist doch schon mal was.

„Isch bin glücklisch"

Der Fotograf Alain baut sich auf einer Anhöhe hinter dem Trainings-
gelände der Bayern mit der großen „Tüte" auf. Mit dem Fünfhunder-
ter-Tele linst er durch den Maschendraht. Wenn sich beim Training
(„Heute nicht öffentlich") einer wehtut, wenn zwei sich in die Haare
geraten, wenn der Herr Heynckes sich einen Spieler zur Brust nimmt,
wenn Thomas Müller seine steckerldürren Beine wieder mal besonders bizarr verknotet – Alain drückt drauf, und am nächsten Tag ist
das Bild in der *Bild*.

Gerade verfolgt er den Franck. „Franck kenne ich gut. Habe für
L'Équipe schon mal eine Homestory bei ihm gemacht. Er ist sehr nett.
Zu nett vielleicht, hat eine Menge falscher Freunde. Hier in München
ist er einigermaßen geschützt, dafür sorgen schon Heynckes und Hoeneß. In Frankreich ist er ein Paria, ein Ausgestoßener, hier in München haben sie Respekt und Liebe für ihn. Das braucht einer wie er."

Alains Landsmann Ribéry bewegt sich mit großer Lebensfreude.
Sprints verschnörkelt er mit Zwischenschritten. Er tänzelt, er federt,
er dribbelt sich selbst aus.

Das macht er schon ohne Ball klasse. Wenn ihm einer den *ballon*
zuwirft, kommt Franck Ribéry erst richtig auf Touren.

Der Ball, der eigenwillige Springinsfeld: Umfang 70 Zentimeter,
knapp 450 Gramm, knapp ein Bar Überdruck.

Der Ball, das unbekannte Wesen, der Widerspenstige, der
gezähmt werden muss.

Pas de problème für Franck. Er ist der ziemlich beste Freund des
Balls – schon seit er zum ersten Mal dagegentreten durfte. Das war
damals am „Grünen Weg" – wir kommen gleich drauf zurück.

Franck Ribéry ist kein Mann der Theorie. Er würde desinteressiert weiterblättern, wenn er über seine Fähigkeiten bei Fabian Zimmermann in *Physik und Fußball – Schulversuche* Folgendes läse: „Beim Schuss wird eine Kontaktzeit Δt von 0,007 s bestimmt. Mit den Werten für die Masse m = 0,411 kg und der Geschwindigkeit v = 24,20 kann nun die Leistung P beim Schuss bestimmt werden, wobei die starke Vereinfachung angenommen wird, dass die Leistung P während der sehr kurzen Kontaktzeit konstant ist.“

Es folgt eine Gleichung, die mit „P =“ beginnt, sich in fürchterlich komplizierten Brüchen fortsetzt – und als Ergebnis 17 kW, beziehungsweise 23 PS, ermittelt. Das ist also die Kraft, die hinter einem der strammen Schüsse von Franck Ribéry steckt.

„Et alors?“, würde Franck an dieser Stelle fragen. „Ça sert à quoi?“ Wem nützt so ein Geschreibsel? Er würde sich den Ball (411 Gramm, ein Bar, 70 Zentimeter Umfang) schnappen, würde ihn über die Schulter rollen lassen, von einer Seite zur anderen, der Ball würde nach unten fallen, mit 23 PS in den Himmel geschossen werden, kleiner und kleiner würde er werden, ganz da oben würde er umkehren und wieder zur Erde zurücksausen, unten stünde der Franck, gespannt wie eine Raubkatze, da käme der Ball, so furchtbar schnell, wie ein Geschoss, wie eine Kanonenkugel direkt vom großen Napoleon, der Franck würde einen Fuß nach vorne strecken, der Ball würde auf den Rist treffen, Ribéry würde mit dem Fuß eine Winzigkeit anstellen, der restliche Körper wäre ungerührt …

… und: Der Ball, dieses Geschoss, läge wie eine friedliche Kugel auf dem Rist des Rastelli aus Boulogne-sur-Mer. Das nennt man „Stoppen“. Das kann Ribéry so perfekt, dass für eine Millisekunde die Welt stille zu stehen scheint.

Der Umgang mit dem Ball ist für Ribéry so selbstverständlich wie für unsereinen das Kratzen, wenn es am Ohr juckt. Er hat nichts anderes gemacht, seit er dem Krabbeln entwachsen ist. Ist am „Grünen Weg“ aus der Wohnung nach draußen gewischt und hat gekickt, gebolzt, geschossen, gezaubert, gekämpft …

Ballern, das war seines.

Le Chemin Vert, der „Grüne Weg“, war nicht heimelig. In diesem Viertel müssen die Menschen von Boulogne-sur-Mer überleben, mit denen es das Leben nicht besonders gnädig meint. 12.000 Menschen an der Armutsgrenze. Jugendliche, die ins Abseits rutschen. Väter, die sich den Frust wegsaufen. Mütter, die nur noch müde sind. Kinder ohne eine Zukunft.

Franck hatte den Fußball. Das war doch schon etwas. Dann saß er auf der Rückbank des elterlichen Autos, es gab einen Unfall. Franck flog, weil nicht angeschnallt, durch die Frontscheibe. Er überlebte und hat seither diese grässliche Narbe.

„Narbengesicht", „Scarface", „Monster", „Glöckner von Notre Dame", „Quasimodo", riefen sie hinter ihm her. Er schämte sich, er war zornig – er war eines dieser Kinder, die gleich mehrfach ohne Zukunft sind.

Der Vater hat schnell erkannt, dass sein Sohn mehr Talent hatte als jeder andere am Chemin Vert, ja in ganz Boulogne-sur-Mer. Der Sechsjährige hielt den Ball mit 400 Berührungen in der Luft, ohne dass er den Boden touchierte. Er kämpfte sich bei den Älteren durch.

„Wir haben täglich vier bis fünf Stunden gekickt. Gespielt wurde jeweils Vier-gegen-vier. Die Gewinner einer Partie durften auf dem Platz bleiben und weitermachen. Schon deswegen wollte ich immer gewinnen. Im Sommer wurde ein Flutlicht angeschaltet, und wir spielten bis ein, zwei Uhr morgens. Kam vor, dass wir Besuch von der Polizei kriegten, weil wir ein bisschen laut waren."

Papa François schuftete auf der Baustelle, Mama Marie-Pierre saß an der Kasse. So sollte es werden, wenn er erwachsen wäre?

Non. Pas du tout. Franck Ribéry wollte als Fußballspieler raus in die bessere Welt. Er stellte sich bei Vereinen vor, zeigte, was er mit dem Ball konnte, versuchte es wieder und wieder. Ribéry verdingte sich bei Dritt- und Viertligisten. Wenn er mit Fußball mal 1.000 Francs im Monat verdiente, war er schon ein glücklicher Mann.

Es reichte nicht fürs Leben (mittlerweile war er mit Wahiba, mit der er schon als 16-Jähriger „gegangen" war, verheiratet) – also half er manchmal auf der Baustelle aus. „Ich musste Löcher bohren, Dreck schaufeln, Leitungen legen, Material schleppen. Ich habe begriffen, wie hart es für Papa war. Das wollte ich so nicht. In dieser Zeit habe ich gelernt, was Schuften heißt. Eine furchtbare, eine wunderbare Erfahrung."

Ribéry kam zu Stade Brest – von nun an ging es bergauf. Metz. Galatasaray Istanbul, Olympique Marseille. Und dann, 2007: der FC Bayern München.

Es gibt ein Foto aus den ersten Tagen in Bayern. Franck Ribéry sieht zum Erbarmen aus. Er weiß nicht, wohin, er ist verschüchtert. Um ihn herum Menschen mit Lederhosen und Gamsbart-Hüten. Die Blasmusiker machen es nicht besser für den Franzosen. „Wo bin ich da nur hineingeraten?", denkt sich der Neuzugang der Bayern an diesem 8. Juli 2007 beim ersten Freundschaftsspiel in Höslwang am Chiemsee. Ribéry ist 24 Jahre alt und seit fünf Tagen im Training bei den Münchnern.

Dann geht's auf den Platz, und alles Fremdeln ist passé. Beim Spiel gegen den Fanklub „Die 13 Höslwanger" – 13:0 gewinnen die Bayern – „knipst" er einen Hattrick. Später wird er erzählen, dass er nicht lang an der Isar bleiben wollte. „Das war alles sehr fremd. Aber dann ist es ganz anders gekommen."

Am 7. April 2018 wird Franck Risbéry 35. An diesem Samstag steht er nicht in der Anfangself des FC Bayern München – aber das juckt ihn nicht. Sein Verein, sein „Herzensklub", macht – kleines Geburtstagsgeschenk – die Meisterschaft gegen Augsburg klar. Und nach dem Match nimmt Trainer Jupp Heynckes den Stürmer Ribéry besonders lang in den Arm.

Franck, der Liebling der Fans, braucht solche Gesten. Spielt seine elfte Saison im FCB-Trikot. 380 Einsätze, 117 Tore, 178 Vorlagen. 19 Titel hat er in dieser Zeit gewonnen. Irgendwie kann er sich Fußball ohne den FC Bayern nicht gut vorstellen.

Ribéry hat einen kleinen Sex-Skandal überstanden, in München ist ihm schnell Pardon gegeben worden, in Frankreich haben sie den Stab gebrochen. Als sich die Bluthunde der Presse auf Ribérys Fährte hefteten, hat ihn Uli Hoeneß zum Essen an den Tegernsee eingeladen, hat ihm gut zugesprochen, hat sich erkundigt, ob in der Ehe wieder alles im Lot sei. Mit breiter Brust stellte er sich vor den Spieler: „Wir wären Heuchler, wenn wir in einer solchen Situation nicht zu ihm stünden."

Eineinhalb Jahre nach der Geschichte schloss Ribéry die Causa selbst ab: „Ich war sehr unglücklich. Sie können sich nicht vorstellen, wie sauer ich auf mich war. Ich hatte Riesenfehler gemacht. Verdammt.

Aber der Mensch, der mich am meisten liebt, ist doch an meiner Seite geblieben. Ich habe gelernt, zum Teufel, ich habe gelernt."

Franck Ribéry ist einer, der versucht, die Probleme mit einem Lachen zu meistern. So einen haben sie bei den Bayern immer gern gemocht. Der Torhüter Sepp Maier hat während eines Spiels schon mal eine verirrte Taube mit einem Hechtsprung eingefangen, der Kollege Jean-Marie Pfaff galt als Gaudibursch. Und Ribéry kann auch nicht anders: Einen Jux muss er sich machen.

Er hat über dem ahnungslosen und sich die Zähne putzenden Trainingskollegen Oliver Kahn Eiswasser ausgekübelt, er hat Trainer im Anzug mit Weißbier überschüttet, er hat Fußballschuhe in der Kabine vertauscht und perfide zusammengeknotet. Ribéry ist der Letzte beim Feiern und der Erste beim Singen. Mal hat er den Mannschaftsbus in Dubai geentert und wollte einmal ums Hotel kurven. Hat nicht funktioniert, weil er einen Poller rammte. Da ist er ein wenig erschrocken und hat hernach einen satten Batzen Kohle an die Werkstatt überwiesen

Einmal ist der Polizeireporter der *Abendzeitung* zum Lokalchef gekommen und raunte: „Ich hab' eine geile Story."

Ja bitte?

„Ribéry!"

Wie bitte?

„Na, der Fußballer von den Bayern."

Man weiß, wer Ribéry ist. Was sei los mit dem?

Dem Reporter haben die Spezl von der Polizei gesteckt, dass eine Anzeige gegen den Fußballmillionär laufen solle. Weil er angeblich seinen Sportwagen, den er nicht in der Stadt ausführen dürfe, weil er nicht vom Hauptsponsor der Bayern sei, in der Garage im Leerlauf „ausgefahren" habe. Hunderte von PS sollen die Anwohner im noblen Grünwald verschreckt und verärgert haben. Deswegen …

Ach Gottchen! Da hat man keine Geschichte draus gestrickt. Warum auch? Wenn es wirklich so gewesen sein sollte, dann hat man doch volles Verständnis für Franck Ribéry, dieses Spielkind.

Den Ribéry braucht man vor allem für die Lebensfreude. Trainer-Vater Jupp Heynckes sorgt dafür, dass der Franzose eisern trainiert und im Match vorn und hinten rennt, bis er nicht mehr kann.

Und wenn die Arbeit getan ist, beginnt ein Nachspiel, so ganz nach dem Geschmack des Franzosen. Das findet immer auch auf dem Balkon des Münchner Rathauses statt.

So zu genießen anno 2016. Die Deutschen Meister drängeln sich auf der Empore. Der Bayer Thomas Müller hat das Wort. Seine Stimme ist sehr angegriffen, als er krächzt: „Jetzt kommt unser Deutsch-Professor, Franck Ribéry."

Der Kollege drängelt sich durch die Umstehenden auf dem Balkon, schubst den OB zur Seite, schlängelt sich um die Mitspieler samt ihren Weißbiergläsern, hat eine sündteure Hirschlederne, ein weißes brustoffenes Hemd und eine dunkle Lodenjoppe an. Vidal und Lewandowski ahnen schon, was kommen wird, und grinsen breit hinter ihren Mafia-Sonnenbrillen.

Müller, der Ansager, fällt ins Französisch-Deutsch. Deutet auf Ribéry und ruft: „Isch abe mein Vertrag verlängart – nur für eusch."

Ribéry ist verdutzt. Willst mich veralbern, heißt der Blick wohl.

Vom Marienplatz rufen sie „Ribéry! Ribéry! Ribéry!"

Er entreißt dem Müller das Mikro. Franck Ribéry hat ohnehin eine erstaunlich tiefe Stimme. Nach der letzten Nacht ist sie gereift, er klingt wie Johnny Cash: „I welcome you."

Sie toben da unten auf dem Platz. Ribéry! Ribéry! Ribéry!

„Wie gäht's?" Sie flippen aus. „Das is imma schön hier. Freu misch. Bin glücklisch. Aber isch wollte sagen etwas: David Alaba war so schleschd gestern. Er muss gehen nach Hause."

Zur Verdeutlichung: Auf dem Platz hat Alaba seinen Mann gestanden. Dann wurde gefeiert, und Alaba hielt sich am Mineralwasser fest. Der Junge trinkt keinen Alkohol. So schleschd. Muss gehen nach Hause.

„Oh Champs Elysées, oh Champs-Elysées!"

Furchtbar falsch, er trifft keinen Ton. Und den Text kann er auch nicht.

„Oh Champs-Elysées! Barampam!"

Der Platz singt französisch.

„Pscht! Isch habe französisch gespielt. Aber nischd deutsch geredet. In Schule nischd gelernt. Deutsch, isch: keine Ahnung. – Aba: Isch liebe Münschen."

Das „ü" von München kann er. Ist ja nicht selbstverständlich.

„Wo is Coman? Wo is Coman? Bringen mir Coman!"

Coman kommt, verlegen lächelnd.

„Is Bruder von Alaba, schöne Bruder von Alaba."

Coman windet sich, alles lacht.

„Isch liebe disch."

Coman greift sich ein Mikro.

„Isch liebe disch auch."

Der Marienplatz platzt fast vor Lachen.

Der Entertainer aus Boulogne-sur-Mer sieht sich auf dem Balkon nach einem neuen Opfer um.

„Artuuroo! Artuuroo! Du. Komme hier. Komm, komm, komm!"

Vidal zeigt auf seinen Hals. Er ist krank, soll das heißen, kann nicht reden.

„Artuuroo! Hier! Komm!"

„Jaaa!", schreien sie auf dem Platz.

„Komm!"

Franck quetscht sich durch zu seinem Mitspieler, zieht ihn am Schlafittchen in die erste Reihe. Zum Platz hin: „Seine beste Wort: Junge! Arturo lernt noch Deutsch. Sprischt nischt viel. Aber: Junge! Arturo, sag amal!"

Arturo weiß nicht, was mit ihm geschieht.

„Sag. Kannst reden, wie du willst. Guten Tag. Bittescheen. Dankescheen. Prost. Mahlzeit. Sag auf Deutsch."

Arturo hat begriffen. Er überlegt, dann fällt ihm etwas ein: „Dankescheen. Auf Wiedersehen."

Weg ist er, versteckt hinterm schmalen Rücken von Thomas Müller. Und der Franck? Der macht sich fast in die Lederhose, so muss er lachen.

Zwei Jahre drauf wird er wieder auf dem Balkon stehen. Neben dem feiertrunkenen Thomas Müller und dem stocknüchternen Alaba, neben Hoeneß und Heynckes. Und sie werden ihn rufen: „Ribéry! Ribéry! Ribéry!"

„München ist wie eine Heimat. Hoeneß, ich liebe diesen Patron, der seine Leute immer beschützt. Heynckes, er ist mein Vater, mein zweiter Vater, ich könnte heulen, so liebe ich ihn."

Pause.

Dann O-Ton. Man kann's nicht oft genug sagen: „Das is imma schön hier. Freu misch. Bin glücklisch."

Jahrgang '45

Am 8. Mai 1945 um elf Uhr nachts war der Krieg zu Ende.
Nicht mal 24 Stunden später kam in Mönchengladbach Josef Heynckes zur Welt.
Es war ein Mittwoch.
Josef blinzelte, er wand sich ein wenig, er krähte, an ihm war alles dran.
Ab, die Nabelschnur!
Es war kein guter Tag, ins Leben zu starten.
Acht Geschwister gab es bereits. Grauer Himmel über dem Land.
Die Erwachsenen hatten Angst, gebrochen waren sie.
Kapituliert.
Keine Ahnung hatten sie, was werden würde.
Alles kaputt. Ringsum Trümmer. Die Welt in Schutt und Asche.
Im Mönchengladbach war es besonders schlimm.

9. Mai 1945 also. Josef Heynckes wurde im Sternzeichen des Stiers geboren. 73 Jahre später würde sich der Astrologe Erich Bauer Gedanken über den Stier machen. Bauer – ein gelernter Psychologe, Heilpraktiker und Astrologe, von der *Bild* in den Rang eines „Kult-Astrologen" erhoben, Autor von über 60 Büchern, schulterlange helle Haare, stechende Augen – würde über Heynckes und Konsorten schreiben:

„Der Stier-Mensch sehnt sich nach einer Welt, in der alles stimmt, in der alle Dinge und Menschen ihren festen Platz haben. Was er einmal als gut und brauchbar erkannt hat, das will er ein Leben lang genießen und ausbauen.

Man sagt dem Stier Sturheit nach. Er hat eine ausgeprägte eigene Meinung. Die will er respektiert wissen, komme, was da wolle. Stier-Menschen haben viel Selbstvertrauen, nichts kann sie leicht aus der Ruhe bringen. Wenn man sie jedoch zu sehr reizt, dann werden sie sich wutschnaubend zur Wehr setzen. Der Grund: Demütigung, Rachegefühl und beleidigter Stolz. Stiere haben einen starken Familiensinn und ein großes Harmoniebedürfnis."

Ja, Familiensinn hatte er. Was blieb dem Josef anderes übrig, als sich in die Familie einzugliedern? Es war eng in Holt, in Mönchengladbachs Westen, wo er eines von zehn Kindern war. Der Vater arbeitete sich als Schmied krumm, die Mutter betrieb einen Kramladen, es reichte immer gerade so. Das fiel den Heynckes-Kids nicht auf, denn bei den Nachbarn in Holt war's nicht anders.

Es roch nach Kohl und Schmierseife. Nie war die Leine vor dem Haus leer. „Ich weiß noch, wie es an Waschtagen war. Wir hatten so einen Bottich, darunter wurde Feuer gemacht, mit den leeren Kartons aus unserem Tante-Emma-Laden."

Seine Schwestern haben den ganzen Tag gewaschen. Es hat gedampft, man hat im Nebel gestanden. Die Mädchen und die Mutter hatten geschwollene Hände und rote Backen. Es war eine gigantische Arbeit, aber sie haben gelacht und geschwatzt dabei. „Ich habe meine Mutter bewundert, wie sie uns durch die Zeit gebracht hat."

9. Mai 1945. Die Menschen waren die letzten Hoffnungen los. Später würde man sagen, damals habe das Land seinen Neuanfang gehabt ...

Kacke, das!

Josef Heynckes' Mutter sah auf diesen neunten Winzling, den sie in die Welt gesetzt hatte, und war grundverzweifelt. Konnte es noch schlimmer kommen? Konnte man sich Ärgeres vorstellen als das Erlebte?

„Bomben auf Jack", war das Motto der Tommys gewesen. „Jack" war das Codewort für „Munchen-Gladbach" und Rheydt. Ein ganz dolles Ziel waren die beiden Städte nicht, aber mit dem Flieger war man schnell dort. Also fing man beim Bombenschmeißen mit „Jack" an.

Das war 1940. Bis März 1942 kamen die Tommys 51-mal über den Niederrhein. Dann machten sie Ernst. 1943 bestellte die Stadt im Juli 2.000 Särge, weil die Vorräte aufgebraucht waren. Mehr als 2.000 Zivilpersonen starben bei den Bombenangriffen. Als Josef Heynckes zur Welt kam, war Mönchengladbach ein Trümmerhaufen. Fast die Hälfte aller Wohnhäuser nur noch Ruinen, eine Million Kubikmeter Schutt bedeckte die Stadt.

Die Überlebenden waren am Ende. Freude über ein Neugeborenes? Wer sollte ihnen das zumuten?

„Ihr werdet Euch fragen, was ich denn gemacht habe, dieses halbe Jahr lang. Ich weiß es nicht mehr, weiß nur: viel nicht. In der Küche waren ohnehin zu viele Personen, manchmal, wenn meine Papiere wirklich in Ordnung waren, ging ich hamstern, wartete auf die Amerikaner, las, las auch Kierkegaards Tagebücher, fuhr nur einmal, mit Tillas Rad und tadellosen Papieren nach Köln, um noch ein paar ‚Wertgegenstände‘ zu retten und Zigaretten zu besorgen.

Es kommt zu viel hoch, zu viel kommt auf, ich muss Schluss machen.“

So hat Heinrich Böll geschrieben – und dann doch noch nicht Schluss gemacht. Er hat erzählt, wie sehr ihn die Zeit nach dem Krieg geprägt hat:

„Dass es uns nicht nur schwerfällt, unmöglich ist, Brot wegzuwerfen; dass es mir schwerfällt, Kaffee oder Tee wegzuschütten; dass ich, was von diesen kostbaren und edlen Getränken beim Frühstück übrigbleibt, mitnehme in mein Arbeitszimmer; und dass ich von den Zigaretten nicht lassen kann und meine Lebensmitteleinkäufe immer panikartigen Charakter haben.“

Zeitlebens hat der große Böll das Trauma des Kriegs und den Albtraum nach dem Krieg in sich getragen – er hat es nicht mal durch Nobelpreis-kluges Schreiben wegarbeiten können.

Wie sollten die Heynckes – Eltern von zehn Kindern – mit der Situation umgehen? Sie konnten nur kämpfen, jeden Tag neu. Und ihre Kinder haben gesehen, was das Leben ist. Ein Kampf.

Aus Stahlhelmen haben die Leute Siebe und Töpfe, aus Gasmaskenbüchsen Gießkannen, aus Eierhandgranaten Kinderspielzeug gebastelt. Bälle aus Stoffbündeln, Kohorten aus Kastanienmännchen, selbstgemachte Knallbüchsen aus dem Holunderstrauch, Pfeifen aus Patronenhülsen, man wusste sich zu helfen. Der Hunger blieb. Zigaretten halfen gegen Kohldampf (aber Zigaretten waren was für die Erwachsenen). Es gab Kraut, Steckrüben, Kartoffelschalen. Die ersten wieder erscheinenden Tageszeitungen veröffentlichten Kochrezepte für eine Suppe aus Erbsen, Grünkern oder Mais. Oder die Erwachsenen lasen: „Legen Sie beim Zubettgehen die Hände auf den Magen, dann haben Sie das Gefühl, als wäre was drin."

Brennnessel als „Spinat". Baumrinde, fein gemahlen, verlängerte das Mehl. Eicheln wurden gebrannt zum Kaffee-Ersatz. 1.500 Kalorien pro Tag war ein Erwachsener wert. Aber selbst das war oft Utopie.

Die Menschen in Holt kämpften. „Illegale Beschaffung von Lebensmitteln und Heizmaterial" hieß das im Polizei-Deutsch. An den wenigen Steigungen der Bahn rund um Mönchengladbach rieben die Leute die Gleise mit Schmierseife ein, dann drehten die Räder der Güter- und Kohlezüge durch, man konnte die Waggons entern und abladen. Die älteren Heynckes-Brüder durften da mittun, der Pimpf war noch außen vor.

Hat ihn ein wenig gewurmt, denn diese kleinkriminelle Aktion stand hoch im Kurs. „Fringsen" hieß es, wenn man die Bahn solchermaßen ausbremste und plünderte. „Fringsen"? Na ja, der Kölner Kardinal Joseph Frings hatte dem Tun sozusagen seinen Segen erteilt: „Wir leben in Zeiten, da in der Not auch der Einzelne das wird nehmen dürfen, was er zur Erhaltung seines Lebens und seiner Gesundheit notwendig hat, wenn er es auf andere Weise durch seine Arbeit oder durch Bitten nicht erlangen kann."

Und so wuchs der kleine Josef Heynckes aus Mönchengladbach-Holt sehr schnell ins gnadenlose Abenteuer Leben hinein.

Er wuselte durch die Nachbarschaft und fragte nach Futter für die Tiere (bei Heynckes hatte man zwei Schweine und ein paar Hühner). Waren vielleicht Kartoffelschalen oder Essensreste über? Die nahm er dann gerne in seinem kleinen Kübelchen mit.

Und weil er als Sammler ziemliches Talent hatte, ging er bald auf die Suche nach geldwerten „Liegenschaften". Schrott. Lumpen. Was sich so auf der Straße fand. Allerlei am Wegrand. Er nahm es, brachte es dem Trödel-Hennes und kriegte ein paar Pfennige. Nicht die Welt, aber Kleinvieh ...

Und da war die Sache mit den Leuten, die nicht zahlten. Die Mutter hatte doch diesen Laden. Nichts Besonderes. Margarine, Äpfel, Kartoffeln, Mehl, Bier, Krimskrams. Die Frauen und Männer aus der Nachbarschaft kauften, weil Frau Heynckes nett und reell war. Immer freundlich, immer kulant.

Man hat gezahlt, das war Ehrensache. Aber es gab eben diese Tage, da war nicht mal mehr ein Hosenknopf in der Schublade. Da ist man zur Frau Heynckes, die schrieb es an.

Die meisten Kunden sind sofort gekommen, wenn sie wieder Bares hatten, und haben die Schulden beglichen. Aber es gab auch so fiese Möpp, die stellten sich taub und stumm. Taten so, als sei nichts.

Da hat dann die Mutter den Jupp – mittlerweile sagten alle Jupp zu dem kreglen Jungen – losgeschickt. Wie alt er gewesen ist? Na ja, fünf, sechs, sieben, acht. So einer brauchte sich als Geldeintreiber nicht groß aufzuspielen. Der hatte noch keine Muskeln, die er hüpfen lassen konnte. Und so hat der Jupp gelernt, die Schuldner mürbe zu quatschen. Hat ihnen die Geschichte vom Pferd erzählt: Dass man selbst keinen Kanten Brot mehr in der Lade habe, weil so viele Außenstände da seien. Dass die Mutter nur noch weine – aber da könne man auch keine Suppe draus kochen. Dass ...

Ach ja, seufzten die säumigen Zahler und kramten in der Manteltasche. Und plötzlich hatten sie mal 'ne Mark.

Wenn Geldeintreiber Jupp dann nach Hause kam, hatte er was gut.

War auch dringend nötig.

Dennoch, die Mutter machte sich Gedanken, wie sie den Jungen zur Räson bringen könne. Der war doch nicht ganz knusper! Sicher, alle Jungs in seinem Alter rannten hinter Bällen her. Alle bolzten und ballerten. Aber nicht wie der Jupp. Der hatte zu Weihnachten einen Ball bekommen, und nun war er nicht mehr wegzukriegen vom Bolzplatz und von der Straße.

Wenn keine anderen Kinder in der Nähe waren, kickte er allein. Stundenlang. Immer wieder schoss er gegen die Hauswand. Links und rechts, oben und unten. Feste und mit Gefühl. Manchmal kommentierte er seine Aktionen, oft war nur das stete „Plopp! Patsch! Plopp! Peng!" zu hören. Stundenlang. Peng! Das war sein Lieblingsgeräusch. Mit Anlauf, dann draufgezimmert, knapp neben dem gedachten Pfosten. Tor! Wieder ein Tor! Peng!

Die Mutter schob die Gardine zu, sie wollte das gar nicht mehr sehen, wenn ihr Sohn beim „Pengen" die Zeit vergaß. „Ich weiß nicht, was aus dem Jungen mal werden soll."

Jupp hatte keinen sehr guten Ball. Bald schon verzogen sich die Nähte, das braune Leder wurde fleckig. An trockenen Tagen war die Pille hart und kratzig. Bei Regen saugte sich das Leder voll, es roch mies – und der Ball war schwer wie ein Stein.

Störte den Jupp nicht. Er arbeitete mit seinem ersten Ball, bis der völlig außer Form war. Und weil es keinen neuen gab, musste der Ball, der eigentlich keiner mehr war, weiter zum Üben herhalten.

In der Schule war er gut. Zuhause machte der Junge keine Probleme. Er war ein netter Kerl mit guten Manieren, schlug nicht über die Stränge, lief gut mit.

Das war in Ordnung. Die Eltern konnten keinen Rebellen brauchen. Der Alltag zehrte sie auf. In der Stadt wurden die Trümmer beiseite geschafft, aus den Ruinen entstand Neues. In Holt wandelte sich der Nachkriegshorror in einen zagen Glauben an das Kommende. Die Kinder würden es mal besser haben. Dafür schufteten die Eltern, bis sie früh alt waren.

„Was willst mal werden?", fragten die Onkels und Tanten den kleinen Jupp.

Der setzte ein erwachsenes Gesicht auf und erklärte: „Architekt. Ich werde Architekt."

Sie strichen dem Jungen übers Blondhaar und waren beruhigt. Der Jupp dachte klug. Architekten würde man wohl auf ewig brauchen in diesem verheerten Land. Mutter Heynckes schüttelte lächelnd den Kopf. Architekt? Nee, was für 'ne Idee! Da musste einer auf die höhere

Schule, studieren musste er. Schon klar, der Jupp war ein helles Köpfchen – aber Studieren kostete Geld. Woher nehmen?

Ja, das hatte auch der Zehnjährige kapiert: Ohne Moos nix los. Er trieb ja nicht nur die kleinen Gelder für die Mama ein. Er steckte bald seine eigenen Claims ab. In Holt gab es zum Beispiel Herrschaften, die sich schon bald nach der Kapitulation das Tennisspielen leisten konnten. Die zogen sich piekfein weiß an und erholten sich an Sonntagen auf einer schnieken Anlage vom Wirtschaftswunder-Machen.

Denen diente sich Jupp als Balljunge an. Sie spielten nur mäßig und verteilten ihre Aufschläge, ihre Returns und Lobs weiträumig in der Landschaft. Jupp wuselte hinterher und sammelte die Bälle ein. Die waren teuer, da durfte keiner verloren gehen.

Jupp war schnell, er war hinter der Beute her wie ein kleiner Terrier. Der verschusselte nix. Den engagierte man gern. Fünf Mark bekam er für einen Tag, viel, viel Geld war das.

Er wusste es. Wenn er in so einen tollen Schinken wie *Die Halbstarken* wollte, ging es bei ihm ans Eingemachte. 60 Jahre später würde er vor Fans des FC Bayern München in Prittriching erzählen: „Ich hatte eine Mark, aber das Kino kostete 1,10 Mark. Wegen zehn Pfennig konnte ich den Film nicht sehen. Da habe ich mir gesagt: Der Tag wird kommen, an dem ich genug Geld habe."

Er wollte so werden wie dieser Junge mit dem tollen Ball. Der Kamerad war aus besserem Haus (wahrscheinlich spielten die Eltern am Wochenende Tennis oder sie hatten gar ein Boot am Niederrhein). Er besaß – echt, kein Scheiß! – einen „Super Duplo T".

Musste man sich auf der Zunge zergehen lassen: Super Duplo T! Na ja, vielleicht war es auch ein „Nachbau" des Spielgeräts der Weltmeisterschaft von 1950. Ein brauner Ball aus echtem Rindsleder. Imprägniert. Der Ball bestand aus zwölf Teilen, die handvernäht waren. Ein Ventil hatte er, das hatte es vorher noch nicht gegeben. Hersteller des Originals war Superball – Bell Ventile, eine Firma aus Argentinien. In Deutschland führten nur die besten Spezialisten solchen Luxus.

Aber der Ball des Kameraden kam erst ins Spiel, wenn es

wichtig war. Wenn eine Schule gegen eine andere antrat, wenn die Straßenmeisterschaft anstand, wenn es das Match des Monats war. Ansonsten tat es jede normale Pille auch. Lohfarbenes Leder, Blase prall aufgepumpt, rissig, angestoßen, angedellt, angejahrt. Die Jungs trudelten am Kampfplatz ein. Eine Wiese, ein Hinterhof, ein Aschegrund. Tore aus Schulranzen oder Stecken, aus Eimern – oder richtige windschiefe Tore ohne Netz, die ein Wunder in die Trümmerstadt gepflanzt hatte.

Die Mannschaften wurden bestimmt. Zwei Ältere setzten – tipp, topp, tipp, topp – einen Fuß vor den anderen. Wer den letzten Schuh auf den Boden brachte, hatte die erste Wahl.

Schon bald war Jupp der, um den getippelt wurde. Hernach gesellten sich die anderen zu den Mannschaften.

Und dann wurde der Ball bewegt.

Jupp war immer unterwegs. Er rannte, und er kurvte, er bremste und bewegte sich andersrum. Jupp schrie und fuchtelte, weil er immer frei war und immer angespielt werden wollte.

Er bekam den Ball. Dann dribbelte er, passte und rannte schon wieder los, guckte sich um und wartete, guckte sich um und brachte Tempo ins Spiel.

Vor allem machte er Tore. Er pengte. Er grätschte. Er drückte den Ball mit dem Hintern rein. Mit der Brust. Mit dem Knie. Mit dem Kopf, natürlich mit dem Kopf. Dafür hob er ab und verwand sich wie eine krumme Kerze. Blieb auf dem Boden und gab dem Ball mit einem starken Stoß per Kopf den richtigen Wumms. Oder er hechtete, klar, wenn es sein musste, hechtete er. Der Ball flog von der Stirn ins Schulranzen-Tor, die Gegner schrien, „der war drüber!", war er aber nicht. Jupp rappelte sich hoch und rannte wieder los.

Wenn er nach Hause kam, waren die Klamotten voller Staub und Asche, sie starrten vor Matsch – und an den Knien hatte der Junge neue Schrammen.

Nicht schlimm. Er hatte seine Tore geschossen.

Der Berufswunsch „Architekt" erschien Josef Heynckes vernünftig. Aber bis er die ersten Häuser bauen würde, wollte er erst einmal sehen, was das Kicken ihm noch so brachte.

Er wurde ja langsam erwachsen. Bald war er neun, dann wäre er zehn. „Bitte lass mich zu Grün-Weiß", sagte er zur Mutter. Bitte, bitte, bitte.

Grün-Weiß Holt, das war die große Welt des Fußballs. Danach kamen nur noch Mönchengladbach und Ferenc Puskás.

Der Stuttgarter Stararchitekt Paul Stohrer kritzelte in jener „Bitte, bitte, bitte"-Zeit die ersten Entwürfe fürs Mönchengladbacher Stadttheater in eine Kladde. Beim 1. FC Mönchengladbach ließen die Trainer einen wilden Jungen hochleben, der seinen zehnten Geburtstag feierte, er hieß Günter Netzer. Bill Haley nahm „Rock around the Clock" auf. In Ascona wurde die erste Minigolf-Anlage eröffnet.

Und in Holt biss sich beim „Public Hearing" der neunjährige Josef Heynckes die Fingernägel ab.

Es war 1954. Zeit für ein erstes Wunder.

Es war nicht Fritz Walter. Auch nicht Helmut Rahn. Schon gar nicht Sepp Herberger – der alte Mann hatte mit Fußball, wie ihn der Jupp mochte, nichts zu tun. Der Herr Herberger war so etwas wie ein strenger Vater. Hatte einen Trenchcoat an und trat nicht gegen den Ball.

Der Fritz Walter war das Idol der Väter. Helmut Rahn, das hätte schon eher die Leitfigur für den Knaben Jupp sein können. Der knüppelte und ackerte, der machte die Tore und kloppte die Sprüche.

Aber Jupp Heynckes träumte davon, zu sein wie Ferenc Puskás. Er wusste nicht genau, wo dieses Budapest war, in dem Ferenc lebte. Mit dem Begriff „Ungarn" konnte er auch nicht viel anfangen. Er wusste nur, dass Puskás der Käpt'n der Nationalmannschaft war, die in der *Wochenschau* vier Jahre lang als die Unbesiegbaren gezeigt wurde.

Vor der Weltmeisterschaft 1954 in der Schweiz hatten die Ungarn alles geputzt, was sich ihnen in den Weg stellen wollte. Und Puskás hatte alle Verteidiger ausgetanzt, umspielt, weggetrickst – und dann hatte er mit seiner linken Wumme den gegnerischen Torwächter aus den Stollenschuhen geschossen.

Nun gingen die Ungarn ins Turnier, fegten Korea mit 9:0 aus dem Stadion, räumten Herbergers Deutsche mit 8:3 vom Platz. Dabei grätschte Liebrich den wunderbaren Puskás nieder, der Ungar konnte nicht weitermachen und musste bis zum Finale pausieren. Im Endspiel führte er seine Mannen aber ins Gefecht. Der ungarische Spielführer und Kapitän marschierte neben seinem Kollegen Fritz Walter ins Berner Wankdorfstadion. Man war überzeugt: Deutschland würde gegen Ungarn keine Chance haben.

Puskás fackelte nicht lange, brachte sein Team nach sechs Minuten in Führung. Sein Schuss war flach und stramm, der deutsche Torhüter Turek fiel langsam und spät, unter ihm flutschte der Ball ins Tor.

Puskás drehte sich jubelnd um und rief seinen Mitkämpfern zu, sie sollten sich beeilen. Noch ein Tor nachlegen, das wäre fein.

Also schossen die Ungarn das 2:0.

Jupp Heynckes wusste nicht, was er fühlen sollte. 2:0 nach nicht mal zehn Minuten. Die Männer machten ein erstes Bier gegen den Frust auf. Die Steppkes begannen das Interesse zu verlieren. Der Reporter im Radio war ziemlich leise geworden.

Überhaupt war es plötzlich still in den Straßen der deutschen Städte. In Gelsenkirchen und Saarbrücken, in Weilheim und Husum, in Berchtesgaden und in Mönchengladbach-Holt hatten sich die Menschen – ein paar Frauen waren auch dabei – um die Radiogeräte geschart und auf die Sensation gehofft. Es wäre ja schön gewesen, wenn die Männer des Sepp Herberger stellvertretend fürs Volk was gewonnen hätten.

Jetzt ein 2:0. Das würde ein Untergang. Da konnte man ja gleich kapitulieren.

Jupp Heynckes war in der Zwickmühle. Sollte er traurig sein, weil Deutschland den Pokal nicht gewinnen würde? Oder sollte er sich freuen, weil sein Ferenc wieder einmal ein Überirdischer war?

Dann passierte, was beim Fußball immer mal geschehen kann: Es wurde unerwartet.

Deutschland schoss Tore.

Morlock in der 10. Minute.

Rahn nach Fritz-Walter-Ecke in der 18. Minute.

2:2. Alles auf null. Die Ungarn deckten Turek mit Schüssen ein. Trafen die Querlatte, trafen den Pfosten, man war schon fast in der Verlängerung. Noch sechs Minuten. Gebannt hörte Heynckes, wie sich die Stimme des Radioreporters Herbert Zimmermann verhedderte:

„... der rechte Läufer der Ungarn, am Ball. Er hat den Ball – verloren diesmal, gegen Schäfer, Schäfer nach innen geflankt – Kopfball – abgewehrt – aus dem Hintergrund müsste Rahn schießen – Rahn schießt! – Tooooor! Tooooor! Tooooor! Tooooor! ... Halten Sie mich für verrückt, ich glaube, auch Fußballlaien sollten ein Herz haben, sollten sich mitfreuen und sollten jetzt Daumen halten."

Puskás schoss noch ein Tor, es zählte nicht, das war Abseits gewesen. Der Schiedsrichter pfiff ab.

3:2.

Wirtschaftswunder-Weltmeister.

Helden von Bern.

In Gladbach machten sie eine Flasche nach der anderen auf.

Jupp Heynckes ging mit dem Ball an seine Übungsmauer und pengte, was das Zeug hielt. Das war ein Gefühl, das war so überwältigend.

Aus dem Hintergrund müsste Rahn schießen, Rahn schießt, Tooooor! Tooooor! Tooooor.

Aus dem Hintergrund müsste Heynckes schießen, Heynckes schießt, Tooooor! Tooooor! Tooooor!

So musste es werden.

Bitte, bitte, bitte.

Irgendwann war die Mutter mürbe. In Gottes Namen, so solle er doch zu Grün-Weiß gehen. Er war nun elf, kein spilleriger Dreikäsehoch mehr, er konnte sich durchsetzen, man musste keine Angst haben, der Jupp würde von den anderen beschädigt werden.

Also gut: Grün-Weiß Holt. Da war der Junge – er wollte übrigens immer noch Architekt werden, hatte sich aber breitschlagen lassen, nach der Schule erst einmal eine Stuckateurlehre zu machen, danach ginge es dann ans Häuserbauen – gut aufgehoben. Das Fußballspiel in der Mannschaft würde ihn hoffentlich von den Flausen fernhalten, die den Halbstarken so durch den Kopf gingen.

Jupp Heynckes war eigentlich zu gut. Später erinnerte sich Herbert Laumen: „Wenn wir mit Borussia gegen die Klubs aus den Gladbacher

Stadtteilen angetreten sind, kriegten die von uns immer die Hucke voll. Jupp Heynckes spielte damals nebenan bei Grün-Weiß Holt. Der arme Kerl! Der war der Einzige, der in dieser Mannschaft überhaupt auffiel. Aber das nutzte ihm auch nichts. Die Ergebnisse waren fast immer zweistellig. Er hat nie aufgegeben, bis zur letzten Minute gekämpft, weil er unbedingt Tore schießen wollte. Man konnte sofort sehen, dass Jupp in eine bessere Mannschaft gehörte. Zum Glück ist er dann zu uns gekommen."

Ja, die Borussia! Das war das Paradies. Gelobtes Land!

1950 war der VfL in die seit drei Jahren bestehende Oberliga aufgestiegen und damit nach 20 Jahren wieder erstklassig.

So weit, so gut.

Das Stadion lag am Bökelberg. Nicht gerade modern, nee, das wirklich nicht. So hatte alles schon nach dem Ausbau in den 1920er Jahren ausgesehen. Mittlerweile waren ein Krieg und ein Vierteljahrhundert über die Anlage hergegangen.

Die ramponierte Mauer am Rand der „Kull", deren Löcher jahrelang behelfsmäßig mit Stacheldraht gestopft worden waren, wurde zwar repariert. Ansonsten: Das war kein gelobtes Land, das war gelobte Steppe. Das war kein Rasen, das war ein Sandplatz mit Grasbüscheln. Zum Umziehen mussten die Spieler in die alte Holzbaracke in der nordöstlichen Ecke der Anlage. Eine muffige Kabine links, eine Miefkabine rechts, dazwischen ein größerer Raum, in dem bei schlechtem Wetter trainiert wurde. Es gab altersschwache Brausen mit rieselnd Kaltwasser. Warmduscher mussten ihr Wasser aus einem großen Waschkessel holen, der mit einem Holzofen beheizt wurde.

Für die Zuschauer gab es in vier Reihen am Westhang Sitzplätze. Die Übrigen standen auf den lehmigen Hängen um die Kampfbahn. Die Borussen-Spieler stachen vor wichtigen Spielen mit Spaten Stufen aus dem Lehm. Doof war, wenn's regnete. Dann traten die Zuschauer die Stufen rund – und spätestens in der zweiten Halbzeit kam immer wieder mal einer ins Rutschen und schlidderte bis zur Außenlinie.

Das war die Borussia.

Da wollte Jupp Heynckes hin.

Gelobtes Land.

Fußball, ganz oben.

Die anderen:
„Bomber" und „Kaiser"

Überall träumten die Jungs davon, ganz oben mittun zu dürfen. Auf Schalke, in Dortmund, Kaiserslautern, Hamburg, Stuttgart, München. Bei den Roten und den Blauen, bei der Eintracht und der Hertha. Ein Löwe sein, ein Borusse, eine Lilie.

Die Jungs rannten auf Hinterhöfen und auf Ascheplätzen, im Verein oder beim Straßenkick hinter dem großen Traum her. Hungrig waren sie, schmal und unverdrossen.

Halt! Nicht alle waren schmal. In Nördlingen trieb sich an der Stadtmauer einer rum, der wie Jupp Heynckes 1945 zur Welt gekommen war. Gerd Müller gehörte in der Stadt zu den Armenhäuslern, fünf Kinder mussten durchgebracht werden, die Eltern hatten nicht viel Zeit für Vergnügungen.

Also traf sich der jüngste Sohn – schon bevor er in die Schule kam – an der Stadtmauer mit anderen Kindern, am liebsten zum Bolzen. Gerd war schüchtern und ein bisschen pummlig. Ein guter stiller Sohn, der seine Mutter aber immer wieder auf die Palme brachte, weil er mit zerrissenen Hosen vom Spielen heimkam.

Die Bälle waren unrund und bockig, manchmal kickte man auch mit einer Blechdose. Egal, der Gerd liebte es. Und er konnte Tore schießen wie kein anderer.

Mit zwölf stellte er sich beim TSV Nördlingen vor. Der Spielführer musterte den Burschen und meinte dann: „Was willschd denn du Dickwanst bei uns?"

Der Gerd wäre am liebsten umgekehrt oder hätte sich verkrochen, denn mit dem Selbstbewusstsein war es nicht sonderlich gut bestellt. Aber dann hat er beim Training mitgemacht. Und fortan hat sich in Nördlingen keiner mehr über seine Rundlichkeit lustig gemacht (das tat dann, eineinhalb Jahrzehnte später, erst wieder Tschik Čajkovski, der Trainer des FC Bayern München – der nannte seinen liebsten Mittelstürmer zärtlich „kleines dickes Müller").

Müller lieh sich für sein erstes Jugendspiel ordentliche Fußballschuhe und schoss gegen Oettingen drei Tore. Das war der Beginn des „Bombens". Müller war der Mittelstürmer-Genius. Gegen Holzkirchen traf er beim 32:1-Sieg 26-mal. Er wurde in die Bayern-Auswahl berufen. Lernte Weber, wurde Schweißer ...

... und dann standen eines Samstags im Juni 1964 Herren vom FC Bayern München in der Küche von Mutter Müller und heuerten letztendlich den jungen Mann an. Er zog in die große Stadt, wurde der beste Mittelstürmer der Welt, wurde der „Bomber der Nation" und war dem wunderbaren Mittelstürmer Jupp Heynckes immer um eine Schuhspitze voraus.

1945 – das war ein guter Jahrgang. Im September kam in München Franz Beckenbauer zur Welt. Auch er lernte in einer Welt der Trümmer das Fußballspiel. Er gehörte zur „Bowazu-Mannschaft": Das war eine Bande von Jungs aus Giesing, einem eher armen Viertel im Münchner Süden. Die „Bowazus" kamen aus der Bonifazius-, der Watzmann- und der Zugspitzstraße. Zuerst war der Franz noch Balljunge, doch dann durfte er mitspielen – er war zwar zartgliedrig, aber was machte das schon? Der Bub konnte einfach mehr als die anderen.

Sein Bruder Walter erinnerte sich später: „Franz war nicht immer Abwehrspieler, sondern hat als halblinker Stürmer gespielt. Ich erinnere mich an ein Vorbereitungsspiel in der B-Jugend: Wir siegten 25:0, Franz schoss 17 Tore. Franz war sehr ehrgeizig und wollte immer gewinnen. Niederlagen waren ihm schon damals regelrecht peinlich, sie störten seinen inneren Frieden. Einmal geriet er in der A-Jugend mit seinem Trainer aneinander und beschwerte sich über seine schwachen Mitspieler, die er dabei ‚Schwammerl', bayerisch für Pilze, nannte. Daraufhin wurde er für ein Vierteljahr in die zweite Mannschaft, in der ich damals spielte, verbannt."

Und wieder waren es die Talentspürhunde des FC Bayern München, die ahnten, was aus diesem Franz Beckenbauer dereinst werden könnte.

Sie holten ihn in die Mannschaft. Er wurde ein Dirigent auf dem Platz, ein Genie am Ball. Er erfand den Libero neu. Er wurde der „Kaiser".

Drunter machte er es nicht.

Da waren sie denn in der Welt.

Der Jupp, ehrgeizig, selbstbewusst, mit dem Herzen ein Mensch vom Niederrhein.

Der Gerd, scheu und ängstlich, aber wenn es ums Toreschießen ging, war er ohne Gnade.

Der Franz, einer mit dem arroganten Charme des Besseren.

Zusammen gespielt haben später der Franz und der Gerd. Mehr Doppelpass ging nicht. Der Jupp sollte erst viel später zu den Bayern stoßen.

Dünne Luft

Der Mann, der den Bayern-Karren aus dem Dreck gezogen hat, lässt nicht locker. Jetzt, so erklärt Trainer Jupp Heynckes, werde es ernst. Er habe „einen Plan. Ich weiß, was ich tue." Was genau das sei? Der Erfolgsmensch lächelt still. Nur so viel: „Wir haben noch große Dinge vor."

Sevilla

2. April

Herrje, wie macht er das? Jupp Heynckes sieht sehr gut aus. Durchtrainiert, fast ein wenig zu schmal. Dunkler Anzug, passende Krawatte, das silbergraue Haar kontrastiert wunderbar. Heynckes entsteigt dem Flieger und blickt in den blitzblauen Himmel über Sevilla. Ja, schön, hier zu sein. Die Ansagen auf Spanisch klingen wie alte neue Heimat, die Werbung im Flughafen: ein Déjà-vu.

Sportdirektor Hasan Salihamidžić grinst breit. „Is wie zuhause", sagt er. Er muss es wissen, seine Frau hat Familie in Sevilla. Hasans Schwiegervater ist Fan des FC und würde den Gatten der Tochter anderntags gern leiden sehen.

„Ja, wie zuhause." Jupp Heynckes weiß, wie sich das alles hier anfühlt. Wie der Kaffee schmeckt. Wie es ist, dem Stress eine Siesta gegenzuhalten. Wie es sein wird, morgen im Stadion. Da passen „nur" 40.000 rein, aber die werden einen Krach wie 80.000 machen. Sie werden sich nicht unterkriegen lassen.

Und unten wird diese Mannschaft kämpfen und rennen und nie aufgeben. Die Akteure des FC Sevilla haben sich gegen Größere durchgebissen, sind wieder ins Spiel gekommen, als man schon nicht mehr mit ihnen rechnete. Die sind gefährlich, wenn man sich auf Raufereien mit ihnen einlässt.

Na ja.

Jupp Heynckes greift den Bügel seines Köfferchens und rollt zum Ausgang. Dort hat sich ein Kameramann aufgebaut. Heynckes steuert ihn an und blickt der Kamera ins Auge. Lässig. Freundlich. Leichter

Spott in den Mundwinkeln. Kerzengerade wie ein Offizier passiert der 72-Jährige den Fernsehmenschen.

Bei der Pressekonferenz sagt er etwas Unerhörtes. Bislang hat er vor jedem Spiel – und wenn es der Hamburger SV war – erklärt, man müsse den Gegner ernst nehmen, dürfe die Aufgabe nicht unterschätzen.

Diesmal legt er auf etwas anderes Wert: „Sie dürfen nicht glauben, wir wollen hier auf Unentschieden spielen. Das können wir uns nicht erlauben. Wir wollen den Sieg."

Neue Töne.

3. April

Anstoß Bayern. Anstoß in einem Spiel wie gemacht für Franck Ribéry.

Nach einer Minute kommt der Franzose in Diensten der Münchner zum ersten Mal an den Ball, erzwingt von links laufend eine Ecke. Tritt selbst. Hummels mit dem Kopf dran.

Nach drei Minuten hilft der Außenstürmer im eigenen Strafraum aus.

6. Minute. Er fängt einen Ball ab, macht es allein. Schafft es bis zur Auslinie. Wird in einen Zweikampf verwickelt. Ecke.

12. Minute. Ribéry bekommt Gelb. Er hilft hinten rechts aus, hält den Fuß zornig auf ein Stürmerbein. Tobt, weil das ein Foul sein soll. Ein Spanier meckert ihn an. Da schubst er den Mann, muss von einem Freund gehalten werden. Bekommt die Karte. Kann froh sein, dass es nicht die Rote ist. Regt sich ab, tätschelt dem Schiri auf den Hintern.

25. Minute. Die Spanier sind besser im Spiel, Ribéry muss beim Klären hinten links helfen, tut das souverän. Die Kollegen bauen einen Angriff auf, der verpufft. Eine Minute später steht er wieder an der Außenlinie, stoppt eine 40-Meter-Flanke mit der Brust, legt auf Thiago – das ist endlich mal eine Chance.

Anderntags wird es heißen, Ribéry sei bei den Bayern der „Umtriebigste" gewesen. Das trifft es recht genau.

In der 29. erzwingt er gegen zwei Spanier an der Fahne eine Ecke.

Zwei Minuten später muss er zusehen, wie das 1:0 für die Spanier fällt. Ribéry klatscht in die Hände und fordert die Mitspieler auf, schnell anzustoßen. Man habe zu tun, man müsse es den Spaniern zeigen.

Es läuft nicht rund bei den Bayern, Sevilla greift schon wieder an. Die Bayern in Not. Boateng muss retten, das passiert auf der rechten Seite – Boateng schlägt genial, scheinbar blind, steil nach vorn, Müller nimmt Fahrt auf, passt genial schnell quer auf James.

In dieser Zeit ist Ribéry, der eben noch am eigenen Strafraum war, nach vorn gesprintet. Er hält das Tempo, schneller kann er nicht, der Strafraum kommt näher.

James auf Ribéry, der läuft von links aufs Tor zu, nimmt den Ball direkt und schießt mit dem Innenrist. Der Schuss (vielleicht soll es auch ein Pass zu Lewandowski sein), nicht gerade gefährlich, wird abgefälscht, kullert mit Pfostenberührung ins Tor. Ribéry hat viel Zeit, seinem Tor beim Entstehen zuzusehen. Als es vollbracht ist, dreht er ab und lässt die Arme propellern. Es ist die 37. Minute. Der Körper des Stürmers ist ausgelassene Freude, im Gesicht steht die zornige Erleichterung über das unvermutete Unentschieden.

Ribéry ackert, als sei es das letzte Match seines Lebens. Zum Verteidigen zieht er gern in die Mitte. Dann gleich wieder nach außen. *Allons, on attaque!* Unermüdlich scheint er, die meiste Zeit in Bewegung.

56. Minute. Der erste wirkliche Fehlpass. Könnte es sein, dass sich Ribéry müde gelaufen hat?

Aber er ist noch immer sehr aktiv im Geschehen. Die Münchner greifen vor allem über außen an. Manchmal bleibt der Franzose unbeteiligt stehen, wenn der Ball rechts rollt. Dann bewegt sich Ribéry Schrittchen für Schrittchen nach außen. Bis er ganz frei mit einer weiten Flanke angespielt werden kann. Die kommt, er bringt den Ball zum Liegen, als ob das die leichteste Übung wäre. Dann ab in den Strafraum.

66. Minute. Ribéry kurbelt am Mittelkreis einen perfekten Angriff an, Martínez scheitert am Torhüter. Bis dato ist das die größte Chance der zweiten Halbzeit.

68. Minute. Boateng auf Ribéry. Er ist am linken Strafraumeck, blickt in das Gewimmel im Sechzehner. Tariert mit den Armen das Gleichgewicht, fährt mit dem linken Fuß unter den Ball, der sich hoch über das Gewusel hebt.

Da hinten ist Thiago und hält den Kopf hin. Ein Spanier ist noch mit dem Fuß dran, der Torhüter fliegt ins Leere. 2:1.

78. Minute. Ribéry geht, Robben kommt.
Es wird ein Sieg. Franck Ribéry freut sich müde.
Gut gearbeitet.

4. April

„Natürlich habe ich in der Halbzeit deutliche Worte gebraucht und habe die Mannschaft wieder dazu gebracht, dass sie defensiv besser steht, dass wir den Ball zirkulieren lassen, ein besseres Positionsspiel haben, in der Vorwärtsbewegung nicht so viele Ballverluste haben und wieder rechtzeitig in die Positionen zur Defensive kommen. Aber in der zweiten Halbzeit haben wir das Geschehen klar bestimmt und auch verdient gewonnen."

Damit ist es aber auch gut. Die „deutlichen Worte" haben gewirkt, der Zuchtmeister ist zufrieden. Er gibt den Profis einen Tag frei.

In München ist Frühling. Jupp Heynckes sitzt mit seinen Vertrauten zusammen und sieht sich das Videomaterial an. Schließlich will man an der Säbener Straße das Gras wachsen hören.

5. April

Die Bayern-Gemeinde ist selig: Ribéry, der Fuchs, hat mit seinen Schleichfahrten auf der linken Seite in Sevilla dafür gesorgt, dass sich die Spanier die Bälle schlussendlich selbst ins Tor schubsten. Und Martínez, dieser Teufelskerl, hat Großes vollbracht. Die *Süddeutsche* schwärmt, er habe mit einer Abwehraktion die eigenen Mitspieler dermaßen beeindruckt, dass sie von einem „dritten Tor" für die Bayern redeten.

Und auf der Homepage liest es sich folgendermaßen: „Es waren nicht nur die beiden Tore, die dem FC Bayern beim 2:1-Sieg in Sevilla die Tür zum Champions-League-Halbfinale aufgestoßen haben. Es war auch eine Grätsche. In der 49. Minute, beim Stand von 1:1, hinderte Javi Martínez mit einem beherzten Einsatz im eigenen Strafraum Sevillas Franco Vázquez am Torschuss. Eine Grätsche, die nicht nur die Mannschaft inspiriert, sondern auch die Fans. Nach einem Aufruf über seine sozialen Plattformen erreichten den FC Bayern einmal zigfache, kreative Ideen der Fans, wo Martínez sonst noch dazwischengegrätscht ist."

Eine „Monstergrätsche" sei's gewesen. Nun sieht man Meister Martínez im Netz den Hulk niedergrätschen, den Schiefen Turm von Pisa umnieten, neben einer Rakete in den Orbit starten, den aus dem Bus steigenden Sportdirektor Salihamidžić flachlegen, einer Horde Zombies trotzen …

Und in der *Süddeutschen* steht auch noch, dass Heynckes mittlerweile „streng" ist. Sehr streng – weil er das Finale der Champions League gewinnen will. Das schreiben dieselben Journalisten, die noch vor fünf Monaten dem FC Bayern die düsterste Zukunft prophezeit haben.

Die Zeiten haben sich geändert.

6. April

Der Trainer des FC Bayern München fühlt sich sauwohl. Da sitzen sie, die „Herrschaften von der Presse". Sie arbeiten für Tageszeitungen, für *Stern*, *Focus*, *Spiegel*, fürs Radio und das Fernsehen. Manche arbeiten auch gar nicht, sie wollen nur dabei sein.

Rappelvoll ist der Raum. Vorne, in der Nähe des kleinen Podiums, riecht es angenehm nach frisch geduschten und dezent parfümierten Männern. Weiter hinten im Raum ist die Luft dick.

Jupp Heynckes mag diesen Part seines Jobs eigentlich nicht. Normalerweise. Immer die gleichen Fragen, immer die gleichen flachsinnigen Geplänkel. Die Stanzen – das unterscheidet sich nicht sehr von der Bundespressekonferenz in Berlin, wo das Politisch-Korrekte jegliches Lebendige erstickt – ersticken meist das kluge Nachdenken.

Es geht um die gereizte Sehne eines jungen Mannes, um die nächste Mannschaftsaufstellung, um die Befindlichkeit eines alternden Stars, um die Trainersuche des FC Bayern München.

Vertane Zeit, das Gelaber!

Aber an diesem Tag hat Jupp Heynckes Spaß.

Das Abschlusstraining vor dem Bundesligaspiel in Augsburg ist vorbei. Alle Akteure gesund, der Coach hat die Aufstellung im Kopf. Nee, nee, verraten wird nix.

Ob Franck Ribéry auflaufen werde? Schließlich habe er am Samstag, dem 7. April, Geburtstag, er werde 35, das sei doch ein schönes Geschenk. Also, werde er in der Anfangsformation stehen?

Heynckes verzieht keine Miene. Man werde sehen.

Pause.

„Und, übrigens: Das schönste Geschenk ist doch, wenn wir gewinnen."

Beifälliges Gemurmel.

Einer meldet sich. Wird aufgerufen.

Wenn man denn gewinnen sollte, stehe man als Deutscher Meister fest. Da sei doch eine kleine Fete angebracht. Wie werde die ausfallen? Weißbierdusche auf dem Spielfeld? Meister-T-Shirts, die man überziehen und später auch verkaufen könne? Party? Oder zumindest Dinner beim Käfer?

Jupp Heynckes hat auf diese Vorlage gewartet. Nun kommt sein Einsatz. Hach, wie er den genießt! In den nächsten Minuten hat Josef Heynckes aus Mönchengladbach – den sie mal wegen seiner scheinbaren Schüchternheit verspottet haben – einen bemerkenswerten Auftritt.

Er zeigt, wo es langgeht in den nächsten Wochen. Spuren müssen sie, alle.

Die Meisterschaft wird im Spiel gegen Augsburg klargemacht – da beißt die Maus keinen Faden ab. Jupp Heynckes erwartet den Sieg.

Die Spieler bekommen nach getaner Erfolgsarbeit ein Gläschen Champagner, danach setzen sie sich brav in den Bus und lassen sich nach München karriolen. „Wir kennen die Jungs ja – jeder hat seinen Kopfhörer auf, und was er dann hört, ist seine Sache." Für den Sieg-Sound im Bus sorgen der Fahrer und Jupp Heynckes. „Unser Fahrer hat Geschmack, er weiß, was sich gehört. Dire Straits. Deep Purple. Bruce Springsteen …"

Jupp Heynckes schließt die Augen, ein kleines Lächeln spielt in seinen Mundwinkeln.

„Ach ja, natürlich Elvis. Elvis Presley. Die Stones. Die Rolling Stones. Und vielleicht …"

Kunstpause, ein Blick in die Runde. Die „Herrschaften von der Presse" sind stumm vor Überraschung. Alles haben sie erwartet, so ein Statement nicht.

„Vielleicht die Beatles. Ja, die Beatles."

Das Lächeln verschwindet. „Und noch etwas zu den Meister-

T-Shirts: Sie wollten wissen, was unsere Textilabteilung geplant hat. Nichts hat sie geplant. Ich will das nicht. Wir müssen uns um wichtige Dinge kümmern."

Stille im Raum.

„Noch Fragen?" Er blickt den Anwesenden in die Augen.

Keine Fragen! Man legt sich mit diesem Heynckes besser nicht an. Der Mann weiß, was er tut. Wenn nötig, ist er gefährlich, dieser Mann.

Heynckes, dunkelblauer Bayern-Trainingsanzug, stemmt sich aus dem Stuhl, geht ab. Als er vom Podium steigt und zum Ausgang will, tut er sich ein wenig schwer. Es sieht so aus, als habe er leichte Beschwerden. Pressechef Mennerich dreht sich um und raunt dem Coach etwas zu. Heynckes stoppt. „Ah ja", sagt er, „das wollte ich ja erzählen, stimmt! Kleine Geschichte. Anekdote." Er dreht um und klettert wieder aufs Podium.

Grinst.

Beginnt zu reden, während er das Mikro näher an sich zieht. Gebannte Stille.

„Ich kam also da heute Morgen – ist ja immer ziemlich früh – aus meinem Zimmer (na ja, Zimmer! Das ist schon eher eine Suite!) und ging zum Aufzug.

Drückte auf ‚Zero', also null.

Und dann, in der fünften Etage stieg ein älteres Ehepaar hinzu. Mit drei Koffern! Ich zwängte mich hinten in die Ecke, immer enger wurde es.

Der Mann sagte nichts, sie war hingegen freundlich, meinte: ‚Good morning!'

Ich: ‚Good morning!'

Ich hatte eine Einkaufstasche mit dem Schriftzug ‚FC Bayern' dabei. Er schaute drauf und sagte: ‚Oh, you are a fan of Bayern Munich?'

‚Yes, sure.'

Dann waren wir unten. Später habe ich gedacht, es ist doch immer wieder schön, wenn man auf diese Weise wieder geerdet wird. Wenn einen die Leute nicht kennen – und so.

Äh, die kamen bestimmt aus Amerika.

Obwohl, apropos Amerika: Bastian Schweinsteiger hat mir geschrieben, ‚Oh, Trainer, hier kennt Sie jeder.‘

Aber: Das stimmt nicht.“

Er lacht, er freut sich, die „Herrschaften von der Presse“ sind entzückt.

Jetzt haben sie den Heynckes erlebt, der allen Beine macht, wenn es nottut. Und sie haben sich über den Jupp gefreut, der die Menschen mit seinem ganz eigenen Charme einfängt.

In Bayern sagt man über so einen Kerl: A Hund is er scho.

Triple? Why not?

7. April

Ein Abstecher auf die Homepage des FC Bayern München: „Für unser eventuelles Heimspiel im Halbfinale der UEFA Champions League (24./25. April oder 1./2. Mai 2018) liegen bereits jetzt Bestellungen für über 165.000 Eintrittskarten vor. Die Allianz Arena (70.000 Zuschauer) könnte also bereits zu diesem Zeitpunkt mehr als zweimal gefüllt werden.

Noch bis 11. April (12 Uhr) können Tickets bestellt werden. Danach werden keine Bestellungen mehr entgegengenommen.

Für das eventuell stattfindende Auswärtsspiel wäre das Anfrageportal bis 15. April offen.

Ausgelost wird das Champions-League-Halbfinale am 13. April 2018 in Nyon. Die Entscheidung, ob der FC Bayern sich für die Runde der letzten vier qualifiziert, fällt am kommenden Mittwoch im Rückspiel gegen den FC Sevilla (Hinspiel 2:1).“

8. April

Generalprobe fürs Viertelfinal-Rückspiel in der Champions League.

Der FC Sevilla vermasselt's. Die Andalusier verlieren in der spanischen Liga mit 0:4 (0:1) beim Tabellenneunten Celta Vigo – das ist herb, weil sie nach der Niederlage mehr denn je um die direkte Europa-League-Qualifikation bangen müssen. Nach nun vier Ligaspielen ohne Sieg rangiert Sevilla auf Platz sieben, der in der kommenden Saison nicht für das internationale Geschäft berechtigen würde.

Die Bayern machen derweil die Deutsche Meisterschaft klar. Sie gewinnen bei Augsburg mit 4:1. Nach dem Sieg laufen alle zu den

Fans in der Kurve, feiern ein bisschen. Mittenmang Jupp Heynckes, der ziemlich nah am Wasser gebaut scheint, später aber beteuern wird, er habe nicht geweint, alles sei ganz „cool" gewesen.

In der Kabine gibt es das versprochene „Gläschen Champagner" (Heynckes). Joshua Kimmich verweigert sich und setzt ein Fläschchen Bier an die Lippen. Dann wird „Campeones olé" gesungen, ein Foto mit halbnackten Deutschen Meistern in der Kabine gemacht, geduscht, der Bus rollt münchenwärts.

Um acht sind die Spieler zuhause und legen die Beine hoch.

So die offizielle Lesart.

Richtig ist: Die Profis haben sich ganz gesittet zum teuren Abendessen getroffen, ohne Offizielle und Spielerfrauen – ein Männerabend ohne Trunkenheit.

Die Leute vom Stab haben an der Bar gefeiert.

Und den Heynckes haben sie nicht eingeladen. Am anderen Morgen hat er sich beschwert, weil er gern mitgemacht hätte. „Ach Boss", haben sie gesagt, „das hätte keinen Spaß gemacht. Jeder hätte was von dir gewollt."

So hat er denn allein in seiner Suite gesessen und im *Sportstudio* gesehen, dass er schon wieder Meister ist.

Nun, am Sonntagvormittag um zehn, trainieren sie, es ist ein wunderschöner Frühlingstag, die Profis sind nüchtern und willig.

Weiter! Weiter! Weiter!

9. April

Während die *Bild*-Reporter noch rätseln, ob die Bayern-Stars nicht doch ein bissl über die Stränge geschlagen haben (schließlich wurden sie gesichtet und abgelichtet, als sie sich am Samstagabend gegen zehn in der Burger & Lobster Bank, einem Szene-Restaurant in der Münchner Innenstadt, getroffen haben), zündet Trainer Heynckes bei der Vorbereitung auf das Rückspiel gegen Sevilla die nächste Stufe. Die Mission sei noch lange nicht zu Ende. Jetzt gehe es um die „optimale Trainingssteuerung".

Arjen Robben, Jérôme Boateng, Joshua Kimmich und Rafinha müssen sich schonen. Heynckes will sie an diesem Montag nicht in Sportklamotten sehen. Sie haben frei, werden massiert und behandelt.

Auch Arturo Vidal fehlt wegen seiner Kapselreizung im Knie. Kingsley Coman knüppelt sich nach seinem Syndesmosebandriss durch die nächsten Reha-Schritte. Sandro Wagner arbeitet im Leistungszentrum ein individuelles Programm ab, und Manuel Neuer wird im individuellen Aufbautraining auf einem Nebenplatz hart rangenommen.

Die anderen üben, üben, üben. Einer ist begeistert: David Alaba darf nach seinen überstandenen Rückenproblemen wieder am Teamtraining teilnehmen. Geil!

Mit geblähter Brust feiert sich Thomas Müller selbst. Seine März-Statistik: In fünf Spielen hat er zwei Tore gemacht, war an vier weiteren mit Vorlagen beteiligt. Es läuft für Müller – und die Fans freut es narrisch. Sie wählen ihn zum *Bayern-Spieler des Monats* – wie schon im Februar. 34 Prozent der Fans stimmen für Müller, auf Platz zwei folgt mit 30 Prozent James Rodríguez, Dritter wird Franck Ribéry.

Klasse, sagt Jupp Heynckes – und das klingt ähnlich euphorisch wie die Sätze nach dem Titelgewinn. „Klasse!" – nun aber weiter.

Die Spieler haben verstanden. Der Trupp marschiert voran.

10. April

Muss gewässert werden? Besser ist es, beschließen die Greenkeeper und schalten die Sprenger ein. Herr Heynckes mag es, wenn der Rasen feucht ist. Dann verletzen sich die Spieler nicht so schnell. Es rutscht sich besser. Und das Rutschen müssen sie wieder und wieder üben. Sonst kriegen sie keine „Monstergrätsche" hin, wie sie Martínez gegen Sevilla gelungen ist. Da haben die Buddys nach dem Match in der Kabine geschwärmt: Solch eine Grätsche im eigenen Strafraum ist so viel wert wie ein Tor auf der anderen Seite. Die bringt den Gegner völlig außer Tritt.

Es ist ein ganz normaler Dienstag. Grau der Himmel, es könnte ab und zu ein wenig regnen. In Bayern sind 13 Grad Maximum angesagt. Die Gewerkschaften streiken – auch am Flughafen werden Reisende ausgebremst (da können die Bayern froh sein, dass sie morgen Heimspiel gegen Sevilla haben).

An der Säbener Straße trudeln allmählich die Journalisten ein. Einer überfliegt den Sportteil der *Abendzeitung*. Dort wird gemutmaßt, wie reif die Münchner fürs Triple seien. Wie steht es um die

Mannschaft, verglichen mit dem Team, das 2013 den Dreifach-Triumph geschafft hat?

Nicht schlecht, wenn wir der *AZ* glauben. Die Konkurrenz ist stärker als damals, der Kader der Bayern mindestens genauso stark. Und Herr Heynckes wirkt entschlossener denn je.

„2013 entstand die Triple-Gier aus dem Scheitern ein Jahr zuvor – und für Spieler wie Philipp Lahm und Bastian Schweinsteiger daraus, endlich einen internationalen Titel gewinnen zu wollen. ‚Es hieß, dass es für sie die letzte Möglichkeit wäre‘, erinnert sich Heynckes. Ähnliches gilt nun für Stars wie Lewandowski, Hummels oder Arturo Vidal, denen der Champions-League-Triumph noch fehlt. Eine große Motivation ist auch der Trainer. Aus der Mannschaft ist zu hören, dass sie Heynckes mit dem größtmöglichen Triumph verabschieden will. Mit dem Triple. Wie 2013.“

Der Journalist legt die Zeitung weg. Er erinnert sich, war ja damals auch schon mit von der Partie. Da hat er „großes Interesse am Bayern-Training. Viele Leute“ vor dem Viertelfinale in seinen Block notiert. Nun ist es ein Run.

20 Journalisten. Ein Dutzend Fotografen. Zehn Fernsehteams. Wow! Da fühlt man sich doch gleich wichtig.

Um viertel nach zehn trotten Sebastian Rudy und Thomas Müller auf den Platz, die anderen folgen. Manuel Neuer und Kingsley Coman fehlen, Arturo Vidal auch. Arjen Robben, Jérôme Boateng, Joshua Kimmich und Rafinha, die gestern freihatten, sind wieder dabei.

Sie organisieren sich Bälle und versuchen sich in der Kunst, die Gesetze der Schwerkraft zu brechen. Ist schon sehr hübsch, wenn ein Ribéry ohne Feindkontakt *l'art de football* zelebriert.

Dann ist Heynckes da. 10:22 Uhr. Schluss mit lustig.

Non! Nicht mit Ribéry. Der hat selbst dann seine Gaudi, wenn der Trainer ernst macht. Er kaspert bei den Bewegungsübungen, kommentiert seine perfekten Pässe mit lauten Olé-Rufen, legt bei den Sprints Sidesteps ein.

Bah non, monsieur Ribéry. Lachend verdonnert der Coach den Franzosen zu einem Extraspurt. Assi Gerland soll das Ganze überwachen. Und so hetzen der nicht mehr ganz so junge Franck in seinem dritten Frühling und der schon etwas angejahrte Gerland mit seiner unverwüstlich guten Laune über den Platz.

Gelächter.

Im *Kicker* hat Jupp Heynckes erklärt, die Stimmung in der Truppe sei wichtig für den Erfolg. „Ich habe am vorigen Donnerstag eine Grundsatzrede gehalten und der Mannschaft gesagt, dass wir ohne absoluten Teamgeist keine Chance haben. Wir müssen optimal zusammenarbeiten, ohne jeden Egoismus. Ich habe das Gefühl, ich habe die Spieler erreicht."

Jetzt gibt er den Ordnern ein Zeichen. Sanft drängen sie die Journalisten, die Fotografen, die Fans und die Menschen vom Fernsehen nach draußen. Von nun an trainieren die Bayern „heimlich".

Es ist kurz vor elf. Am Himmel über München knallt es fürchterlich. Man sieht nach oben. War nur ein Düsenjäger, der die Schallmauer durchbrochen hat. Die *Abendzeitung* wird schreiben, der Flug sei „ordnungsgemäß bei den entsprechenden Behörden angemeldet" gewesen.

Die Münchner sind wieder „heimlich" für sich.

Leise nähert sich die Maschine mit den Profis von Sevilla dem Luftraum über München. Sie wird um dreiviertel eins landen.

Dann sind es noch 30 Stunden.

Ein ganz normaler Tag.

11. April

Den „absoluten Teamgeist" will der Trainer sehen. Die Meisterschaft habe man klargemacht – nun bewege man sich in ganz dünner Luft. Jedes Spiel in der Champions League und im Pokal sei ein Endspiel. Zweite Chancen gebe es nicht. Leichte Gegner? Kannste vergessen. Verdienste von früher? Sattsein wird sofort bestraft.

Jupp Heynckes ist ernst am Vormittag des 11. April 2018. Er sieht den Spielern tief in die Augen. Lassen sie sich beeindrucken von der Kollektiveuphorie? Schon im Frühstücksfernsehen reden die Moderatoren über die möglichen Bayern-Gegner im Halbfinale. Als ob die Münchner bereits qualifiziert wären. Die Fans haben keine Zweifel daran, dass am Abend der FC Sevilla auseinandergenommen wird. Etwas anderes erwartet man doch momentan von den Bayern nicht.

In der *Bild* schreibt der „englische Star-Autor und Sport-Experte" Rob Hughes in seiner wöchentlichen Kolumne, Heyneckes sei auf Kurs zu ganz großen Erfolgen, er stehe „für Fußball ohne Egoismus. Wenn sie noch enthusiastisch sind, können alte Trainer wie kein anderer das verkörpern, was der große Hennes Weisweiler deutlich gemacht hat: Der Fußball ist ein einfaches Spiel, wenn man ohne Egoismus zusammenarbeitet."

Heyneckes mag diese Schwarzweißmalerei nicht. Egoismus duldet er in seinem Team nicht. Aber dass Fußball ein „einfaches Spiel" sein soll? So simpel ist das nicht. Fußball ist immer wieder neu. Für den Erfolg musst du alles tun. Danach geh in die Schlacht, und gib alles! Denk nicht mal dran, dass du gut bist! Zeig, was du kannst! Nicht locker lassen! Du hast keine zweite Chance!

Trainer, wir haben's kapiert, erklären die Profis. Sie wissen: Das wird Schwerarbeit an diesem Abend.

Arjen Robben lächelt, als er von einer „ganz guten Situation" spricht. Mit einem 2:1 aus dem Hinspiel könne man leben, aber das sei eben kein 5:0 wie im Achtelfinale gegen Beşiktaş. Außerdem habe man am Vorabend gesehen, wie übellaunig das Schicksal in der Champions League sein kann. Da hat Rom nach einer 1:4-Niederlage in Barcelona zuhause den Favoriten mit einem 3:0 aus dem Wettbewerb geschmissen.

Also, auf gut Bayerisch: Obacht!

20.45 Uhr. Der Schiedsrichter pfeift an. Das Kollektiv Bayern München nimmt das Teamwork auf:

ZUR STELLE 5. Minute. Franck Ribéry trabt durch den Mittelkreis. (Was die meisten noch nicht wissen: Er hat gerade seinen Vertrag mit dem Verein um ein Jahr verlängert, ein durch und durch glücklicher Mann ist er.) Die Spanier greifen über rechts an. Ribéry bewegt sich etwas schneller rückwärts. Immer noch die Spanier, der Franzose spurtet, er ist jetzt im eigenen Strafraum. Flanke. Ribéry, der Stürmer ist da, stoppt den Ball am Elfmeterpunkt, spielt ihn zum Nebenmann. Gefahr gebannt.

ZU HILFE 10. Minute. Ribéry diesmal mit einem unglücklichen Pass. Die Mannschaft war schon in der Vorwärtsbewegung, ein Spanier erobert den Ball, tritt an, dringt in den Strafraum ein. James hat am schnellsten reagiert und sprintet zum Angreifer. Tolle Grätsche. Neuer Angriff der Bayern.

NACH VORNE SCHAUEN 15. Minute. Kimmich schießt aus 16 Metern. Flach. Links vorbei. Kimmich sieht dem Ball nach, bis er über die Auslinie saust. Der Bayern-Spieler dreht sich, wischt mit dem Oberarm den Schweiß von der Stirn und trabt zurück. Abgehakt.

SCHMERZ AUSSCHALTEN 20. Minute. Torhüter Ulreich wird von einem spanischen Stürmer-Schuh äußerst schmerzhaft an der Hand getroffen. Er wälzt sich auf dem Boden. Das Spiel läuft wieder, Ulreich hält sich die Knöchel, verzieht immer noch das Gesicht. Aber die Augen sind beim Ball (der zirkuliert in der gegnerischen Hälfte). Es ist anstrengend, sich zu konzentrieren, wenn eigentlich nichts passiert. Ulreich ist ein Meister der Präsenz.

SCHMERZ AUSHALTEN 25. Minute. James blutet aus der Nase, der Doc hat es mit einer Tamponade notdürftig gestoppt. Lewandowski hat zu Beginn der Partie einen Ellbogen ins Gesicht bekommen und sieht nun aus wie ein angeknockter Boxer. Aber sie rennen, unbeeindruckt und ohne Rücksicht. Lewandowski springt in ein Kopfballduell und wird schon wieder an der ramponierten Seite malträtiert. Doch nicht er geht zu Boden, sondern der Gegner.

ÜBERSICHT 30. Minute. Die Spanier kommen über links. Boateng sieht zu Hummels, Hummels zu Kimmich, Ulreich ruft. Wie auf Kommando halten die Verteidiger in der Rückwärtsbewegung inne, die Spanier rennen ins Abseits, müssen den Angriff abbrechen. Boateng stößt nach vorn. Gefahr gebannt, bevor es wirklich eine Gefahr war.

VORWÄRTSDRANG 35. Minute. Ribéry fummelt vorne links, gleich muss die Flanke kommen, sonst wird das nichts mehr. Rafinha startet steil, sprintet, ist zur Stelle, plötzlich ist er in der Nähe von Ribéry. Endlich kann der abspielen. Rafinha kontrolliert den Ball, dann verlagert er das Spiel mit einem klugen Querpass nach rechts. Job getan – nun geht es für Rafinha auch schon wieder zurück.

EIGENSINN? NEIN DANKE! 40. Minute. Die Bayern kommen, Robben rennt mit Ball, fällt jetzt das Tor? Lewandowski ist mitgespurtet. Müller ist mitgespurtet. Ribéry ist links frei auf dem Weg zum Tor.

Die spanische Abwehr: außer Gefecht. Aber Robben macht es allein. Er entschuldigt sich. Okay, signalisieren die vom Sprint erschöpften Mitspieler. Eine Minute später ist Robben schon wieder frei. Diesmal spielt er nach links ab. Ein Spanier rettet im letzten Moment vor Ribéry. Der klatscht in Richtung Robben. Bravo, Arjen, so geht's!

HELFEN? JA BITTE! 45. Minute. Martínez tritt in den Rasen, verliert den Ball an einen Spanier. Dummer, gefährlicher Fehler. Hummels versucht, den Stürmer zu halten, doch der ist weg. Ist schon fast durch. Auf dem Weg zum 1:0? Rafinha spurtet von rechts in den Strafraum, rutscht über den feuchten Rasen, rutscht, rutscht, trifft den Ball, die Chance der Spanier vereitelt. Rafinha wird von einem Knie an der Schulter getroffen, schreit vor Schmerzen und bleibt liegen. Muss er raus? Nein. Weiter.

SCHMERZENSMANN 3. Minute der Nachspielzeit. Noch einmal wird Lewandowski umgestoßen. Sie setzen ihm arg zu. Da hebt er die Arme und will sagen, das sei zu viel. Auf seinem Ärmel steht das Wort „Respekt". Nein, Respekt haben sie nicht. Zwei Drittel der Fouls der Spanier hat Lewandowski einstecken müssen.

UNERMÜDLICH 50. Minute. Kimmich hält Robben den Gegner vom Leib, weil er die hohen Flanken erst einmal auf der rechten Seite stoppt. In diesem Augenblick legt Robben los, er weiß, gleich kommt der Steilpass. Und so rennt er, mit unablässig trommelnden Beinen und rudernden Armen. Kimmich schickt steil, geht nach. Vielleicht wird ihn Robben wieder anspielen, vielleicht gar wird Kimmich bis zur Grundlinie kommen und von dort eine hohe Flanke in den Strafraum schlagen. Vielleicht aber wird Kimmich den Ball bei diesem Angriff nicht mehr sehen. Dann muss er drehen und schnell zurück zum Verteidigen. Die Sprints tun nun weh, das Laufen ist Schwerarbeit. Für Robben und für Kimmich und auch für die anderen. Aber sie machen es immer und immer wieder.

MÜRRISCH 55. Minute. Thomas Müller wechselt die Seiten. Das tut er, weil er sich freilaufen will. Er kommt nicht ins Spiel. Er versucht es auf links und auf rechts. In der Mitte treibt er sich herum. Müller gestikuliert und dirigiert. Er will den Ball, immer und jederzeit – aber oft bekommt er es mit Anspielen zu tun, die ihn vor nicht lösbare Aufgaben stellen. Und so sieht es manchmal etwas ungelenk aus, wenn Müller versucht, den Ball zu stoppen, weiterzuleiten, zu verteilen. Der Kapitän sieht nicht aus wie ein Mann, der Spaß an dem hat, was er tun muss.

LAUT 60. Minute. Ulreich, der Sanfte, schimpft. Ein Kopfball an die Latte nach Freistoß, jetzt ein gefährlicher Flachschuss. Aufwachen, Burschen!

BEUNRUHIGT 65. Minute. Heynckes ist aufgestanden, fuchtelt mit der Brille, ruft etwas zu Kimmich, der in der Nähe um den Ball kämpft. Jetzt ist der Trainer Mann Nummer zwölf. Er bereitet Thiago auf seinen Einsatz vor. Tut das mit vielen klaren Sätzen. Redet, erklärt, schaut dem Spieler in die Augen. Der hört zu, nickt, versteht.

DER NEUE 70. Minute. Thiago hat an seinem Geburtstag lang genug gewartet. Kommt für Ribéry. Er muss seine Ungeduld im Zaum halten. Es gelingt. Erste Ballberührung nach einer knappen Minute. Thiago, technisch brillant, spielt einen sehr klugen Pass auf Robben. So gefährlich waren die Bayern lang nicht mehr. Robben steuert aufs Tor zu (vielleicht jetzt dann doch das 1:0?), wird aber zu weit nach außen gedrängt und verzieht.

DER RUHIGE 75. Minute. Gut, dass James so cool ist. Er war einer Besten in den vergangenen 75 Minuten – nun, eine Viertelstunde vor dem Schlusspfiff – wird es noch einmal hektisch auf dem Platz. Es ist eine Phase, in der man einen wie James braucht. Er beherrscht den Ball wie beim Trainingsspielchen. Bringt in der eigenen Hälfte Ordnung in ein wildes Gerenne, Gegrätsche und Geschieße. James läuft den Ball einem Spanier ab, bleibt stehen, sieht sich um. Bedient einen Mitspieler, der sich in Richtung des spanischen Tors bewegt. James will, dass es wieder nach vorn geht. Nur nichts riskieren. Heynckes sieht es und setzt sich hin.

DER RASTLOSE 80. Minute. Wieder dieser Kimmich. Bis an die Grundlinie hetzt er mit dem Ball. Nach der Flanke gibt es Ecke. Kimmich stützt die Hände auf die Oberschenkel. Robben kommt, legt den Ball neben die Eckfahne. Robben läuft mit drei kurzen Schritten an, schlägt hoch in den Strafraum. Dort ist er schon wieder, dieser Kimmich, und ist gefährlich. „Alarm machen", sagen sie dazu. Kimmich macht Alarm, bis er auf dem letzten Loch pfeift.

NICHT NACHLASSEN 85. Minute. Hummels verliert einen

Zweikampf. Orientiert sich nach hinten, im Schnellschritt. Die Spanier organisieren ihren Angriff. Steiler Pass. Doch da ist schon wieder dieser Hummels, er prescht aus der Abwehrreihe nach vorn und schlägt den Ball weit weg. Bei der nächsten Unterbrechung wird Rafinha ausgewechselt. Er geht. Müde. Klein. Abgearbeitet. Ein wenig zufrieden.

SO SCHNELL DIE FÜSSE TRAGEN 90. Minute. Robben rennt immer noch. Diesmal will er nur einen Einwurf schnell ausführen.

NACHSPIEL Martínez wird getreten. Wagner greift den Spanier Correa an. Ribéry rast von der Bank dazu. Man boxt, es gibt Rot für Correa, die Streithähne beruhigen sich. Ribéry nimmt wieder Platz auf der Reservebank – mit dem Mann sollte man sich nicht anlegen, seine Kumpel schützt er mit seinem kleinen zähen Körper. Ribéry und die Bayern – das ist eine ganz besondere Fremdenlegion.

Eineinhalb Minuten später pfeift der Schiedsrichter ab. Die Spieler traben zu ihren Fans. Sie freuen sich sehr. Es ist keine heitere Freude. Die Burschen haben was Grimmiges, Trotziges. Sie sind Fighter. Und freuen sich, dass der Kampf weitergeht.

Das Säbener Gefühl

Montag.
Der Presseraum ist ein Bunker. Die Journalisten steigen ein paar Treppen hoch, daneben sind in den Schatten an der schmutziggrauen Mauer technische Anlagen gestapelt, die ihren Dienst für das Hauptgebäude des FC Bayern München abgeleistet haben. Jetzt rosten und rotten sie vor sich hin, bis sie endgültig entsorgt werden. Wer an diesem Schrotthaufen vorbei muss, hat nicht das Gefühl, hier beim glänzenden blitzenden FC Bayern gelandet zu sein.

Bling-Bling ist nebenan im Bayern-Store, wo es Schals und Kaffeetassen, Schulranzen und Trikots mit dem Bayern-Emblem zu kaufen gibt. Wo ein überlebensgroßer Jérôme Boateng seinen makellosen Body zeigt und Kimmich aussieht wie ein männliches Model, das den kosmopolitischen Metrosexuellen – David Beckham in jung – perfekt verkörpert.

Bling-Bling ist im Vorraum der Geschäftsstelle, wo – „Bitte nicht berühren!" – ein herrlich roter Sportwagen mit dem Typennamen TT RS glänzt. (Hersteller: „Lässt den Atem stocken. Das neu entwickelte 5-Zylinder-Aggregat kombiniert atemberaubenden Fahrspaß mit beeindruckendem Motorsound. Mit 400 PS Leistung gelingt der Sprint von 0 auf 100 km/h in nur 3,7 Sekunden. Auf Wunsch kann die Höchstgeschwindigkeit auf 280 km/h hochgesetzt werden. Entdecken Sie die Designikone, geschärft durch charakteristische RS-Merkmale.")

Bling-Bling bei den Bayern ist der lichte Raum, in dem das Buffet angerichtet wird. Bling-Bling ist die Fitnesszone, wo man an den Hanteln keinen Fingerabdruck sieht, weil alles so blitzsauber ist, und wo die Spieler auf den High-Velos im Stand radeln und über die Greens des Vereins blicken.

Nicht die ganz große Schau: das Büro des Trainers. Alles sehr nüchtern, das will er so. Aufgeräumter Tisch, vier Stühle, Garderobe, ein paar Regale. Klinisch rein, kein Schnickschnack, nirgends. Wer einen Termin bei Herrn Heynckes hat, spürt: Das ist hartes Business hier.

Im Pressebereich ist es nicht teuer und hochwertig. Null Bling-Bling, es hat sich was mit Premium. Hier ist Abstellplatz, hier wird der Müll zwischengelagert.

Die Journalisten ziehen am obersten Treppenabsatz die Metalltür auf. Sie passieren die Tragl, aus denen sie sich mit Wasserflaschen versorgen könnten. Sind drin im Presseraum. Keine Fenster. Drei überdimensionale Fotografien, zwei zeigen Ausschnitte der Allianz Arena, eines ist eine Aufnahme der Fans in der Bayernkurve. Der Zementboden hat Schmutzflecken, Kabel liegen frei, die Beleuchtung ist grell.

26 Stühle mit kleinen aufklappbaren Pulten für den Block und dem Bayern-Emblem in der weichen Rückenlehne. Im hinteren Bereich des Raums eine Empore, hinter der sich an der Brüstung zehn Kamerateams aufbauen. Die Journalisten sitzen unlustig in Warteposition, haben sich nicht viel zu sagen. Man redet nicht so gern in diesem Bunker, in dem alle alles hören. Lieber daddelt man mit seinem Handy oder fragt den Bayern-Pressemann, was er zum Frühstück gehabt habe. Der sagt, für die Spieler sei heute Mais-Nuss-Möhren-Brot im Angebot, lecker.

Die Fernsehleute und Fotografen sind bereit. Jetzt müssen sie wieder die blöde Bunker-Warterei hinter sich bringen.

Jupp Heynckes kommt auch an diesem Montag pünktlich, zusammen mit dem Pressechef Stefan Mennerich. Der ist schmal geworden in den vergangenen Monaten, glücklich sieht er nicht mal aus, wenn er lächelt. Es ist ziemlich übler Stress, mit Bayern Meister zu werden. Mennerich hat seine jungenhafte Ausstrahlung früherer Tage verloren – da war er fürs Fernsehen unterwegs und hatte nette Grübchen, weil ihm oft zum Lachen war. Nun ist er ernst und angespannt.

„Grüß Gott miteinander", sagt Mennerich, nachdem Heynckes und er sich gesetzt haben. Heynckes dreht schon mal das Mikro in seine Richtung, Mennerich – links von ihm – grüßt also die versammelten Journalisten, wendet sich dann mit halbem Körper dem

Coach linkerhand zu: „Herr Heynckes, morgen also das Halbfinale gegen Leverkusen. Keine leichte Aufgabe."

Mennerichs Part ist damit beendet. Er dreht den Oberkörper wieder in die Ausgangsposition, bewegt sich in den nächsten 25 Minuten kaum. Registriert die Wortmeldungen und ruft die Journalisten auf, wenn sie dran sind. Man kennt sich, er nennt die ehemaligen Kollegen wahlweise beim Vor- oder Nachnamen.

Jupp Heynckes: Er wird von Woche zu Woche lässiger. Die Pressegespräche sind für ihn so etwas wie eine Mannschaftssitzung ohne Mannschaft. Er sagt nichts Unbedachtes. Die wichtigen Sätze werden am kommenden Tag in den Zeitungen stehen, sie werden im Fernsehen wiederholt und wiederholt. Die Spieler werden mit diesen Statements konfrontiert werden.

Wäre Jupp Heynckes nicht so ein Fuchs, könnte eine Pressebesprechung leicht aus dem Ruder laufen. Die Journalisten suchen nach Streitstoff, nach Intrigen, nach kleinen Skandalen. Nur 'ne üble Geschichte scheint 'ne gute Geschichte. Gab es irgendwo mit irgendwem durch irgendwen Zoff? Hat jemand eine miese Statistik ausgegraben? Hat ein „Experte" etwas gesagt, worüber man sich aufregen könnte?

Heynckes ist nicht aus der Ruhe zu bringen. Konzentriert beantwortet er fachkundige Fragen. Wenn ihm doofe Einlassungen zu viel werden, hat er eine ganz eigene Taktik: Er redet und redet und redet. Notfalls erklärt er in vier Minuten die Entstehung der Welt. Nur auf die Frage antwortet er nicht. Das macht er so lange, bis der Journalist vergessen hat, was er wissen wollte.

Dienstag.

Es ist warm in Deutschland. Auch jetzt um halb neun Uhr abends, die Sonne hat sich endgültig verdrückt, aber in den Straßen hängt noch die Hitze eines Sommertags im April.

„Bestes Fußballwetter", sagt jemand in einem Haus an der Säbener Straße. Jemand hat den Fernseher sehr laut gedreht.

Dann verkündet die Stimme die Aufstellung des FC Bayern München: „Ulreich – Alaba – Hummels – Boateng – Kimmich – Martínez – Ribéry – Thiago – Müller – Robben – Lewandowski. Da sieht man, Freunde, wie ernst die Bayern das nehmen. Bei diesem Spiel wird keiner geschont. Das ist der erste Anzug."

Das Fenster wird geschlossen Die Menschen da drinnen wollen nicht gestört werden.

In der Tankstelle an der Grünwalder Straße dreht Erkan den Ton lauter. Gott sei Dank ist der Verkehr abgeflaut. Viel wird Erkan nicht zu tun haben in den nächsten eineinhalb Stunden. Ein paar Menschen werden tanken, die Waschanlage benützt um diese Zeit kaum noch jemand – und weil Bayern spielt, haben sich die Schluckspechte schon lange mit Stoff eingedeckt. Da kommt keiner mehr.

Erkan ist 1,90 Meter groß, blickt immer finster drein – dabei ist er eine Seele von Mensch. Überschüssige Kraft wird er bei McFit los. Er hat eine süße kleine blonde Freundin und einen silberfarbenen Monsterwagen, mit dem er an der Kreuzung jeden abledert. Er mag den Job an der Tanke, weil ihn da die Leute nicht blöde anquatschen. Und er liebt diese Abende, an denen er den kleinen Fernseher einschaltet, weil die Bayern spielen.

Da sind sie zu sehen, in den Katakomben von Leverkusen. Der kleine Kimmich kann einem fast leidtun, weil er vor dem Spiel so sehr in sich gekehrt ist. Die Bayern in Weiß, rot sind die Leverkusener, sie laufen in die Arena. Mächtig was los ist da in Leverkusen, ein schwarz-rotes Farbengewoge, die Fans von Bayer machen Krach wie die Türken von Beşiktaş.

Die Mannschaften stellen sich zum Gruppenbild mit Schiedsrichter auf. Gemischte Formation. Das sieht friedlich, sportlich aus, findet Erkan. Robben ist nicht rasiert. Das Veilchen von Lewandowski hat sich mittlerweile ins Gelbliche verfärbt. Das gefällt dem Tankwart von der Grünwalder, das Unrasierte, das Zerbeulte. Nach Krieg sieht das aus.

Martínez zielt um 20:48 Uhr aus 20 Metern ins rechte Eck, Lewandowski hat seine Hax'n auch noch dran und lenkt ab. Bayer-Torwart Leno weiß nicht, was er davon halten soll – und hält nicht. Ist es ein Tor? Kein Einwand vom Video-Assistenten. Verhalten jubeln die Bayern und konzentrieren sich.

Becher, Tücher fliegen, die Pappen, mit denen die Fans in der

Kurve noch eine schwarz-rote Macht vor dem Anpfiff formiert haben, segeln aufs Feld. Die Formation von Leverkusen löst sich auf.

20:50 Uhr, ein Wahnsinnskonter von Bayer, hui, wie schnell die durchs Mittelfeld jagen. Bellarabi flankt, Volland frei, Ulreich pariert mit herrlichem Reflex. Das geht ja wild los.

Ribéry versetzt seine Gegner, geht links bis an die Grundlinie. Kopf hoch. Gucken. Flanken, hoch in den Himmel. Da ist Lewandowski, ganz frei. Es ist 20:54 Uhr, es steht 2:0.

Erkan schüttelt grimmig die Faust und spannt den Bizeps an. Jetzt werden sie die Leverkusener plattmachen, seine Bayern.

Die Volls wohnen im ersten Stock neben dem Seniorenheim am Wettersteinplatz. Frau Voll gönnt sich das Spiel im Fernsehen, ihr Mann hat den Radioapparat neben sein rechtes Ohr gestellt und hört live mit. Er ist auf einem Auge blind, das andere kann nur noch Schemen wahrnehmen. Also hört Herr Voll Radio, es ist halt, wie es ganz früher auch gewesen ist.

21:01 Uhr pennen die Bayern: Der Ball irrt durch den Strafraum, prallt ab, Volland geht gegen Hummels zu Boden, Boateng wird in den Rücken gespielt, Lars Bender kommt an den Ball, haut drauf.

Anschluss.

Was war da los in der Abwehr? Heynckes ist grantig.

Wie zwei Boxer, die nicht lange fackeln, agieren jetzt die Halbfinalisten. Sie halten sich nicht mit Taktieren auf. Beharken sich im Mittelfeld. Bei Ballbesitz nehmen sie Tempo auf und stürmen gegen das Bollwerk auf der anderen Seite an.

Kimmich ist wie eine Maschine. Er rennt bedingungslos weiter, nachdem er Robben angespielt hat. Bekommt in den meisten Fällen den Ball auch steil wieder. Dann hat er alle Gegner hinter sich gelassen. Treibt den Ball an der Außen- bis zur Grundlinie, hebt den Kopf, flankt. Seine Flanken kommen in der Regel hoch und landen mitten in der Gefahrenzone, zwischen Elfmeterpunkt und Tor. Manchmal fällt es Kimmich auch ein, den Ball auf einen ganz weiten Flug zu schicken, weit und hoch über die Köpfe von Verteidigern und Stürmern. Ganz hinten, ganz auf der anderen Seite, ist dann Ribéry, der stoppt mit großer Lässigkeit – und alles ist in Alarm.

21:17 Uhr. Verwirrung nach einer Ecke, Volland irritiert Ulreich, der greift daneben, pariert aber gleich drauf einen Schuss aus kurzer Distanz mit einer Grätsche. Im Gegenzug Müller, der gefährlich zum Schuss kommt.

Die Leverkusener schalten schnell um und haben dann gut Platz. Bellarabi mit mächtigem Schuss. Ulreich mit der bislang besten Parade – früher hieß das „Robinsonade".

„Früher" – das war, als Herr Voll noch auf beiden Augen gesehen hat wie ein Adler und zu den Sechzigern ging. Das war ums Eck an der Grünwalder Straße – und im Tor stand der Held der Robinsonaden, der irre Petar Radenković. Der ist schon mal mit dem Ball am Fuß zum Solo in die gegnerische Hälfte gerannt.

Es waren herrliche Zeiten. Sie haben es geliebt, dass der Radenković ein wilder Hund war. Der konnte sich sogar erlauben zu singen: „Bin i Radi, bin i König/alles andere stört mi wenig."

Da war die Welt noch in einer Grundordnung.

Dann sind die Bayern gekommen und haben den Fußball in München umgemodelt. Irgendwann sang deren Torwart: „Bin i Radi, bin i Depp/König ist der Maier Sepp."

Jetzt spielen die Sechziger in der vierten Liga. Und die Bayern sind ein Weltverein, der das große Stadion im Norden besitzt und in der Säbener schon wieder anbaut.

Nicht zum Anschauen ist das, findet Herr Voll in seinen schwermütigen Momenten.

Der kleine Park an der Ecke Eliland-/Bad-Wiessee-Straße. Das Rauschen vom Mittleren Ring hat sich beruhigt, anständige Menschen fahren um diese Zeit nicht mehr Auto.

Zwei Tischtennisplatten. Ein halbes Dutzend Bänke. Die Wiesen müssten gemäht werden, aber der Löwenzahn sieht schmuck aus. Büsche, Bäume, Beete – alles explodiert.

Aus den Wirtschaftswunder-Mietskasernen sind junge Familien in den Park gekommen. Die Kinder genießen die Freiheit am späten Abend, die Mütter kümmern sich um den Grill, die Männer stoßen mit dem nächsten Bier an.

Auf eine Tischtennisplatte haben sie ein Gerät gestellt, auf dessen

Display die Bayern durchs Stadion in Leverkusen wimmeln. Wiederanpfiff um 21:49 Uhr. Bayern stößt an. Rafinha ist für Alaba im Spiel.

Auf der Bank macht Salihamidžić den größten Rabatz, Heynckes und Hermann sortieren sich, Gerland ist ganz ruhig.

Nach drei Minuten zwei dicke Chancen für Leverkusen. Ulreich grätscht und rettet. Sehr knapp, das alles.

21:56 Uhr. Thiago von der Strafraumgrenze scharf nach innen vorne auf Müller, der stoppt, legt sich vor, zielt ins rechte Eck.

Gerade als es knapp wurde, steht es plötzlich 3:1.

Um 22:03 Uhr fällt ein Abseitstor, ansonsten ist Leverkusen im Augenblick ein wenig matt.

Die Kinder beginnen zu quengeln, werden von den Frauen nach oben gebracht. Freie Bahn für die Männer. Jetzt setzen sie und die Bayern die Sturmsegel.

Die Tanke

Lewandowski. Ribéry. Robben. Thiago kurvt, setzt links unten ins Eck, Müller war noch dran. Es ist 22:05 Uhr. Das sah sehr lässig aus.

Jetzt geben sich die Leverkusener auf. Abseitstor der Bayern? Nein, es gilt. Rafinha nach innen, Robben schießt, Leno kommt nicht ran. Um 22:07 Uhr steht es 5:1.

Zufrieden ist Heynckes noch nicht. Er puscht. Doppeln! Nach vorne spielen! Den Gegner nicht kommen lassen!

Erkan ruft seine Liebste an.

„Was ist, Schatz, lass uns ausgehen. – Wie? Klar is Dienstag. Aber weißt schon, Bayern, das müss'n wir feiern. – Was? Arbeit'n? Klar, versteh ich. Na, dann mach ich mal alleine. – Ja, danke, nee, kein Quatsch, hab das Auto mit. Bis morgen, Schatz."

Arbeiten muss sie. Na gut, wenn es sein muss. Er macht jetzt den Laden dicht und fährt runter zu seinen Jungs in die Stadt.

Herr Voll lächelt. Es hat ja etwas Weises, wenn Blinde lächeln.

Um 22:16 Uhr zirkelt Bailey rechts über die Mauer halbhoch in die Ecke mit Pfostenberührung zum 2:5. Ulreich legt eine astreine Robinsonade hin, kann sich aber nicht lang genug machen.

Müller wird steil geschickt, nimmt den Ball mit, dreht sich im Laufen um die eigene Achse und hält dann sofort drauf. Es ist 22:22 Uhr, es steht 6:2, eine Minute später geht Müller vom Platz. Nach einer ereignislosen ersten Halbzeit hat er drei Tore gemacht, später wird er zum „Man of the Match" gekürt. Er klatscht erschöpft.

„Siehst!", sagt Herr Voll. „Es passt schon."

Das Fenster in der Säbener, es ist wieder offen.

„Es hat sich eine gewisse Aura um den 72-Jährigen aufgebaut. Nun ist er schon wieder einen Schritt weiter. Am 19. Mai ist das Finale in Berlin. Ein Sieg – das wäre schon großartig und ein erster Schritt. Die Bayern befinden sich in einer ganz eigenen Klasse."

Alle sollen hören, was dieser Preußen-Depp von Reporter zugeben muss.

Um 22:30 Uhr hat Leno alle Müh', ein siebtes Tor zu verhindern.

Um 22:35 Uhr pfeift der Schiri ab.

Das Fenster in der Säbener Straße wird geschlossen. Der Fernseher hat Ruh.

Mittwoch.

Manuel Neuer und James trainieren allein. Zuerst Neuer. Mehr als eine halbe Stunde. Der beste Torhüter der Welt ist drahtig und bewegt sich mit gefährlicher Geschmeidigkeit. Die Schüsse kommen scharf und schwer erreichbar. Neuer fliegt weit und hoch, er hält die Bälle fest und rollt sich bei der Landung perfekt ab.

Die Choreografie mit dem Torwarttrainer – das ist wie ein Pas de deux, bei dem der eine ein luftiges Solo gibt. Wie so oft, wenn ein großer Sportler seinen Job beherrscht, wirkt alles so schwerelos und einfach. Dabei geht es an die Substanz, und manchmal tut sie weh, so eine moderne Robinsonade.

Macht nichts. Neuer rappelt sich hoch, schleudert den gehaltenen Ball zu seinem Schinder, stellt sich in Positur – dann pfeift der nächste Schuss heran.

Manuel Neuer ist keiner, der leicht schwitzt. Nach einer Stunde Einzeltraining hat das Shirt des Mannes flächige dunkle Schatten. Er wischt sich die Stirn. Der Trainer ruft, es sei gut, die beiden gehen.

Neuers Schritte sind schwer. Das ist nicht der blöde Fuß, der immer wieder bricht. Das ist die Erschöpfung nach harter Maloche.

Dann ist James dran. Er arbeitet mit Co-Trainer Hermann. Sie reden nicht viel. James wärmt sich mit ein paar kurzen Sprints auf, er dehnt ein wenig. Danach übt er 45 Minuten mit dem Ball.

James Rodríguez aus Kolumbien scheint mit dem Spielgerät einen faustischen Pakt geschlossen zu haben. Er führt den Ball am Fuß und lässt ihn nicht aus der Kontrolle. Er umkurvt in unregelmäßiger Folge eng gestellte gelbe Hütchen. Aufs Kommando gibt James Gas. Wenn er zurückgepfiffen wird, bremst er ab und dribbelt die Hütchen in großer Lässigkeit aus.

Danach Sprints mit dem Ball. Kurzer lockerer Anlauf. Ein Pfiff. Fünf trommelnde, stampfende Schritte, der Körper ist vor Kraft nach vorn gebeugt. Abbremsen. Austrudeln. Kehrtwende, kurzer Anlauf, fünf Attackierschritte …

Nach einer Minute ist James fix und fertig. Er stemmt die Hände auf die Oberschenkel und kommt zu sich.

Und noch einmal das Ganze!

James Rodríguez hat sorgsam nach hinten gegeltes dunkles Haar. Da gerät selten was durcheinander. Nach einer Dreiviertelstunde mit Hermann hängen zwei Strähnen in die Stirn des jungen Mannes, der auf einmal gar nicht mehr so jungenhaft lieb aussieht, sondern wie einer, der vielleicht mal auf einer Bohrinsel arbeiten möchte.

Donnerstag.
Kurz vor acht kommt in der Säbener die Müllabfuhr. Die Männer in Orange sind bester Laune – es arbeitet sich schön unter einem wolkenlosen Himmel, die Luft ist noch kühl, der Tag bringt Heiterkeit – und fahren mit großem Geklapper die Tonnen übers Trottoir. Vorn vor dem Fahrer baumelt ein Bayern-Wimpel vom Spiegel – vielleicht haben die Herren auch noch einen süßen Kater nach dem Dienstagsspiel. Manchmal glaubt man eine wachsende Vorfreude im Viertel und in der Stadt zu spüren.

Überhaupt machen die Bayern immer mehr Menschen im Land gute Gefühle. Am Dienstag haben mehr als 8,3 Millionen den Fernsehapparat eingeschaltet, um den Münchnern zuzusehen, wie sie die

Leverkusener aufmischten. Das ist ein Marktanteil von 28,2 Prozent. Wenn die Bayern so weitermachen, sind sie weltmeisterlich. Das nur nebenbei.

Der Müll verschwindet rumpelnd im Wagen der Stadtwerke. Eine saubere Sach. Die Mannsbilder in Orange schreien sich Anfeuerungen zu. Schön zu sehen, wie gut es ihnen geht.

Es riecht aus dem Garten gegenüber dem Leistungszentrum streng nach Bärlauch. Jetzt, da die ersten Sonnenstrahlen den Tau verdampfen, hat man das Gefühl, man steht beim Witzigmann in der Sterneküche, und er hat einen guten Tag.

Auf der Säbener Straße nähert sich aus der Stadt ein schwarzer Wagen mit Ingolstädter Kennzeichen. Er fährt nicht besonders schnell, er schleicht aber auch nicht dahin. So muss man es machen, wenn man sich in dieser Wohnstraße bewegt. Wenn jetzt ein Kind hinter einem parkenden Auto vorspringen würde – der schwarze Wagen käme rechtzeitig zum Stehen.

Der Mann am Steuer hat weiße Haare und ein kantiges Gesicht. Beide Hände halten das Lenkrad, der Mann würde sich nicht erlauben, einen Arm aus dem offenen Fenster hängen zu lassen. So einer ist er nicht.

Er sieht – natürlich trägt er keine Sonnenbrille, auch so einer ist er nicht – konzentriert auf die ruhige Straße. Nun passiert er die Baustelle, auf der zur Linken die Arbeiter seit sieben am Werken sind. Es geht voran, das Unternehmen aus Wolfratshausen ist im Plan, bald steht hier ein blitzblankes Bürogebäude vom Feinsten, eine bildgewordene Immobilie des Fortschritts, der Visionen und des Erfolgs.

Der weißhaarige Herr blickt kurz nach links, dann konzentriert er sich wieder aufs Fahren. Setzt den Blinker, das macht er immer an dieser Stelle. Egal ob einer hinter ihm ist, ob er Gegenverkehr hat oder ob auf der Säbener rein gar nichts los ist: Der Blinker wird gesetzt, das gehört sich so.

Hundert Meter vor dem Abbiegen signalisiert der Fahrer, was er will. Keine Manöver. Nichts Unerwartetes, alles berechenbar, richtig. Alles zum Ziel führend. Sachte bremst er ab. Blickt in den Rückspiegel. Alles frei.

Der Mann biegt nach links in die Einfahrt. Kommt vor dem

großen grauen Tor zum Stehen. Mit der Fernbedienung öffnet er die Zufahrt zur Tiefgarage. Rollt in den Untergrund. Das Tor schließt sich.

Der Mann parkt auf seinem Platz, nimmt die Bayern-Tüte, hebt ein Bein aus dem Auto, dem anderen hilft er mit der Hand am Oberschenkel nach (das entlastet die Adduktoren und die geschundenen Knie). Mit einem Piepen schließt sich die Verriegelung.

Jupp Heynckes geht mit festen Schritten nach oben.

Es ist viertel nach acht.

Die Uhr kann man danach stellen.

Es ist immer viertel nach acht, wenn der Dienst für Jupp Heynckes an der Säbener beginnt.

Wird wieder ein langer Tag werden.

Ein langer guter Tag für das große Ding.

Nachmittags hocken die Volls vor dem Poseidon. Das ist ein alteingesessener Grieche am Beginn der Säbener, die Volls haben es nicht weit. Der Wirt ist saunett, manchmal stellt er den alten Leutln einen Ouzo hin, sagt überflüssigerweise „Geht aufs Haus". Dann sind sie ganz gerührt und haben einen leichten Hackl, wenn sie ins Heim zurückdackeln. Manchmal sind sie gar übermütig und bleiben zum Abendessen. Dann haben sie es wie im Urlaub.

Heute sitzen sie in der schrägen Sonne und freuen sich über die Wärme, die durch die Glieder flutet. Frau Voll – er nennt sie „Mama" – liest aus der Zeitung vor.

Schlimmer Totschlag an einem Jugendlichen in Passau.

Die Mieten schon wieder gestiegen.

Spargel wird jetzt preiswert (sie hat morgens welchen gekauft und schon geschält, heute wird daheim gegessen).

Am Hauptbahnhof bauen die Scheichs noch ein Hotel.

Bayern feiert seine Meisterschaft nicht an einem Samstag, sondern am Sonntag (da freut sich der Einzelhandel) …

Er, der „Papa", verzieht keine Miene und sieht mit seiner Sonnenbrille aus wie ein Padrone, der was zu sagen hätte, wenn er denn redete.

Wenn sie vorliest, wird sie hochdeutsch. Wenn sie das Gelesene kommentiert, dann tut sie das im gescherten Bayerisch einer Münchnerin, die in der Au groß geworden ist (so ähnlich hat übrigens der „Kaiser" vor seiner Schickimicki-Domestizierung auch geredet).

Die Sechziger werden am Samstag …

Sie bricht ab. „Mama" muss mal. Sie faltet die Zeitung zusammen, legt sie neben ihr Bierglas. Der Stuhl wird gerückt, die Schritte werden schwächer und verschwinden vom Bürgersteig ins Innere der Wirtschaft.

„Is sie weg?", fragt er.

Ja.

Er atmet durch. Er möge sie, wirklich, man habe sich immer lieb gehabt. Das verliert sich nicht. Nur dieses Vorlesen …

???

„Woaßt, sie liest nur, was sie mag. Wenn's interessant wird, hör i nix mehr. Bläd is des, saubläd. Aba konnst nix machen. Des konnst dir net aussuachn."

Wie war das noch mal, Herr Voll? Sie sind ein Sechziger? Immer noch?

„Ja", sagt er (an dieser Stelle die Untertitel auf Hochdeutsch): „Es waren immer die Löwen. Das war mein Verein. Ich bin Handwerker gewesen, ich habe es nicht mit den besseren Leuten. Ich habe es immer reell gemacht. Bei den Sechzigern ist Bayerisch geredet und gelebt worden. Die Bayern – schaun'S, was soll ich mit einem Breitner anfangen, der sagt, er mag den Mao. Und der Hoeneß hat sich was auf sein Abitur eingebildet. Und der Beckenbauer ist hinter der Frau nach Bayreuth gewackelt, obwohl er die Oper gar nicht gemocht hat. Das viele Geld, das Besser-sein-Wollen, die vielen Ausländer – das ist nicht meines gewesen.

Heute freue ich mich, wenn einer wie der Heynckes es allen zeigt, dass eine ehrliche Arbeit sich auszahlt. Der hat ein Gefühl für den Fußball – so hatten es die Löwen in den besten Zeiten.

Am Samstag spielen die Sechziger im Grünwalder Stadion gegen Augsburg. Dann könnten sie aufsteigen, das wäre ein echtes Glück für mich."

Ob er das Spiel im Stadion …

„Logisch schaue ich das Spiel im Grünwalder. Was heißt da ‚schauen'? Das Sehen übernimmt die Frau, die geht mit, seit ich das mit den Augen habe. Früher war es besser, da bin ich allein ins Stadion. Danach in die Wirtschaft gegenüber – so lange ich wollte. Das geht heut nicht mehr. Wie gesagt: Man kann es sich nicht aussuchen."

„Was erzählst denn, Papa?", fragt sie – klammheimlich ist sie retour gekommen – und setzt sich.

„Ach nix", antwortet Herr Voll. „Wir ham nur über die Bayern geredet."

„Ja mei. Diese Bayern. Aber: Der Herr Heynckes ist nett."

Freitag.

Wieder im Bunker. Jupp Heynckes hat Farbe bekommen in dieser Woche. Die Backenknochen vor allem sind gebräunt, da sieht er aus wie einstens Alexis Sorbas.

Dolle Laune. Er lächelt fast durchgehend wie ein Schelm. Die Mundwinkel ziehen nach oben, die Augen werden schmal – das sieht überlegen, fast ein bissl arrogant aus.

Wie immer: Heynckes schreibt das Drehbuch.

„Ob die Männer ein Problem mit der Psyche haben? Warum sollen sie? Sie gehören zu den Besten. Und es ist wie in jedem Beruf: Wenn du oben sein willst, musst du eine starke Psyche haben."

„Was habt ihr denn? Das sieht alles wie guter Fußball aus, was wir da machen. Das ist gepflegter couragierter Fußball. Meine Führungskräfte funktionieren. Wir sind bereit. Ich bin sehr zufrieden."

„Wen ich aufstelle? Das werden Sie beizeiten sehen. Ich habe meinen Plan. Der steht. Einen Plan B brauche ich nicht. Ich habe eine eigene Meinung. Die sage ich später, wenn ich es für richtig halte."

Die Journalisten haben den Manuel Neuer beim „Geheimtraining" gesehen. Nun wollen sie wissen, wann er wieder spielen wird. Und was dann aus dem armen Ulreich wird. Der muss ja wohl raus, ist doch klar, oder?

Das Heynckes-Lächeln erlischt. Jetzt flackern seine Augen ein wenig. Das tun sie, wenn er sich zur Contenance zwingt.

Dann hat er sich in der Gewalt. Kalt-zornig sagt Jupp Heynckes: „Wer redet denn von Auswechseln? Ich nicht. Der Sven hat die ganze Saison wunderbar gehalten, warum soll ich da etwas ändern. Für mich ist Ulreich der zweitbeste Torhüter in Deutschland. Der beste ist – wenn er gesund ist – der Manuel. Dann kommt gleich der Sven."

Klasse Manöver. Eifrig schreiben die Journalisten mit. Das ist doch eine Schlagzeile: Mit Neuer und Ulreich zur WM. Jetzt ist Bundestrainer Löw gefragt!

Heynckes hat sie wieder mal am Nasenring vorgeführt, die Herrschaften von der Presse.

Samstag.

Das Säbener Gefühl. Wenn der Bayern-Freund will, hat er es überall. In Lindau, auf Sylt, in Miami und in Schanghai.

Das Säbener Gefühl hat der Fan auch in der Hallertau.

Da sitzt an diesem sonnigen Samstagnachmittag der Hopfenbauer Franz vor dem Gasthaus, das er auch noch betreibt, und hört Fußball. Bayern spielt in der Bundesliga in Hannover. Franz hat sich einen Kaffee gemacht, dazu trinkt er wegen der Hitze ein Spezi. Die drei Buben hat er in die Hopfengärten geschickt, sie sollen nach dem Rechten sehen. In diesem Jahr ist die Natur erstaunlich früh dran – schon Ende April wird sich der Hopfen aus der Erde schieben und dann jeden Tag 25 Zentimeter an den Drähten hoch ranken. Jetzt muss man die jungen Triebe schützen. Die polnischen Wanderarbeiter schieben die Knospen an die Drähte, damit sie sich dort nach oben winden. Es ist viel zu tun in den nächsten Tagen.

Nun patrouillieren die Söhne in den Feldern. Für den Franz ist die *Heute im Stadion*-Zeit heilig.

Er blinzelt in die Sonne, meint, wie schön es doch daheim sei. Dann: „Des wird schon noch."

Er meint den Auftritt der Bayern in Hannover. Noch steht es da 0:0, die Hannoveraner schlagen sich wacker, die Münchner sind mit der „C-Elf" (so hat es der Sprecher im Radio genannt) aufgelaufen. Heynckes hat gar einen A-Jugend-Spieler aufgeboten, den 18-jährigen Lukas Mai. Der Innenverteidiger (in der Ersten bekommt er die Rückennummer 15) spielt nach seinem Wechsel von Dynamo Dresden seit vier Jahren in der Jugend des FC Bayern. Über die U16 und U17 (mit den B-Junioren wurde er Deutscher Meister) kam er im Sommer 2017 zu den A-Junioren, wo er mittlerweile Kapitän ist. Mai hat Ende März in der deutschen U18-Nationalmannschaft debütiert, war eine gute Partie. Im Sommer 2017 erhielt er die bronzene Fritz-

Walter-Medaille in der U17-Kategorie. Heynckes wollte den Burschen noch in der Männermannschaft ankommen lassen, bevor sein Trainerjob ausläuft.

Nun also tut Mai an der Seite von Süle und Boateng den Job – und die beiden haben die Order des Trainers, den Neuen zu beschützen, zu begleiten, zu ermutigen. Sie machen es fabelhaft, Lukas macht es wunderbar. Der Kerl hat eine Zukunft. Man hört, er werde von Schalke, Werder Bremen, Juventus Turin und auch den Nordklubs HSV und Hannover 96 beobachtet. Aber einer wie er wird wohl nicht nach Hannover gehen wollen. Und zum HSV? Schon gar nicht.

Franz hat eine Dauerkarte für die Heimspiele und ein Vorkaufsrecht für den Pokal und die Champions League. Im vergangenen Oktober war er stockgrantig, weil dieser Ancelotti die Mannschaft mit seiner italienischen Art so versaut hatte.

Dann kam der Herr Heynckes, der Jupp. Und es war wieder da, das Säbener Gefühl. Seine Bayern schlossen zu den Dortmundern auf, sie servierten die anderen Bundesligisten ab. Sie kämpften sich durch Pokalspiele, in denen es spitz auf knapp stand, sie blieben in der Champions League dabei.

Jetzt sind sie Meister, bald ist Real Madrid dran, dann fährt Franz nach Berlin. Dann trägt er das Säbener Gefühl an den Ku'damm. „Ich weiß, wie das geht mit den Öffentlichen. Unser Bus kommt am Vormittag am Stadion an, dann gehen wir in die Stadt und schauen, was los ist bei den Preußen. Dann ist Spiel. Wenn wir verlieren, fährt der Bus eine Dreiviertelstunde nach dem Spiel. Wenn wir gewinnen, dauert es bis nach Mitternacht, dann sind alle an Bord. Hernach fahren wir heim. So gegen sechs sind wir in Pfaffenhofen. Da müssen wir dann schauen, dass wir einen Platz zum Feiern finden."

Ein Taxi nimmt er nämlich nicht bis zu seinem Dorf. Zu teuer.

Und holen kann ihn auch keiner. Daheim haben alle das Spiel gesehen. Brauchst nicht glauben, dass die nicht auch feiern.

Das Säbener Gefühl muss man nehmen, wenn es kommt.

Schluss mit dem „Krampf"

Ende Februar ist es, da spricht der Großkommunikator des FC Bayern München, Thomas Müller, aus, was die anderen seit Wochen denken: „Ich habe das Champions-League-Finale dreimal gespielt – und jedes Mal war es ein überragendes Erlebnis." Jetzt, so meint er, sei es an der Zeit, an diese überwältigenden Momente anzuknüpfen. „Ich will noch mal in ein Champions-League-Endspiel. Die letzten vier, fünf Jahre hatten wir eine kleine Durststrecke. Wir sind zwar oft ins Halbfinale gekommen, aber den nächsten Schritt haben wir leider vermasselt. Deswegen ist das Finale das Ziel, das wir im Hinterkopf haben."

Es hört sich selbstverständlich an, was er sagt. Es klingt besonnen und überlegt. Es ist eine selbstbewusste Kampfansage, ein durchdachter Marschbefehl, das freundlich-bestimmte Knurren eines Alpha-Rüden.

Warum soll Thomas Müller noch rumeiern? Die Meisterschaft ist geregelt, nun stehen die wichtigen Pokalspiele an. Da macht es keinen Sinn tiefzustapeln. Da hisst man besser die Flagge und erklärt: „Wir sind Profis, wenn es darum geht, den Druck auszuhalten. Wir wollen Leistung abliefern, wenn wir unter Druck stehen. Daraus ziehen wir unsere Bestätigung. Wir wollen das jetzt."

Mit „das" meint Müller den Erfolg, den sein Trainer Jupp Heynckes etwas kryptisch als „etwas ganz Großes" bezeichnet. Wunderbar, wenn man einen Trainer hat, der das Team fordert und fordert und fordert.

Thomas Müller war ein scheinbar durch und durch unbekümmerter junger Mann, als er – das war 2010 bei der WM in Südafrika –

berühmt wurde. Immer hatte er einen witzigen Spruch drauf, immer die Lacher auf seiner Seite. Mit ihm wurde es nicht langweilig. Schon gar nicht, wenn er zu den Gewinnern gehörte.

Als er mit der Nationalmannschaft Weltmeister wurde, hat er die Journaille der Welt im Alleingang mit Vorlagen bedient. Er war so ergiebig, dass die Leute von Funk, Fernsehen und die Schreibzünftler nach einer Weile ermattet innehielten.

Was? Sie wollten nicht mehr? Sie hatten schon genug? Nicht mit einem Thomas Müller, der gerade etwas Großes gewonnen hatte!

„Also, Herrschaften! Noch ein paar lustige Fragen. Die anderen Osterhasen fragen immer so stumpfsinnig."

Eine englische Journalistin traute sich. Bevor sie formulierte, was sie wissen wollte, raunte ihr Müllers Kollege Bastian Schweinsteiger zu, sie solle Bayerisch mit Müller sprechen – der sei ein Eingeborener aus Pähl bei München, der tue sich hart mit dem Hochdeutschen. Da die Dame des Bayerischen nicht mächtig war, übernahm der Bastian den Part des Dolmetschers.

Wie es sich anfühle, den Titel als bester Torjäger der WM knapp verpasst zu haben, fragte sie auf Englisch.

Schweinsteiger: „Wia is des, wennst du ein so ein Loser bist, weilst net mehra Tore gschossn hast?"

Müller – der Typ hatte ein ziemlich gutes Abi in Weilheim gebaut – schaute ernst drein, sehr ernst. „What she says?"

Schweinsteiger wand sich vor Kichern. Er wiederholte, „Nicht getroffen, Du. Torschützenkönig, du nicht. Scheiße, oder?"

Müller – der Weltmeister mit dem Glück im Herzen – sah aus wie einer, der die Welt in Asche legen wollte. Dann lederte er los: „Des intressiert mi ois ned, der Scheißdregg. Weltmeister samma – den Pott hamma. Den Scheißdregg ‚Goidna Schua' konnst da hinda d' Ohrn schmiern."

Dann gab er der verängstigten Reporterin ein Bussl und war weg. Das waren noch Zeiten.

Damals ließ sich Thomas Müller durch nichts beschweren. Auf dem Feld machte er Dinge, die in keiner Fußballschule gelehrt werden. Das war nicht zu beschreiben, was sich der Müller mit seinen zaundürren Haxn erlaubte. Seine Laufwege verstand nur er, wenn überhaupt. Er war ein sonderbar effizienter Offensivmann. Einer, der von sich sagte: „Langsam habe ich das Gefühl, dass ich mit meinem linken Fuß mehr kann als nur Bier holen."

Oder: „Meine Waden sind so dünn, da kann kein Gegner die Knochen treffen, weil man sie so schlecht sieht."

Oder: „Ich weiß, dass jedes Tor gleich zählt, nämlich immer eins. Ich weiß auch, wenn man nur die schönen Tore zählen würde, hätte ich nicht so viele auf dem Konto."

Ja, so einer war der Müller Thomas. Dafür liebten ihn die Bayern-Menschen.

Dann hatte die Leichtigkeit des Seins ein Ende. Plötzlich schoss Müller keine Tore mehr. Er mühte sich und hetzte dem Erfolg hinterher. Aber es „war ein Krampf".

Immer noch waren seine Laufwege wunderlich. Doch am Ende landete der rasende Thomas in einer Sackgasse, verdaddelte sich an der Eckfahne, wurde vom Ball getrennt, lief ins Leere. Er setzte zum Kopfball an – doch außer, dass ihm vom Spielgerät ein sauberer Scheitel gezogen wurde, gab es nichts zu bestaunen. Er grätschte in Flanken und war zu spät. Er schoss – das Tor traf er nicht, eher hätte er das Flutlicht mit dem Versuch ausgeknipst. Er rannte und arbeitete, aber das Spiel „machte" er nicht mehr.

Eine üble Phase, die jeder Hochleister mal in seiner Karriere durchstehen muss. Dann braucht er ein liebevolles Zuhause, gute Freunde, verständnisvolle Mitspieler – und einen Trainer, der ihm auf die Beine hilft.

Carlo Ancelotti war das nicht.

Der Meistercoach aus Norditalien und der Kreativmann aus Oberbayern waren sich von Anfang an fremd, und so blieb es auch.

Müller kam ins Stolpern, Neuer brach sich den Fuß, die Bayern waren in der Meisterschaft hintendran, gegen Paris wurden sie plattgemacht.

Ancelotti flog.

Heynckes kam.

Er hatte viel Zeit für seinen Kapitän. Was sie redeten, erfuhr nicht mal Thomas Müllers nette Frau, auch nicht Uli Hoeneß. Davon wussten die Co-Trainer – und gut war's.

Heynckes mag Thomas Müller sehr. „Er arbeitet sehr viel, im Spiel ist er andauernd unterwegs, stopft nach hinten Löcher – das ist der Thomas Müller, wie ich ihn kenne", sagt er schon nach ein paar Wochen.

Das müsse ja so sein, so stelle er sich das vor. Er, der Trainer, braucht als Kapitän den Verbindungsmann zum Rest des Teams. Müller, einer der Leistungsträger der Mannschaft, ist der Primus inter Pares. „Die etablierten Spieler müssen vorangehen, er ist Kapitän, er ist noch einen Schritt weiter vorn – das tut er jeden Tag und jedes Spiel, das ist sehr erfreulich."

Müller gelingt unter seinem neuen Trainer gegen Celtic sein zweiter Saisontreffer, der erste seit einem Monat. Der Knoten ist durch. Auf die Frage, ob er am meisten von Heynckes' Verpflichtung profitiere, sagt er: „Klar ist es wie eine Befreiung für mich. Aber ich hoffe, dass der Verein der größte Profiteur ist."

Da er keiner ist, der einen Gedanken halb lässt, führt Thomas Müller aus: „Jupp Heynckes ist nach der Notsituation durch die Ancelotti-Entlassung eingesprungen. Das Trainerteam hat sofort funktioniert. Wir haben unter ihm eine extrem erfolgreiche Phase gehabt, was sein Verdienst war. Er hat alles, was ihn auszeichnet, in die Waagschale geworfen. Und er hat es geschafft, alle Spieler auf seine Seite zu ziehen."

Zu viel der Lobhudelei? Mitnichten, sagt Müller. Aber dann ist er ganz der Schüler des smarten Herrn Heynckes: „Sicher, es ist ein Ruck durch die Mannschaft gegangen. Aber Achtung! Deswegen ist noch nicht alles Gold, was glänzt. Wir müssen weiter an der Feinabstimmung arbeiten. Jetzt nur nicht nachlassen."

So lobt sich der Feldherr seinen Vormann. „Thomas Müller ist ein Stück FC Bayern München, er ist nicht nur ein Führungsspieler, sondern eine Identifikationsfigur auch für die Region. Das ist seine Heimat, der Klub ist sein Klub. Ich kann mir nie vorstellen, dass Thomas Müller vom FC Bayern weggehen würde."

Heynckes sagt nichts Unbedachtes. Die Kritik wird er in der Kabine los, das Lob in der Öffentlichkeit ist immer wohl überlegt. „Thomas ist nicht nur ein belebendes Element, er ist Kapitän, er ist Sympathieträger, auf und außerhalb des Spielfeldes. Einen Thomas

Müller nicht zu berücksichtigen oder infrage zu stellen, schließe ich aus – solch einen Spielertyp gibt es in ganz Europa nicht."

Und wie dankt es der Thomas Müller?

Mit Toren. Mit wirbelnden Haxn. Mit nimmermüdem Kampf. Mit Schreien und Brüllen und Anfeuern und klugen Auftritten.

Und mit der alten Lust am Spiel.

Barbara II – Buffons Wut

„Worüber lachst du?", fragt Barbara.

„Ach nichts. Ist nur Fußball."

Sie bekommt diesen wachen Blick. Konzentriert und ein wenig lauernd.

„Nur Fußball? Seit wann findest du Fußball zum Lachen?"

Es sei dieser Artikel übers Viertelfinale zwischen Turin und Real Madrid. Da habe sich einer furchtbar über den Schiri aufgeregt. Der hat Sachen gesagt – die sind zum Schießen.

„Echt? Erzähl!"

Es geht um Buffon. Gianluigi Buffon. Das sei ein Torhüter, der spiele für Turin …

„Halt mal, was heißt da, der spielt für Turin? Das ist doch der Nationaltorwart von Italien. Toller Mann. Rattenscharf. Ein Typ, so ein bisschen wie aus dem Film *Rocco und seine Brüder*. Interessant – was ist mit dem los?"

Eine Rote Karte habe er nach dem Spiel gegen Madrid bekommen. Weil er den Schiedsrichter beschimpft habe. Da, es gibt ein Foto von den beiden: Buffon, Dreitagebart, Mann gewordene Wut; er sieht aus, als würde er gleich einen totschlagen. Der Spielleiter: Engländer aus einer Schiedsrichter-Dynastie, mit blauem Trikot und einem Legionärshaarschnitt. Michael Oliver. Harter Hund, jüngster Unparteiischer in der Premier League. Keine Angst vor niemandem. Über-Ego.

Buffon blitzt sein Gegenüber mit zorngleißenden Augen an – und die Umstehenden haben aufgeschrieben, dass er sagte: „Setz dich neben deine Frau und iss 'ne Tüte Chips. Du hast doch kein Herz, in deiner Brust ist ein Müllkübel. Du weißt nicht, was du hier tust. Nichts hast du kapiert. Du hast nicht verstanden, welche Mannschaften da spielen. Du raffst nicht, was für ein Sport das ist. Respekt? Du hast keinen Respekt. Du tötest unsere Seelen. Nichts hast du kapiert. Geh scheißen.“

Hihi!

Barbara sagt, sie liebt den Mann für diesen Wutausbruch.

Gianluigi Buffon, Torhüter von Juventus Turin, ist gerade zum ersten Mal in seiner Europa-Karriere vom Schiri des Feldes verwiesen worden. Weil er im Viertelfinale gegen Real Madrid zum Unparteiischen gebelfert habe, er solle „zur Hölle“ gehen. Weil er sich, nach einer grandiosen Aufholjagd seiner Mannschaft, durch eine Fehlentscheidung um sein Sportleben (Buffon ist 40, noch einmal wird er wohl nicht mehr ums große Glück spielen dürfen) betrogen fühlte.

Er ist einer, der immer die Fäuste ins Gefecht gesteckt hat.

Und jetzt dieser Referee-Rambo aus Ashington, Northumberland.

Da muss man doch ausflippen. Und wenn man es als wahrer Macho nicht anders hinbekommt, dann darf es auch mal ein „Iss-’ne-Tüte-Chips“-Ausbruch sein. Oder?

„Na klar“, sagt Barbara. „Der Buffon darf so was sowieso. Toller Mann.“

Ja, ja, es ist angekommen. Der Buffon ist toller als der Rest.

Barbara macht die Stirn kraus. Nun bekommt sie diesen tückischen Blick mit den schmalen Augen.

Achtung!

„Du?“

Hm.

„Du, dieses Real ist also jetzt in der nächsten Runde?“

Hm. Ja.

„Und Bayern ist doch auch ’ne Runde weiter?“

Schon. Ja. Was ist die Frage, bitte sehr?

„Müssen die jetzt gegeneinander spielen?“

Das wird ausgelost.

„Ist ja spannend. Was macht denn dann der Herr Heynckes, wenn er gegen Real rausfliegt? Macht er es dann wie der Buffon?“

Jupp Heynckes hat nie „Geh scheißen!“ gesagt. Er hat es wohl oft gedacht. Aber er hat Anstand. Nein, so was sagt der Herr Heynckes nicht.

„Schafft er das?", fragt Barbara. „Wirklich?"

Manchmal treibt sie einen zur Weißglut, diese Frau.

Sturm und Drang

„Wer is dä Jung? Wo kütt hä her?"
Frühjahr 1964.
Der neue Gladbacher Trainer stand am Spielfeldrand und beobachtete die zweite Mannschaft. Das tat er gerne, denn bei den Reservisten entdeckte er immer wieder einen – vorzugsweise jungen – Spieler, aus dem sich was machen ließ.
Gerade sah er Jupp Heynckes zu. Der Junge bekam gar nicht genug. Der kannte nur den Vorwärtsgang. Noch ein Tor und noch ein Tor. Süchtig nach Sieg war der Jupp.
Der Mann am Spielfeldrand liebte das: die Suche nach talentierten Sportlern, nach Kerlen, die er formen konnte. Er baute sie auf – und dann passten sie in ein System, das die meisten Fachleute noch gar nicht verstanden.
Hennes Weisweiler – so hieß der Mann – hatte sich nach seiner aktiven Verteidigerzeit als Spielertrainer und mit kleinen Geschäften auf dem Schwarzmarkt durchgeschlagen. Er kam aus der Kölner Gegend – janz jenau: aus Erftstadt-Lechenich – und wollte auch nicht weg. Er war ein kölscher Kumpel durch und durch. *Dat es ene janz patente Minsch,* sagte man über den Hennes, mit dem Mann konnte man Pferde stehlen.
Er blieb also in Köln, machte seinen Trainerschein mit auffälligen Bestnoten, der Bundestrainer Sepp Herberger holte den Hennes als Assi.
Es funktionierte nicht, denn der Hennes hatte seinen eigenen sturen Schädel. Was der alte Herberger predigte, passte ihm nicht. Er hatte andere Sachen im Fußball vor, der WM-Titel von 1954 war

verstaubt, die Bundesliga würde kommen; er, der Hennes, war einer der jungen Wilden.

Nicht mal 35 war er da, die Haare schon sehr licht, kaum ein Wort Hochdeutsch im Gepäck. Aber Ahnung hatte er. Und eine Vision. Er wollte Tore sehen, er wollte seine Mannschaft nach vorne treiben, er wollte die jungen Spieler in ihren Begabungen fördern und ihnen die Angst nehmen.

Für das Leben hatte er seine Antworten auf der Gasse gelernt:

Wat kütt, dat kütt.

Von nix kütt nix.

Wat nit es, dat kann noch wäde.

Jede Jeck is anders.

Mach halblang, mer läv nur eimol.

Läver de dunkelst Kneip als wie de hellst Arbeitsplatz.

Hennes Weisweiler tat dem Fußball verdammt gut, als er begann, die Bundesliga mit Borussia Mönchengladbach aufzumischen. Der Weisweiler war ehrgeizig und lässig. Ein rüder Kämpfer und ein schlitzohriger Charmeur. Hart. Herzlich. Hundert Prozent Weisweiler.

Hennes Weisweiler kam im Trainingsanzug zur Arbeit, und das passte. Er feierte die Meisterschaften in Schlaghosen und gepunkteten, zu engen Hemden – auch das war der Hennes. Ein Hansdampf war er und ein unnachgiebiger penibler Arbeiter.

Wenn der Job gemacht war – also abends –, ließ er den Jungs ihre Freiheiten und nahm sich seine. Der Spieler Herbert Laumen nächtigte im Hotel oft benachbart zum Coach – da hörte er es dann regelmäßig nach Mitternacht rumpeln und pumpeln; der Trainer war von der Bar zurück und hatte im Matrosengang ein Möbel gerammt; dann hörte Laumen das ärgerliche Knurren des „Chefs" – und einen kleinen Augenblick später mahnte der verschlafene Assistent: „Hennes, geh ins Bett und gib Ruhe. Gleich is Aufstehen." Beim Frühstück saß Herr Weisweiler (mit verquollenen Augen zwar, aber sonst wie eine Eins) hellwach vor seinen Eiern im Glas.

Die Spieler liebten diesen Trainer. Seine Pädagogik hatte etwas Anarchisches. „Andere hauen die Schwachen, ich packe mir die Köpfe", erklärte er.

„Wer is dä Jung? Wo kütt hä her?"

Er wollte ihn haben, diesen Jupp Heynckes, der in der Reserverunde 44 Tore schoss. Eigentlich wollte er ihn presto, presto – aber da hatte es einen Transferfehler gegeben, und der Jupp musste erst einmal in der Zweiten stürmen.

Dann stieg er 1965 zusammen mit der Borussia auf. Später würde er sagen, das sei das „rauschhafteste Jahr" seines Sportlerlebens gewesen. Alles war so ungewohnt, jedes Tor machte ein großes Glück, jeder Sieg war ein Genuss. Und sie waren alle noch so unschuldig mit ihren 160 Mark im Monat und den maximal 1.000 Mark Prämien, die sie erstürmten.

Der Rausch.

Die Bundesliga.

Zusammen mit den Bayern stiegen die Borussen auf. Man lächelte in Deutschland. Nicht über die Bayern, aus denen könnte dereinst ein guter Verein werden. Aber dieses Mönchengladbach! Putzig. War nicht gleich nebenan die Grenze zu Holland? Sonst gab es über die Stadt am Niederrhein nichts Erwähnenswertes.

Weisweiler kümmerte sich einen feuchten Kehricht um die Häme. Er prägte die Mannschaft für zwei Spielergenerationen. Erste Regel: „Sind wir am Ball, spielen wir alle auf Angriff; umgekehrt spielen alle für die Abwehr, wenn der Gegner in Ballbesitz ist." Ganz einfaches Motto – das würde der Trainer Jupp Heynckes 50 Jahre später nicht anders postulieren.

Für vitale stürmische junge Männer wie Herbert Laumen war Hennes Weisweiler der Prophet. „Er hat sich mit den Spielern unterhalten, hat sie nach ihrer Meinung gefragt. Am Ende hat natürlich immer er alleine entschieden, aber er hat uns mit eingebunden, hat sich Rat gesucht, auch bei taktischen Sachen."

Laumen und seine Mitstreiter folgten ihrem Trainer ohne Fragen und ohne Zagen. Sie gingen auf den Platz und waren sich ihrer Sache sicher: Spaß wollten sie haben, sie wollten die *action*, nicht die Taktik. Sie rannten aufs gegnerische Tor zu, weil es dort am lustvollsten war.

„Wir wollten einfach nur Tore machen. Waren nicht zu bremsen, Hennes Weisweiler hatte uns Blut lecken lassen. Einmal haben wir

Schalke auseinandergenommen. Die haben wir mit 11:0 geschlagen. Mein Gegenspieler Friedel Rausch sagte: ‚Um Gottes willen, hört doch auf.' Dabei wollten wir die gar nicht vorführen."

Herbert Laumen kicherte immer, wenn er die Geschichte zum Besten gab. Mann, waren die klein, die großen Schalker. So winzig, mit Hut. Es hatte geschneit, niemand hatte geräumt. Ein paar Schalker waren mit Noppenschuhen aufgelaufen, nun schlidderten sie ins Armageddon. Nach 84 Minuten lagen sie mit 0:9 hinten. Man hatte genug – nur dieser unersättliche Heynckes nicht. Legte die Pille noch zweimal im Netz der Schalker ab. Dann hatte der Nachmittag ein Ende.

Am Montag schrieb die *Westdeutsche Zeitung*: „Eine tolle Fußballschau! Als ob sie mit Inbrunst und unerschütterlicher Vaterlandsliebe die Nationalhymne auf den Lippen hätten, so sangen am Samstag 15.000 auf den Rängen: ‚So ein Tag, der dürfte nie vergeh'n.'"

Heynckes war bester Laune. So liebte er seinen Sport. Und so liebte Hennes Weisweiler seine Spieler. Gierig. Nimmersatt. Bissig. Kämpferisch. Gewinnend.

Hermann Josef Weskamp hat zusammen mit Kurt Röttgen die Biografie des großen Hennes Weisweiler geschrieben. Er erklärt die Anfänge des Erfolgsmodells: „Borussia war bei Weisweilers Dienstantritt eine Provinzmannschaft, die ein paar sehr talentierte Spieler hatte, die aber über kurz oder lang abgewandert wären, hätte sich nicht der Erfolg eingestellt. Dann kommt ein Trainer, der eine sehr eigenwillige Vorstellung hat, Fußball zu spielen. Und dessen Meinung deckt sich mit der Meinung wichtiger Spieler wie Günter Netzer. Und dann hatte dieser Trainer einen unglaublichen Ehrgeiz, diese Mannschaft, die vorher nichts gewonnen hat, zu seinem eigenen Produkt zu machen und an die Spitze zu führen."

Ein Fighter war Hennes Weisweiler, einer, der auf der Straße gelernt hatte, wie man sich durchbeißt. Und wie viele andere auch, die es von ganz unten nach oben schaffen, hatte er einen Plan: Tore, Tore, Tore! Den Gegner unter Druck setzen! Die Jungs heiß machen und auf Temperatur halten! Nicht nach links und nicht nach rechts schauen! Den Glauben nicht verlieren!

50 Jahre später würde es ein gewisser Herr Heynckes nicht ein Jota anders haben wollen.

Was das denn für ein Laden sei, diese erste Mannschaft, wollte der schüchterne Jupp wissen. Sie haben es ihm dann schon gesteckt, die erfahreneren Mannschaftskollegen. Herbert Laumen, der als einziger Sohn einer Kriegswitwe in Lürrip aufgewachsen war und bei der Borussia mit neun Jahren angefangen hatte, konnte über den Verein von einst und den früheren Trainer, den alten Knorzen Fritz Langner, bös herziehen.

„Ich bin jeden Morgen um sechs auf Arbeit nach Düsseldorf gefahren. Am späten Nachmittag war ich wieder zuhause, völlig fertig, kann ich dir sagen. Schnell was gefuttert – und dann zum Training. Der Langner hat uns zwei Stunden rennen lassen. Manchmal komplett ohne Ball, nur traben, sprinten, traben, sprinten. Da biste plemplem geworden."

Der Jupp bekam Gänsehaut vor doofem Gefühl. Nie hatte der Langner gelobt, erzählte der Herbert. Auch am Freitag hat er den Jungs noch eine volle Einheit ins Programm gepackt – dem war egal, dass am Samstag gespielt wurde. Und zweimal in der Woche hat er nach dem Training 'ne Mannschaftssitzung angesetzt. Anwesenheit war Pflicht. Bei den Jungs haben die Lider längst auf Halbmast gehangen, aber der Langner hat ihnen „Schnittmuster" an die Tafel gekritzelt. Irgendwann nach Mitternacht war er endlich fertig. Er sagte: „Jungs, geht früh schlafen", und fand das auch noch witzig.

„Der hat nie gelobt. Nur Druck gemacht. Echt, da hat es Tage gegeben, da habe ich Fußball gehasst."

Noch mehr Gänsehaut. Der Herbert beruhigte den Neuen. Jupp, jetzt ist alles anders.

„Mit Hennes Weisweiler begann in Mönchengladbach eine neue Zeitrechnung. Der Trainer sagte: ,Ihr könnt auch mal schlechter spielen, Hauptsache, ihr arbeitet daran.' Er stellte komplett auf junge Leute um und ließ offensiv spielen: Bernd Rupp kam aus Wiesbaden, er passte perfekt zu unseren schnellen Angreifern, zu Jupp Heynckes und zu mir. Wir hauten alles weg, was an den Bökelberg kam. Die jungen Leute heute würden sagen: Es war eine geile Zeit."

Dreimal ist Borussia Mönchengladbach mit Hennes Weisweiler als Trainer Deutscher Meister geworden, einmal hat die Mannschaft den UEFA-Cup und einmal den DFB-Pokal gewonnen. Eine Menge Holz für einen Klub aus der Provinz an der Grenze zu Holland. Natürlich gab es Menschen, die den Hennes, diese ruppige Frohnatur, nicht mochten. Einige raunten, der Mann sei ein ungezogener Bierbold, Manieren habe er nicht, sein Selbstbewusstsein stinke zum Himmel. Aber es gab niemanden, der die Effizienz des Trainers Hennes Weisweiler in Zweifel gezogen hat.

Günter Netzer, einer von den Überbegabten, denen Weisweiler besonders gern die Ohren unter den Wallhaaren langzog: „Weisweiler hatte uns an die Spitze geführt, er hat aus diesem Provinzklub vom linken Niederrhein überhaupt erst eine nationale und europäische Größe gemacht, und seine Vorstellung von Fußball war die Grundlage dafür gewesen, dass man uns verklärte und zum Mythos erhob."

Wolfgang Kleff, Torhüter und einer, der vor nichts und niemandem Schiss hatte: „Die jungen Spieler hatten schon fast Angst vor ihm. Der musste eigentlich gar nichts sagen, der blickte nur eindeutig, und jeder wusste schon Bescheid. Er verlangte von den Spielern Mut im Spiel eins gegen eins. Das Offensivspiel war seine Stärke. Spieler wie Simonsen und Bonhof waren anfänglich, als sie zu uns kamen, wirklich blind. Weisweiler hat sich die Zeit genommen und mit ihnen intensiv gearbeitet und sie zu dem geformt, was sie später wurden – internationale Topstars."

Der ehemalige *Kicker*-Chefredakteur Karl-Heinz Heimann, der nie den distanziert-liebevollen Überblick verlor: „Hennes war Lehrer des Fußballs im wahrsten Sinne des Wortes und bis zum Schluss ein geradezu fanatisch Lernender. Er hatte die Begabung, Theoretisches und Praktisches miteinander zu verbinden. Weisweiler, als Spieler einer, dem Sicherheit über alles ging, war als Trainer ein geradezu fanatischer Anhänger des offensiven Spiels. Zu einem Zeitpunkt, da sich im deutschen Fußball weitgehend alles an der Sicherheit orientierte, brachte er frischen Wind in die Bundesliga. Die Begeisterung, mit der seine Gladbacher ‚Fohlen' stürmten, übertrug sich auf die Ränge in den deutschen Stadien."

Gelernt hat vor allem einer von Weisweiler: Jupp Heynckes kam mit 19 in die Schule des kölschen Gurus, kehrte nach einem Seitensprung ins niedersächsische Hannover wieder zurück zur Hennes-Truppe und hatte danach seine erfolgreichste Zeit als Spieler. „Er mochte mich von Anfang an, aber er hat auch viel gefordert. Es war ein perfekter Einstieg in meine Fußballerlaufbahn. Die erste Saison mit Hennes Weisweiler war die schönste und unbeschwerteste Zeit überhaupt. Wir spielten unbekümmert, wie im Rausch, freuten uns auf jedes Spiel. Und dann sind wir 1965 ja auch gleich aufgestiegen."

Man konnte sich schon einiges abgucken vom „Alten". „Weisweiler war eine unumstrittene Respektsperson, eine Autorität. Er war ein sehr ehrgeiziger Mensch, war nie zufrieden und hat stets nach Höherem gestrebt. Sein Ehrgeiz nach Perfektion war sehr ausgeprägt. Man könnte sagen, er war hart, aber herzlich."

50 Jahre später würde man in diesen Sätzen nur das „Hennes Weisweiler" durch ein „Jupp Heynckes" ersetzen müssen – die Aussage wäre korrekt.

Sein allerletztes Tor für Gladbach in einem offiziellen Spiel schoss Jupp Heynckes am 29. April 1978. In Düsseldorf spielten die Gladbacher auf „geliehenem" Platz gegen Borussia Dortmund. Sie rangierten mit einem miserablen Torverhältnis auf Platz zwei hinter dem 1. FC Köln, der sein Auswärtsspiel bei St. Pauli wohl gewinnen würde. Da war nichts mehr zu machen – Gladbach hatte sich mit der Vizemeisterschaft abgefunden. Ein Wunder war nicht geplant.

Für Heynckes war es das letzte Spiel seiner Karriere. Sein Körper machte nicht mehr mit. Die Knie schmerzten, er musste jetzt vernünftig sein. Seine Tochter Kerstin war nun fast neun, den Trainerschein hatte er in der Tasche, man hatte was Eigenes zum Wohnen und gut gehaushaltet. Noch ein schöner Auftritt – dann kam das Neue.

29. April 1978, Düsseldorf, es war halb vier. Schiri Biwersi pfiff an.

Hacki Wimmer flankte nach 27 Sekunden von links, Heynckes mit dem Kopf. 1:0. In der 12. Minute wurde der Mittelstürmer am Elfmeterpunkt angespielt, er wühlte sich mit dem Ball nach rechts, arbeitete sich an den Verteidigern vorbei, erkannte eine Lücke, lief nach rechts, schoss nach links, der Ball war im Tor. 2:0. Mönchengladbach stürmte, hinten standen drei Verteidiger rum, vorne rannten die Kollegen das Dortmunder Kollektiv sturmreif. Del'Haye stürmte an der Außenlinie vom Mittelkreis bis in den Strafraum, schoss. 4:0. Dann wieder Heynckes, der in eine Flanke des auf rechts attackierenden Wohlers rutschte. 5:0. Dreierpack.

Zur Pause stand es 6:0. In der anderen Partie, die die Meisterschaft entscheiden würde, hatten die Kölner auch mit dem Produzieren von Toren begonnen.

Tor Nummer 7 (Heynckes, 59. Minute, Kopfball), 8, 9...

Und dann der letzte Treffer des Jupp Heynckes für Borussia Mönchengladbach. Wimmer schlug den Freistoß von rechts, er verzögerte die Aktion, weil im Strafraum einer im Abseits stand, dann kam die Flanke hoch an den Fünfmeterraum. Heynckes stoppte den Ball so mit der Brust, dass er ihm vor den rechten Fuß fiel, er schoss, Torhüter Endrulat klärte mit einem Reflex. Heynckes war hinter seinem Schuss hergerannt, erreichte den Abpraller, stocherte, spitzelte, der Ball kullerte, Endrulat griff im Krabbeln danach, bekam ihn erst hinter der Linie zu fassen. Heynckes hielt sich nicht mit Jubeln auf, er drehte um und wollte mehr. Jetzt wollte er Meister werden.

12:0 schlugen die Gladbacher Dortmund – und es reichte nicht. Weil Köln in Hamburg mit 5:0 gewonnen hatte. Drei Tore fehlten zur Meisterschaft.

Die Triumphatoren heulten wie Schlosshunde.

Der neue Trainer Udo Lattek nahm schon in der Kabine das erste Frust-Kölsch. Die Spieler hatten das Gefühl, sie würden nach dem Duschen nicht in ihre Anzughosen steigen können – so weich waren die Knie.

Sie kletterten in den Bus und waren die Verlierer der Welt. Ein Fernsehteam filmte. Bonhof sagte, er wisse nicht, wie er mit diesem „Unglück" fertigwerden sollte. Lattek nahm sein fünftes Frust-Kölsch und erklärte, wenigstens „am Glas" werde man Deutscher Meister.

Viele sagten gar nichts, sahen aus dem Fenster und versuchten zu verstehen. Kloß im Hals, ansonsten Schockstarre.

Jupp Heynckes – geduscht, geföhnt, der Schlips gelockert – hatte sich schon wieder gefangen. „Das war ein harter Nachmittag, das musste erst einmal verdauen. Wir wurden immer von der Bank informiert, wie es gerade stand – und es war wie verhext. Uns wurde immer gezeigt, noch zwei Tore, ihr müsst noch zwei Tore aufholen. Das hörte nie auf, deswegen haben wir schon gemerkt, dass der FC Köln hoch führte."

Im Rathaus verdrückte sich Heynckes nach hinten und hörte gar nicht, wie der Kapitän Vogts zuerst die Kölner lobte, dann die eigene Mannschaft tröstete und schließlich erklärte, er „glaube, dass die Saison anders verlaufen wäre, wenn Jupp nicht eine längere Zeit verletzt gewesen wäre".

Was sollte es?

Man hatte verloren, man hatte sein Bestes gegeben. Mit wehenden Fahnen war man untergegangen.

Ein Scheißgefühl.

Der Sport.

Jupp Heynckes lernte Siegen und Verlieren bei der Borussia. Man nannte das Team „die Fohlen". Sie schienen so unbekümmert, so ausgelassen, so ungebärdig.

Sie waren einer der Vereine, die die Bundesliga so wundervoll belebten. Wo sonst sollte ein Tor in sich zusammenbrechen und daraufhin ein Stück aufgeführt werden, das den Chronisten Hans Günter Martin (*Borussia Mönchengladbach – ein Fußballklub stürmt an die Spitze*) an „eine Stummfilm-Klamotte mit Stan Laurel und Oliver Hardy" erinnerte?

Borussia und die Bayern rauften um die Meisterschaft. Am 3. April 1971 waren in Gladbach die Bremer zu Gast, es stand unentschieden, die Gastgeber wollten unbedingt den Sieg. Zwei Minuten vor Schluss hechtete Stürmer Laumen in eine Flanke. Er flog am Ball vorbei, mit Schmackes ins Netz.

Krawumm! Da war der Pfosten ab. Tor kaputt.

„Ich hing im Netz und hörte, wie leise der Pfosten knarzte. Schließlich sah ich aus dem Augenwinkel, wie das morsche Holz in

Zeitlupe neben mir abbrach. Ich musste in Deckung gehen, damit ich nicht von der Latte erschlagen wurde. Das war im ersten Moment überhaupt nicht lustig."

Auch in den Wochen drauf mochten die Gladbacher nicht übers Malheur lachen. Das Spiel war abgebrochen worden, die Bremer wurden nachträglich vom DFB-Gericht zum 2:0-Sieger erklärt (Begründung: „Ein Bundesligaverein ist eben kein Dorfverein. Er hat dafür zu sorgen, dass in angemessener Frist ein zusammengebrochenes Tor wieder sachgemäß aufgestellt werden kann."). Das Duell mit den Bayern dauerte an. Nach dem letzten Spieltag waren die Borussen gerade mal zwei Punkte vorn.

Und Herbert Laumen? Der hatte 20 Tore in 31 Spielen geschossen (Heynckes hatte es bei 33 Einsätzen nur auf 19 Treffer gebracht, das stank ihm schon). Aber geblieben ist das Bild, als er „wie ein Fisch in der Reuse" zappelte.

„Meine 121 Tore in 267 Bundesligaspielen sind ja keine schlechte Quote, das schaffen nur wenige. Aber der Pfostenbruch ist ewig. Danach gab es Aluminiumtore. Und ich bin unsterblich geworden."

Nach der gewonnenen Meisterschaft 1971 versammelten sich die Spieler zum Gruppenbild mit Hennes. Bügelfaltenhosen im gedeckten Grau. Collegesakkos mit dem Vereinswappen überm Herzen. Sehr bunter Schlips, das hatte schon etwas Hippiehaftes. Berti Vogts lächelte wie ein Tanzkursneuling und war blond gewellt. Hennes Weisweiler hatte sich auch gekämmt – wobei, das wäre dann auch nicht notwendig gewesen – und griente, als hätte er ein lecker Mädel in Aussicht. In der letzten Reihe schunkelten die, die schon einen zu viel gehoben hatten. Vorne saß der wuchtige Luggi Müller und wirkte wie der Bodyguard der Truppe. Hinter ihm kniete Jupp Heynckes, kantiges Kinn, den Fotografen fest im Blick, Raubtierzähne, gescheitelte Haare wie ein Helm. Ein gut aussehender Krieger mit blendender Laune.

Hinter ihm stand Günter Netzer. Hände in den Taschen. Lange, seidige Haare, frisch gemacht. Ein wenig abgesetzt von den Jungs. Der Blick von Günter Netzer – Genie am Ball, Revoluzzer, Disco-Betreiber, Ferrari-Fahrer – ging in die Ferne. Sehr, sehr gelangweilt war der Mann. Sehr anders. Eigentlich gehörte er nicht hierher.

Jupp Heynckes hat gern die Stones gehört. Als er zum wiederholten Mal mit den Borussen Meister wurde, war „Satisfaction" schon zum Klassiker geworden.

Irgendwie war die Stones-Nummer der Song des Jupp Heynckes. Und dann auch wieder gar nicht.

Wenn dieser Typ da im Radio kommt, dann labert er mich voll mit diesem überflüssigen Zeug.

Wenn ich vorm Fernseher sitze, und der Typ dann kommt und mir erzählen will, wie weiß meine Hemden sein sollten. Nee, der kann doch kein richtiger Mann sein, er raucht ja nicht mal dieselben Zigaretten wie ich.

Dann werd' ich ums Verrecken nicht zufrieden. Ich werd' und werd' und werd' nicht zufrieden.

Wohlfrisiert und mit einem Strahlen für den Fotografen kniete Jupp Heynckes in der zweiten Reihe und ahnte: Das war's noch lange nicht. Kein Grund zum Feiern.

Einer seiner Kumpels, der Günter, hatte sich schon aus Mönchengladbach verabschiedet. Von dem gab's noch die Hülle (die spielte Fußball, das war zum Gotterbarmen schön). Der Rest vom Netzer machte es sich schon in der großen weiten Welt schick.

Die anderen Kollegen waren zufrieden mit dem, was sie hatten. Sie trugen das Haar kurz und hatten so gar nichts von den Achtundsechzigern lernen wollen. Die folgten dem Trainer auf seinem Erfolgsmarsch durch die Bundesliga und waren zufrieden.

Aber was war mit Jupp Heynckes?

Er ahnte es auch noch nicht. Er wollte noch mehr Tore, er wollte den Müller Gerd als Schützenkönig wegballern, er wollte mit seiner Iris Wohlstand und für seine Tochter etwas Besseres.

Vor allem aber kam in seinen Plänen immer wieder eine Vokabel vor:

FUSSBALL

Beruf: Stürmer.

In der ersten Mannschaft von 1963 bis 1978.

Für Hannover 96 86 Spiele und 25 Tore – da lief es nicht rund.

Für Borussia Mönchengladbach 308 Ligaspiele und 218 Ligatore.

Zweimal Torschützenkönig.

Es waren viele Aufs, es hat derbe Abs gegeben.

Schon als Spieler hat Jupp Heynckes den „normalen" Fußballbetrieb verlassen. Der Alltag war dazu da, die „Endspiele" vorzubereiten. Es ging von Anfang an um die „großen Spiele, die Endspiele".

Es war wie in gigantischen Tennismatches: Die Spieler kämpfen sich durch drei, vier, viereinhalb Sätze …

… dann der Showdown. Jeder Ballwechsel kann entscheidend sein. Du stehst mit dem Rücken an der Wand. Du gewinnst oder du verlierst. Zweiter ist Scheiße.

Oder beim Boxen: 14 Runden. Offene Schlacht. Tausendmal berührt, tausendmal ist noch nichts passiert. Dann die letzte Runde. Jeder Schlag kann der letzte sein. Jeder Schlag tut weh. Und das Schlagen tut auch weh. Du gewinnst oder du liegst am Boden. Zweiter Sieger – was für ein Unglück!

Da, wo Jupp schon so bald angekommen war, lebte es sich nicht komfortabel. Aber es war spannend, fesselnd, er wollte es nicht anders.

Es war „ein Wirbel wie in einer Champagnerflasche, voller Kabinettstückchen, voller Kombinationen, die uneinsehbar waren, dazwischen der raumgreifende Schritt Netzers, der mit seinen Zuspielen das Spielfeld bis in seine letzten Leerstellen auszirkelte". So schwärmte Helmut Böttiger, nachdem Gladbach Inter Mailand mit 7:1 abgefieselt hatte. Weil aber der italienische „Schauspieler" und Berufsfußballer Boninsegna nach einem „Büchsenwurf" simuliert hatte, er werde gleich auf dem Feld versterben, und ins Krankenhaus gebracht werden musste, wurde das Spiel wiederholt, und die Gladbacher flogen aus dem Europapokal.

Großes Drama! Böttiger schrieb, die „Magie der Gladbacher rührt nicht vom Erfolg, vom Glanz der Siegertypen, sondern vom Scheitern. Die Gladbacher Ästhetik ist eine Ästhetik des Scheiterns."

Quatsch! Nach dem Gewinn des Europapokals gegen Enschede schrieb Carl Kohlhaas 1975: „Nach dem Wechsel lief Heynckes zu Weltklasseform auf. Er war von der holländischen Abwehr nicht mehr zu fassen. Herbert Wimmer, Dietmar Danner, Berti Vogts, Rainer Bonhof trieben das Leder immer wieder zu den lauernden Sturmspitzen. Hinten bildeten Wolfgang Kleff, Jürgen Wittkamp, Frank Schäffer und Hans Klinkhammer einen kaum zu überwindenden Abwehrblock."

Da war der Netzer schon weg. Weg in der weiten Welt. Hatte noch einen letzten großen Auftritt gehabt. In der Verlängerung des Pokalfinales gegen den 1. FC Köln wechselte er sich selbst ein („Trainer, ich spiel' dann mal"), schoss sofort das Siegtor – dann gab es beim Chronisten der *FAZ* kein Halten mehr: „Netzers Gang auf das Feld, das Einüben der im Warten hart gewordenen Muskeln, die Lockerung des im Schmollen verschlossenen Gesichts, das Herausrecken des starken Brustkorbs, die ausladenden Schultern, die blonde, nackenlange Mähne, das unterschied ihn von allen Abgekämpften. Es war, als hätte für das Wiedereintreten des spielentscheidenen Helden das ganze griechische und trojanische Heer noch einmal seine Augen gerichtet auf jenen uralten Augenblick, in dem der schmollende Held Achill wieder auf dem Schlachtfeld von Troja erschien, um den erschöpften Kampf zu lösen und zu beenden."

Huch! Das sind ja nun mal Sätze!

Hennes Weisweiler – Gott sei bei ihm – würde das Glas heben und auf einen Zug leeren. Er würde sich schütteln und dann brummen: „Wat 'n Jedöns!"

Jupp Heynckes würde in den kommenden 50 Jahren immer wieder solche Situationen erleben und solche Sätze lesen. Mit 70 spätestens würde er dann still lächeln und sich jeden Kommentar verkneifen. Wenn ihn wirklich jemand nach der Faszination des Augenblicks fragen würde, dann gäbe es ohnehin nur die kürzestmögliche Antwort: Es ist Sport.

Die anderen:
Paul und Uli

Als Jupp Heynckes mit fünf Toren in seinem letzten Bundesligaspiel gegen Dortmund seine Zeit als Aktiver beendete, hatte der Kollege Uli Hoeneß noch ein knappes Jahr als Profi vor sich. Dann musste er wegen einer Knieverletzung mit 27 Jahren aufs Altenteil.

Das schmerzte.

Hoeneß schmiss eine Party. Es wurde die Dokumentation der Filmemacher Christian Weisenborn und Michael Wulfes gezeigt, die Hoeneß und seinen Spezl Paul Breitner in der Fußballwelt begleitet hatten.

Hoeneß sagte da, ihm stinke einiges sehr. Fußball verkomme zum kalten Geschäft, das könne doch nicht alles sein. „Unser Sport bewegt sich in eine Richtung, wo die zwischenmenschlichen Beziehungen immer kleiner und das Geld, der Profit immer größer geschrieben werden. Ich werde versuchen, das Menschliche immer in den Vordergrund zu stellen."

Zu diesem Zeitpunkt steckte Heynckes schon mittendrin im seelenlosen Business Bundesliga. Der Cheftrainer der Borussia Udo Lattek verstrickte ihn, den Assistenten, in eine würdelose Intrige. Alles Zwischenmenschliche wurde mit Füßen getreten, es ging um die gekränkte Eitelkeit von Lattek, einer Macho-Diva des Fußballs.

Und obwohl er erst am Anfang seiner Trainerlaufbahn stand, bewährte sich Heynckes. War nicht immer gelassen. Manchmal übermannte ihn jäher Zorn. Manchmal war er beleidigt. Das Reden in der Öffentlichkeit mochte er nicht, schnell geriet er ins Stottern.

Die letzte Unbeschwertheit war dahin. Heynckes – 34 und als das große „Trainertalent" der Liga gehandelt – musste Erfolg bringen. Das machte das Leben nicht lässiger. War er vielleicht schon zu Beginn seines „neuen Lebens" ein „Auslaufmodell"? Würden bald die Lauten, Frechen übernehmen?

Einer war der Breitner Paul. Der ließ sich nicht verarschen. Legte sich mit allen an, denen sein Bart nicht gefiel. Breitner war einer, der die Stutzen zu den Knöcheln schob, wenn der Schiedsrichter mahnte, er solle sie über die Schoner an die Knie ziehen. Breitner gewann den WM-Titel, weil er eigenmächtig einen Elfer schoss und verwandelte – beim Bankett paffte er Zigarre und lederte gegen die Funktionäre los, die die Spielerfrauen nicht eingeladen hatten. Beim FC Bayern München gab Breitner den Kommunisten, lobte den Mao und erklärte, der Strauß Franz Josef sei ein verkappter Nazi. Wenn er spielte, verschliss er sich. Und dann war er wieder das Musketierpendant zum Uli Hoeneß.

Waren die Breitner-Typen die Zukunft des Fußballs? Ging es um die Show und das Lautsprechen? War's das für einen Zurückhaltenden wie den Jupp Heynckes aus der Provinz? Wie sollte dieser junge Mann bestehen?

Zurück zum 27-jährigen Hoeneß. Der konnte etwas, worum ihn Heynckes noch Jahrzehnte später beneidete. Der Hoeneß verkaufte sich und seine Anliegen prächtig. Er hätte sich auch – wie sein konservatives Vorbild Franz Josef Strauß – als Ananaszüchter und Eisschrankverkäufer in Alaska durchgeschlagen.

Doch es gab für Uli Hoeneß nur die eine Vision: Er wollte Bayern München zu einem der erfolgreichsten Fußballklubs auf dem Globus machen. Drunter dachte er nicht.

Menschlichkeit und Kasse-Machen – Uli Hoeneß brachte es unter einen Hut. Ein knallharter Verhandler ist er gewesen. Strippen ziehen konnte er wie ein Bismarck. Machtspiele beherrschte er wie ein Machiavelli. Gestritten hat er wie FJ Strauß. Und das alles, vor allem, für den Fußball.

Nebenbei managte Hoeneß eine Wurstfabrik (sein Vater war

Metzgermeister gewesen), nebenbei ein bisschen Gespiele an der Börse. Das Wichtigste war aber immer der Sport und der FC Bayern München. Neue Spieler finden, verdiente Spieler bei Laune halten, Spieler tauschen und kaufen und verkaufen. Trainer heuern und feuern. Die Pressemeute zähmen. Ein Stadion bauen.

Hoeneß' Leben hat Dellen gehabt. Er ist nach einem Flugzeugabsturz als einziger Überlebender durch den Wald geirrt und halbtot von einem Förster gefunden worden. Hoeneß hat sich berappelt, nach dem Unglück war er kämpferisch wie nie zuvor. Er hat sich in seiner Börsen-Spielsucht verzockt, kam wegen Steuersachen in den Knast. Kurz bevor er einfuhr, rief er auf der Bayern-Jahreshauptversammlung in den Saal, „Das war's noch nicht. Ich komme wieder!", und war nach Verbüßen der Strafe wieder da.

Nach dem Gefängnis hätte er es sich gemütlich einrichten können. Doch Uli Hoeneß konnte das nicht. Er kann es noch immer nicht. Ihm fällt gar nicht auf, was für ein abenteuerliches Lebenswerk er da geschafft hat.

Wenn er die Stadt im Norden verlässt, passiert er die Allianz Arena. Die gäbe es ohne ihn nicht. Die steht auch noch da, wenn er nicht da ist.

Der FC Bayern wird in aller Welt geliebt. In China leben die Fans, in den Vereinigten Staaten, in Südafrika wie in der Hallertau. Der FC Bayern steht für gute Gefühle und Erfolg. Hoeneß ist schuld.

2018 gewinnen die Bayern – trotz miserablen Starts in die Saison – die Meisterschaft. Hätte Hoeneß nicht den Jupp geholt, stünden sie mit leeren Händen und einem Packen Probleme da.

Die ganze Zeit waren Heynckes und der Macher aus München befreundet. Heynckes besuchte Hoeneß im Knast, er hielt zu ihm, auch in den miesen Zeiten.

Und wenn er 2017 sagte, er „mache" es noch einmal bei den Bayern, weil er „als Freund dem Uli helfen" wolle – dann hat er das so gemeint.

Den Paul Breitner hat er 2017 nett gegrüßt. Und der Paul Breitner musste erkennen, dass seine Reden leiser und die Taten des Herrn Heynckes immer größer geworden waren.

Todeszone

So oft haben die Münchner in der Vergangenheit gegen Real Madrid verloren. Bittere Momente sind das gewesen. Jetzt, kurz vor dem Champions-League-Finale in Kiew, müssen sie wieder gegen die Spanier antreten. Diesmal – sie sind sicher, ja, sie sind sicher – werden sie die Sieger sein. Zuerst kommen Reals Stars nach München.

Auf Gedeih und Verderb

Unten am Rasen losten die Parteien nun um die Sonne-im-Rücken-Seite und – „das sind die besten der seligen Fußballspieler", hörte Hansl seinen Nachbar sagen; und als er ihn ansah, nickte ihm dieser freundlich zu: Da erkannte er in ihm jenen guten alten Herrn, der ihn einst vor dem dicken Karl verteidigte; noch hielt er den Rohrstock in der Hand, mit dem er dem Raufbold damals drohte. Wie der dann lief!
Unermessliche Seligkeit erfüllte des armen kleinen Buben Herz.
Das Spiel hatte begonnen, um nimmermehr beendet zu werden, und die Zweiundzwanzig spielten, wie er noch nie spielen sah. Manchmal kam es zwar vor, dass der eine oder andere dem Balle einfach nachflog (es waren ja auch lauter Engel), doch da pfiff der Schiedsrichter (ein Erzengel) sogleich ab: wegen unfairer Kampfesweise.
Das Wetter war herrlich. Etwas Sonne und kein Wind. Ein richtiges Fußballwetter.
Seit dieser Zeit hat niemand mehr den armen kleinen Buben auf einem irdischen Fußballplatze gesehen.

Ödön von Horváth, 1924

Es beginnt eine große Woche für den Fußball. Die Besten Europas sind nach München gekommen und wollen sich mit den Spielern des Jupp Heynckes messen. Es ist ein Halbfinale, das sich wie ein Endspiel anfühlt.

Real Madrid! Das sind die Unschlagbaren. Das ist ein Trainer Zinédine Zidane, der als Spieler alles gewonnen hat und nun die Sportler zur Perfektion antreibt. Das ist Ronaldo, einer, der gleich einem Fußballengel den Bällen nachfliegt. Das ist eine Schar von Siegern. Wer soll sie in die Knie zwingen?

Wir, sagt Jupp Heynckes, der alte Mann von der Säbener Straße. Er klopft seinen Kriegern auf die Schultern und schickt sie ins Gefecht. Ihr macht das schon. Ernst nicken sie und ziehen in eine großartige Woche des Fußballs.

Heynckes – ganz in Dunkelblau, maßgeschneidert, der „Don" ist drahtig und optimistisch – schickt die Mannschaft vom 0:0 gegen Sevilla ins erste Halbfinale. Keine Experimente. Ulreich, Kimmich, Boateng, Hummels, Rafinha, Martínez, James, Robben, Müller, Ribéry. Lewandowski.

Die Maschinerie wie gehabt. Heynckes lässt sich nicht beeindrucken von den vielen Besserwissern. Lewandowski hat zwar im Augenblick nicht gerade einen Lauf – aber das wird schon wieder. Die Defensive ist sturmsicher. Die Mittelfeldleute werden nach vorne marschieren. Müller, Robben und Ribéry zerren an den Ketten.

Das Auge von Robert Lewandowski – vor mehr als einer Woche grün und blau geschlagen – ist jetzt nur noch blasslila, nicht mal mehr kreisrund ist die Verfärbung. Lewandowski lächelt nicht, sehr konzentriert ist er. Fast so ernst wie Kimmich, der wieder mal sein Beisetzungsgesicht aufgesetzt hat.

Die Gegner sind so lässig wie am Vortag schon. Da flanierten sie über den Münchner Flughafen und sahen eher aus wie Models. Das sollten Sportler sein? Eher nicht, dazu waren sie zu schön.

Ronaldo war am Wochenende noch beim Friseur, die Spitzen hat er ein wenig blondieren lassen, den Nacken rasiert. Dieser Kult, den er um sich treibt, lenkt leicht davon ab, dass er gefährlich ist wie eine Viper. In den letzten Tagen ist in München ein großes Thema gewesen, ob man diesen Ronaldo ausschalten kann. Wenn ja, vielleicht haben die Bayern dann Chancen.

Schiedsrichter Björn Kuipers aus den Niederlanden pfeift an, die Bayern arbeiten sich mit präzisem Passspiel nach vorn. Robert Lewandowski flankt nach 24 Sekunden hoch und scharf in den Strafraum, Thomas Müller fliegt vorbei. In der Kurve haben sie schon „Tor!" gebrüllt.

Chance Madrid.

Handspiel gegen Ribéry? Nein. Weiter.

Das geht unvermittelt los. Kein Abtasten. Kein „Aufwärmen". Da fackelt niemand lang. Das Tempo ist zu hoch für den Anfang einer langen Partie.

Robben rennt. Er hat plötzlich einen großen Schreck im Gesicht, eine Hand greift an den Oberschenkel. Robben bremst, bleibt stehen. Er beugt sich hinunter, stützt sich mit den Händen an den Oberschenkeln ab. Dann schüttelt er kaum merklich den Kopf, der Schreck im Gesicht ist einer großen Trauer gewichen. Robben winkt, humpelt zur Außenlinie, der Doc sprintet heran, tastet den Muskel ab. Die Untersuchung dauert keine Minute, dann machen sie ein Zeichen zur Bank. Robben muss ausgewechselt werden. Nach acht Minuten kommt für ihn Thiago.

Nach 20 Minuten ist Ronaldo das erste Mal durch, Boateng klärt. Die Spanier rücken dichter auf, sie sind jetzt aggressiver. Die Bayern wirken ein wenig lässig, die Pässe kommen nicht immer genau, die Münchner lassen den Gegnern viel Raum. Kimmich, der Kämpfer, geht dynamisch nach vorn, schließt seine Flügelläufe mit gefährlichen Flanken ab – beim Verteidigen ist er aber nicht ganz sicher.

Das ist gar nicht gut, Real erhöht den Druck.

In dieser Phase spielen sich die Münchner rechts frei. James schickt Kimmich, der läuft von der Mittellinie gerade in den Ball hinein, überquert die Strafraumbegrenzung, zieht ein wenig nach links. Er ist schnell, er ist nicht zu stoppen, er schießt. 120 Stundenkilometer. Kurzes Eck. Drin.

Das macht Kraft, bei Madrid müssen sich die Spieler erst wieder berappeln.

Boateng erobert den Ball an der Mittellinie. Treibt ihn flott nach vorn. Legt ihn sich selbst ein wenig weit vor, muss einen langen Schritt machen, um dann den Ball noch sauber zu passen.

Danach bleibt er sofort stehen. Er muss nicht mal umfallen. Er weiß: Das war's. Diesen Schmerz kennt er. Die Adduktoren sind mal wieder gerissen. Das tut höllisch weh, das ist nicht mit einem Kältespray zu behandeln. Aus für heute.

Der Doc führt Boateng in die Katakomben und macht sich an die Erstversorgung. Fest zurrt er die Bandage um den Oberschenkel. Von ferne kommen die Geräusche des Spiels. Süle hat die Position von Boateng übernommen.

Der verletzte Spieler weiß gar nicht, wohin mit seinen Gedanken. Ob der Süle gut in die Partie kommt? Das wird jetzt zu einer echt anspruchsvollen Aufgabe für Mats Hummels. Der hat sich so gut an die Zusammenarbeit mit Boateng gewöhnt. Gerade in so einem schnellen harten Spiel musst du jederzeit wissen, was dein Nebenmann tut. Die Kollegen vorne verlassen sich darauf, dass die hinten den Laden sauber halten. Ein Fehler der Innenverteidiger ist kaum zu reparieren. Und jetzt muss der Mats mit Süle harmonieren. Kacke ist das, aber die werden's schon richten.

Scheißoberschenkel. Jetzt hatte er endlich das Gefühl, er wäre wieder ganz auf dem Damm – und nun das! Ende 2017 hatte er sich in der *Süddeutschen* mal richtig ausgekotzt. „Eine finstere Zeit" habe er hinter sich, sagte er. „Die Schnauze habe ich voll gehabt. Ich wollte nicht gleich wieder in die nächste Verletzung reinrennen. Davon habe ich zuletzt wirklich genug gehabt. Viele Jahre habe ich nichts gehabt, und dann kam alles mit Vollgas."

Bündelweise sind die Muskeln gerissen, zweimal. 2016 musste er im EM-Halbfinale gegen Frankreich vom Platz. Da war er selbst schuld, erkannte er danach, er war nicht hundertprozentig fit ins Spiel gegangen. Ein falscher Körpereinsatz. Das war's.

Monate dauerte die Regeneration. Da hatte er viel Zeit nachzudenken. „Man hat ja immer Druck, vom Verein, aber auch von sich selbst, und dann spielt man auch mal, wenn man eigentlich noch nicht spielen sollte. Ich hatte zu schnell zu viel gewollt. Das will ich nie mehr erleben."

Dann erwischte es ihn an der Schulter. Im Dezember 2016 schied er wieder aus dem Spielbetrieb aus. Es war ein fürchterliches Gefühl. Es war, als würde er „in einem anderen Körper stecken".

Boateng zählte nun zu den Dauerverletzten, die jeder gute Verein durchziehen muss. Er brauchte viel Geduld, die Physios brauchten einen langen Atem – und Boateng erfuhr, wie schnell die Menschen einen Sportler abschreiben, dessen Körper wohl nicht mehr zu Hochleistungen imstande ist. „Es war interessant zu sehen, welche Leute nur da sind, wenn es einem gut geht – und welche nicht."

Weg war sie nun endgültig, die Unbekümmertheit früherer Zeiten. Boateng war 29 – und zum ersten Mal fühlte er sich alt. „Wenn ich im Spiel an der Schulter müde wurde, habe ich falsche Bewegungen gemacht und fehlbelastet, und dann ging's diagonal durch den Körper. Am Ende waren es dann die Adduktoren und die Oberschenkel."

Zu Beginn der laufenden Saison fehlte Boateng, wieder wegen einer Oberschenkelverletzung. Er hatte ein solides Comeback gegen Anderlecht, es folgte ein Kurzeinsatz und gegen Wolfsburg ein Spiel über 90 Minuten.

Dann das Champions-League-Spiel gegen Paris Saint-Germain – und Boateng war nicht im Kader. Er war geschockt, verunsichert, sauer auf Trainer Ancelotti. „Er hat mich anders trainieren lassen, als ich es gewohnt bin. So konnte ich nicht völlig fit werden. Aber ich war bereit und habe mich aufs Spiel gefreut."

Heynckes hat eine Menge Ahnung von Muskeln. Sachte hat er zusammen mit Hermann und Gerland den Innenverteidiger aufgebaut. Seit Monaten nun ist Boateng zuverlässig wie in den besten Zeiten. Und just in diesem geilen Spiel gegen Real macht er den einen langen Schritt, und die Adduktoren jaulen auf. Es ist zum Heulen.

Der Schlagabtausch draußen auf dem Feld geht weiter. Die Bayern sortieren sich. Heynckes spricht mehrfach mit Müller, mit Hummels, mit Martínez. Jetzt Ordnung im Spiel halten, jetzt erst einmal die Pause erreichen.

Foul an Rafinha vor der Bayern-Bank. Sofort sind alle auf den Beinen. Es wird ruppig.

Die Bayern ziehen sich nicht zurück, sie sind stürmisch.

Noch eine Ecke. Diesmal auf Lewandowski, der leitet zu Hummels weiter. Hummels hat nicht viel Platz und steht quer zum Tor, aber er nimmt den Ball direkt mit dem Kopf. Netter Versuch, drüber.

Müller mit Großchance. Die Flanke kommt von Rafinha, Müller schießt scharf und platziert von der rechten Strafraumecke aus. „Tooor!", schreien sie in der Kurve. Doch Varane schiebt eine Hüfte in die Flugbahn des Balles und klärt.

Eine Minute später – es sind noch 60 Sekunden in der ersten

Halbzeit zu spielen – pennen sie kollektiv in der Bayern-Abwehr. Dani Carvajal köpft den Ball von der rechten Strafraumbegrenzung hoch nach innen. Das ist nun wirklich keine gefährliche Situation. Ronaldo steht mit dem Rücken zum Tor, setzt zu einem Fallrückzieher an, überlegt es sich und lässt es sein, weil der Ball zu hoch in der Luft kommt. Die Bayern ringsum schauen zu, greifen nicht ein, der Ball kommt zur Erde. Da jagt aus dem Rückraum der Real-Verteidiger Marcelo (die *Süddeutsche* hat an diesem Tag noch vor dem unberechenbaren Brasilianer mit der „Storchennester-Frisur" gewarnt) und versucht sich an einem Spannschuss aus rasendem Lauf. Er trifft rechts unten.

1:1. Pause.

Was soll Jupp Heynckes sagen? Die Verteidiger wissen es selbst, dass sie gerade „eklatant" gepatzt haben. Jetzt müssen sie den Kopf frei bekommen und nicht irre werden.

Jérôme Boateng hat etwas gegen die Schmerzen genommen. „Kommt, Jungs, haut ran. Wird schon."

Lewandowski ackert unbeirrt – weiterhin hat er kein Glück. Nach einem Freistoß ist er unbewacht, Zeit hat er und Platz – aber er köpft in die Arme des Torhüters.

Ribéry stürmt immer noch. 35 ist er jetzt und schafft immer noch 33 Stundenkilometer, wenn er schnellstmöglich rennt. Seit fast einer Stunde arbeitet sich Ribéry ab. Es wird eines seiner besten Spiele der letzten Jahre sein. Er wird flanken, dass es eine Pracht ist. Er wühlt sich an den Verteidigern vorbei und stürmt aufs spanische Tor zu, schießt und scheitert am Torhüter, der angeblich gar nicht so gut sein soll.

57. Minute. Rafinha hat einen Blackout. Schlimmer Fehlpass, so was ärgert selbst Landesligisten. An der Mittellinie passiert es, Asensio und Vázquez reagieren am schnellsten. Tiki-Taka, zack, zack! Zuletzt ist Asensio am Ball. 2:1.

Ribéry ist wütend. Eine Minute nach der Real-Führung versucht er es aus spitzem Winkel. Neun Meter zum Tor. Harter, ziemlich platzierter Schuss. Der Torhüter pariert. Ribéry greift sich an die Schläfen, wischt den Schweiß vom Schädel, rennt weiter.

Noch eine Chance. Lewandowski vergibt. Im Sport-Ticker liest sich das so: „Lewandowski lässt den Ausgleich liegen! Aus dem Zentrum rollt ein Tolisso-Pass durch die Schnittstelle, Bayerns Topstürmer nimmt die Kugel nach rechts mit. Aus sechs Metern will er den Ball über das Bein von Navas heben, bleibt aber am Schlussmann hängen."

Heynckes dreht sich entsetzt um.

Noch mal Ribéry, noch mal dieser Tausendsassa im Tor von Real.

Kimmich. Müller und Lewandowski müssten es jetzt machen, so nah sind sie am Tor, aber sie behindern sich gegenseitig.

Schlusspfiff.

Heynckes ist erst einmal ohne Worte. Gratuliert dem Kollegen Zidane und ist für ein paar Minuten weg.

Bei Boateng wirken die Schmerzmittel jetzt auch nicht mehr. Robben ist zum Heulen. Der junge Kimmich hat so eine Wut. Thomas Müller stellt sich dem Fernsehen. Er hat harte Augen und blafft, dann müsse man es eben im Rückspiel richten.

17:7 Torschüsse, 10:3 Ecken und 60 Prozent Ballbesitz …

Enttäuscht sei er, sagt Jupp Heynckes. Aber das letzte Wort sei noch nicht gesprochen.

El País: „Real fliegt mit dem Autopiloten. Bayern hatte Real bis zum Schluss in den Seilen. Real ließ zu viel zu und bot außer den Toren kaum etwas, was einen Sieger ausmacht."

AS: „Real ist unzerbrechlich. Tore von Marcelo und Asensio und sonst wenig. Ohne gut zu spielen, überlebte Real das Tor von Kimmich. Lewandowski erwischte keinen guten Tag. Sehr gutes Resultat von Real, sonst gibt es kaum was zu beschönigen. Ribéry ist zehn Jahre jünger geworden. Er zeigte sich frech, hartnäckig und schnell. Beeindruckend die offensive Ausrichtung von Heynckes von Beginn an. Der schwere Patzer von Rafinha bringt Bayern in die Bredouille. Trotzdem: Es bleibt spannend, und im Rückspiel ist noch alles möglich."

Sport: „Real Madrid dreht das Spiel gegen Bayern und streichelt am Finale. Real war abgezockter und nutzte die schweren Fehler der Deutschen, um das Spiel zu drehen. Die anfängliche Verletzung von Robben zerbrach Heynckes' Schlachtplan. An fast allen gefährlichen Torszenen der Bayern war Ribéry beteiligt. Bayern muss jetzt die Heldentat im Bernabeu-Stadion suchen."

El Mundo Deportivo: „Real ist näher am Finale von Kiew nach dem Sieg in München. Die Weißen nutzten ihre Chancen gegen ein Bayern, das viel mehr verdient hätte. Mit sehr wenig holt sich Real einen Erfolg, der Gold wert ist. Das ist für Real aber noch nicht durch, das werden jetzt noch mal 90 emotionsreiche Minuten in Madrid."

Es beginnt eine Woche fürs Lehrbuch. Jupp Heynckes gibt einen Tag frei, am Wochenende schickt er eine Mannschaft von Talenten ins Bundesliga-Geschehen – die Mannschaft gewinnt. Und in der Kernelf rücken sie zusammen. Die Spieler von Bayern sind zuversichtlich, sie lachen viel, manchmal lachen sie grimmig. Im Training sind sie laut und entschlossen.

Sie wollen nach Madrid.

Sie haben was vor.

Angst? Nein: Vorfreude.

Fighting spirit.

Wie oft Jupp Heynckes solche Situationen erlebt hat? „Sehr oft", sagt er, vielleicht sei dieser Ausnahmezustand die treibende Kraft bei vielen Fußballern der Extraklasse. Sie mühen sich durch die Vorrunden und die Hauptrunden, sie bewähren sich in Achtel- und Viertelfinals. Und dann stehen sie in einem Endspiel. Da gibt es kein Grau mehr, da ist es Schwarz und Weiß, einer gewinnt, der andere verliert. Das sind die Kämpfe in der Todeszone. Keine Ausreden mehr. Das ist nur noch etwas für die „Ledernacken".

Karl Jaspers – Philosoph mit großer Nähe zum Sport – hat geschrieben: „Was der Masse versagt bleibt, was sie als Heroismus bewundert, das bringen die waghalsigen Leistungen Einzelner zur Anschauung. Sie sind auch die Opfer, in deren Anblick die Masse begeistert, erschreckt und befriedigt ist und die zu der geheimen Hoffnung Anlass geben, auch selbst vielleicht zum Außerordentlichen zu kommen."

Was der philosophierende Psychiater hier in hehren Worten beschreibt, diesen Moment der Grenzerfahrung im Sport, das hat sich dem Tennisspieler Boris Becker folgendermaßen eingeprägt: „Ich musste loskommen von den Emotionen – Centre Court, das Schicksal selbst in der Hand zu haben, vor Millionen Menschen zu siegen oder zu verlieren, und alles, was danach passiert, im Guten wie im Schlechten, hängt am nächsten Schlag. Ich habe das 15, 17 Jahre lang erlebt. Es klingt kitschig, aber für mich war es ein Kampf auf Leben und Tod; wenn der Schläger spitzer gewesen wäre, wäre mitunter einer von uns liegen geblieben. Es war wie die Komprimierung auf einen winzigen Moment auf dem Centre Court."

Sechs Tage nach der Niederlage in München marschieren die Bayern bei Real ins Bernabéu-Stadion wie Eroberer, die überzeugt davon sind, dass sie nun die Festung einnehmen werden. Da ist Müller, der an diesem Abend das Lächeln vor dem Match weglässt. Da ist Lewandowski, in dem der Trotz gärt – lang genug ist er schlechtgeredet worden, heute zeigt er es den Leuten. Da ist Ulreich, in sich gekehrt, ein Hundertprozentiger, der keine Fehler macht, keinen Fehler machen darf. Da ist Ribéry, vor dem sie in Madrid mächtig Muffen haben. Und der Trainer gibt dem Kollegen Zidane freundlich die Hand – das kann man auch so interpretieren: Der Alte verabschiedet den Jungen aus dem Turnier.

Und da ist David Alaba. Der kann wieder spielen. Der Verteidiger erklärt: „Ich bin bereit. Ein Halbfinale in der Champions League in Madrid – was gibt es Schöneres? Es gibt keinen Ersatz dafür, wenn es um alles geht. Ich liebe diese Tage. Dafür stehst du einfach auf dem Fußballplatz. Für mich ein Traum."

Er hat sich von seinen Mannschaftskameraden in den vergangenen Stunden abgesondert. „Jeder hat seinen eigenen Weg, um mental auf der Höhe zu sein. Ich bin einer, der sich in dieser Phase speziell mit dem Glauben an Gott beschäftigt, weil ich daraus die größte Kraft und Stärke beziehen kann."

Nun ist er bereit. Und in einer ähnlichen Verfassung wie der Müller, der Ribéry, der Lewandowski, der Ulreich: „Da muss eine gewisse Lockerheit in mir sein. Ich darf nicht verkrampfen. Es ist nicht einfach, da immer die richtige Mischung zu finden. Mir hilft zu sehen, was ich gewinnen kann. Ich halte mich nicht damit auf zu grübeln, was ich verlieren könnte. Niederlagen oder Enttäuschungen spielen in diesen Augenblicken keine Rolle für mich. Ich denke nur ans Gewinnen."

Es gilt. Die Kontrahenten betreten die Arena.

Wieder so ein Jahrhundert-Fight.

Als „letztes Hurra" aber wird der epische Kampf gegen Anthony
Joshua am 29. April 2017 im Wembley-Stadion vor 90.000
Zuschauern in Erinnerung bleiben, in die Geschichte und
in die „Hall of Fame" eingehen. Trotz des Abbruchs in der
elften Runde, trotz Niederlage durch Technischen K.o. hatte
der attraktive Adonis mit 41 Jahren weltweit Respekt und
Anerkennung gewonnen.

Die Performance in London, wo er nach einem Niederschlag
den Knock-out gegen den 14 Jahre jüngeren Favoriten und
Titelverteidiger verpasste, war die eindrucksvollste und beste
seiner 29 Weltmeisterschaften. Die Washington Post brachte
den spektakulären, aber unglücklichen Auftritt auf den Punkt:
„In der Niederlage war Wladimir Klitschko größer als bei sei-
nen Siegen."

Er verstehe jetzt, dass Erfolg nicht unbedingt bedeutet, das
gesetzte Ziel zu erreichen. Er habe den Kampf seines Lebens
gekämpft. Aber sein Gegner habe gewonnen. „So absurd es
klingen mag, trotzdem habe ich den Ring als Sieger verlassen.
Ich hätte niemals gedacht, dass ich das einmal sagen werde. In
der Niederlage hatte ich größeren Erfolg, als ich bei einem Sieg
gehabt hätte. Fans auf der ganzen Welt feiern meine Leistung
und zeigen mir ihre Wertschätzung. Die Reaktionen, die ich
erhalten habe und noch immer bekomme, sind überwältigend.
Ich habe Enthusiasmus, Ermutigung und Respekt gespürt, für
mich, meine Leistung, meinen fairen Kampf und mein Boxen
allgemein. Mehr kann ich mir nicht wünschen."

Hartmut Scherzer

Heynckes hat vor dem Spiel in Madrid nicht gesagt, „wir haben daheim verloren". Er sagte: „Wir haben in München den Kürzeren gezogen."

Jupp Heynckes hat in der Saison 2017/18 viele bemerkenswerte öffentliche Auftritte gehabt. Sein Solo bei der Pressekonferenz in Madrid toppt alles. Er wechselt vom Deutschen ins Spanische. Er drückt sich nicht um die Antworten, sagt, was er will.

Die Niederlage von München wettmachen.

Madrid im Sturm nehmen.

Das Spiel genießen.

Gewinnen. Schön gewinnen. Mit Hurra.

4.500 Bayern-Fans machen sich Mut. Die Ränge im Stadion sind steil und umklammern die Kampfbahn. Wer hier als Spieler einläuft, ist auf der Bühne. Verkriechen geht hier nicht.

Heynckes kommt im gesteppten langen Anorak, dunkles Militärgrün. Die Bayern tragen Rot, Weiß ist die Farbe der Gastgeber. Ribéry hat sich die Schläfe noch einmal ausrasieren lassen, links ist eine „7" ins raspelkurze Haar gefräst. Ribéry ist auf dem Kriegspfad.

Zwei offensive Mannschaften, die schon wieder sofort zur Sache kommen. Sie sind wie Hunde, die gleich aufeinander losgehen. Kein Beschnüffeln, kein Umkreisen, kein Knurren. Auf den anderen mit Gebell!

Lewandowski, Müller, Ribéry. Dahinter James und Tolisso und Thiago. Alaba hinter Ribéry. Der Österreicher drängt mächtig nach vorn. Prescht ein erstes Mal zur Grundlinie, passt scharf nach rechts, der Torhüter ist vor Müller dran.

Ribéry knüpft an seine Leistung von München an. Grandios, wie er in die Mitte spielt, Lewandowski leitet weiter nach außen, Müller in die Mitte, Gewühl, Ramos, Tolisso, der Ball verirrt sich zu Kimmich, der schießt ein. 1:0.

Drei Minuten gespielt.

Sie stürmen wie die Helden und sind wieder zu lässig in der Defensive.

Wieder dieser Marcelo, ganz frei auf links. Wird nicht von Kimmich gestört, hat alle Zeit zum Flanken, Benzema muss im Rücken von Alaba nur noch den Kopf hinhalten.

1:1, nach elf Minuten. Ribéry voller guter Ideen – er ist im Zenit seines Könnens. Die Real-Spieler kommen nicht an gegen ihn. Wenn sie vermuten, nun werde er dribbeln, dann findet er völlig überraschend einen frei laufenden Mitspieler. Wenn man vermutet, jetzt werde er passen, setzt er sich in Bewegung und macht's allein.

Manchmal befreien sich die Spanier, Bayern ist in Gefahr.

Ronaldo scheitert an Hummels, der einfach stehen bleibt. Auch dies wird wieder ein verlorener Tag für Ronaldo werden. Schön und verbittert wird er seine mäßige Arbeit abliefern – und danach wird man sagen, das kann ja wohl nicht der beste Fußballer der Welt sein.

Ribéry wieder durch, wieder auf Müller. Der muss sich zu sehr drehen, ihm fehlt der Druck beim Schuss.

Konter. Hummels rettet, weil er geahnt hat, wohin er laufen muss, um zu klären.

Lewandowski. Müller. James. Drei große Chancen, einmal hält der Torwart, zweimal versemmeln es die Bayern selbst.

Thiago, Tolisso und James haben die meisten Ballkontakte. Die Bayern kontrollieren das Spiel. Nicht mehr lange, und sie werden in Führung ...

Noch mal Real. Ronaldo mit links, Ulreich ist unten, klärt zur Ecke.

Pause.

Anpfiff zu Halbzeit zwei.

22 Sekunden gespielt.

Rückpass von Tolisso, Ulreich verschätzt sich. Benzema läuft auf ihn zu, Ulreich rechnet mit einem Duell. Benzema läuft an ihm vorbei, Sven Ulreich darf nicht mit den Händen an den Ball, will ihn dann fallend mit der Brust klären. Der Ball rutscht durch, Benzema geht hinterher. 2:1.

Heynckes schüttelt noch Minuten später den Kopf, nein, er schüttelt ihn nicht, er wirft ihn nach rechts weg.

Alaba schießt, sie geben nicht auf.

Ronaldo, ganz frei, trifft den Himmel überm Stadion. Das wird nichts mehr bei ihm. Auch Toni Kroos – ansonsten ein Garant für gute Leistung, ein zuverlässiger Manager des Geschehens im Mittelfeld – spielt schwach.

Süle auf James, der schießt mit links, das müsste doch passen, der Torhüter lässt abprallen, James ist weitergelaufen und trifft mit rechts aus spitzem Winkel. 2:2.

Er läuft schnell zum Mittelkreis zurück, die Zeit drängt, Bayern will und wird gewinnen. Die Madrilenen sind reif.

Sie wanken, gleich setzt es den Knock-out.

Die Münchner verheddern sich vor Wollen. Das ist Real nur recht, sie verstricken Bayern in einen Schlagabtausch am Mittelkreis, da kann nichts passieren. Ribéry bringt wieder Ruhe ins Spiel, schickt Alaba, der wird umgemäht. Gelb.

Fotoalbum
2017/18

Das Ende der Ära Ancelotti: die 0:3-Klatsche gegen Paris Saint-Germain. Mit seiner Personalpolitik – Boateng nicht im Kader, Hummels, Rafinha, Rudy, Ribéry und Robben alle auf der Bank – machte sich der Italiener bei der Mannschaft unbeliebt.

Ein Freund, ein guter Freund … Karl-Heinz Rummenigge, Hasan Salihamidžić und Uli Hoeneß präsentieren am 9. Oktober 2017 den neuen alten Bayern-Trainer Jupp Heynckes.

Die Männer an Heynckes' Seite: Co-Trainer Peter Hermann
und Hermann Gerland.

Auch im Winter-Trainingslager in Doha wird Heynckes überall erkannt.

Unter Heynckes „müllerte" es endlich wieder, so auch beim 5:0 im Achtelfinal-Hinspiel gegen Beşiktaş Istanbul, als Thomas Müller gleich zweimal traf.

Der „Umtriebigste": Franck Ribéry im Viertelfinal-Hinspiel der Champions League gegen den FC Sevilla.

© Imago

Bewegt: Jupp Heynckes mit Arjen Robben nach dem Gewinn der
Deutschen Meisterschaft am 7. April 2018 in Augsburg.

© Imago

6:2 gegen Bayer Leverkusen im Halbfinale des DFB-Pokals!
Das muss gefeiert werden!

Da war die Welt noch in Ordnung: Joshua Kimmich bringt die Bayern wie schon im Hinspiel des Champions-League-Halbfinals mit 1:0 gegen Real in Führung.

Der Anfang vom Ende: Karim Benzema trifft nach einem Torwartfehler von Sven Ulreich zum 2:1.

Danke, Jupp! Die Bayern feiern ihre
28. Deutsche Meisterschaft mit den
Fans am Marienplatz.

Neuer und alter Bayern-Trainer: Niko Kovač und Jupp Heynckes vor dem Pokalfinale am 19. Mai 2018.

DANKE FÜR ALLES JUPP

Auch wenn es zum Pokalsieg dann doch nicht reichte: Die Fans wussten, was sie Jupp Heynckes zu verdanken hatten.

Tolisso aus der Drehung. Navas mit erstaunlichem Reflex. Danach geht Tolisso raus, und der unverwüstliche Wagner kommt.

Ronaldo wird im letzten Augenblick durch eine Süle-Grätsche geblockt.

Noch mal Müller. Noch einmal ein Fast-Tor.

Schluss.

22:9 Torschüsse. 577:401 Pässe. 11:6 Ecken.

Jupp Heynckes tröstet die Spieler, beglückwünscht den Gegner, geht zum Fernsehen: „Wir haben Real in beiden Spielen ein Tor geschenkt, das kann man so klar sagen. Das kommt vor, aber das ist auf dem Niveau in einem Champions-League-Halbfinale schon eklatant. Wir waren überlegen, wir waren besser, und wir hatten Chancen ohne Ende. Aber das bringt uns gerade leider gar nichts. Obwohl wir eine geile Mentalität an den Tag gelegt haben, sind wir letztlich ausgeschieden. Es bringt uns nichts, wenn wir einen geilen Fight geliefert haben. Wenn du am Ende den Titel holen willst, dann musst du die ganz großen Chancen eben nutzen."

Thomas Müller ist blass und hektisch-rot, wütend und fasziniert, alles in einem: „Es war ein Wahnsinnsspiel. Am Ende hat das Quäntchen Glück gefehlt. Es ist das eingetreten, was wir vor dem Spiel gesagt haben: Madrid hatte extreme Probleme in den Halbräumen. Wir müssen uns nicht schämen, es tut sehr weh, dass wir diese Möglichkeit nicht genutzt haben. Im Fußball geht es immer weiter, auch wenn nach so einem Spiel die Zeit stillstehen sollte. Es hat einfach nicht sollen sein."

Raus!

Und trotzdem „den Ring als Sieger verlassen".

Barbara III – Der Albtraum

„Hallooo! Bin wieder da."

Oh, bittschön. Nicht jetzt.

„Was ist, wo biste? Schon im Bett?"

Nee. Nicht im Bett. Wer kann in so einem Augenblick schlafen? Im Fernsehen sagt Waldemar Hartmann bei Markus Lanz in der Talksendung, das Unentschieden der Bayern in Madrid tue so weh. Der Waldemar ist ein alter Fahrensmann des Sports, den wirft so schnell nichts um. Im Augenblick sieht er aus wie ein trauernder Buddha und erklärt, die Bayern hätten es so sehr, so sehr verdient, das Finale in der Champions League. Zweimal hätten sie gewinnen müssen gegen Real, so viele Chancen, so toll gespielt – aber nun sind sie raus. Hartmann muss schlucken.

„Warum antwortest du nicht? Ich hab gerufen." Barbara steht in der Tür und ist Frau gewordener Vorwurf.

Sorry, war in Gedanken.

„Schauste immer noch Fußball? Das Spiel ist doch schon lang aus. Was gibt es denn da noch zu reden? Die sind rausgeflogen, stimmt's?"

Manchmal gebricht es dieser Frau an Feingefühl. Nicht oft – aber wenn es um Sport geht, hat sie einfach keine Ahnung.

„Biste traurig? Ja, ja, ich sehe es, du bist traurig. Musste nicht sein, die Bayern haben doch toll gespielt."

Woher sie das denn nun schon wieder wissen wolle?

„Na, ich war doch im Maria Gandl. Das war vielleicht eine komische Stimmung. So was habe ich noch nie erlebt."

Das Gandl im Münchner Lehel wird lobend im *Guide Michelin* erwähnt, man fühlt sich sehr geborgen in der sanften Illumination auf den samtroten Bänken, an den langen Tischen, wie in einem Bistro am Montparnasse. Barbara hat Spargel und Steak gehabt, dazu nach einem Schampus einen Bordeaux, zum Nachtisch gab es *fromages*. Wie immer war alles superlecker und die Stimmung bestens. Man glaubt ja nicht, was zurzeit in der Stadt so passiert, wer mit wem poussiert, wo es sich ausgeknutscht hat – totaaal interessant, all das.

Wenn da nicht der Fußball gewesen wäre!

Vor allem die Männer sind nach dreiviertel neun nicht mehr bei der Sache gewesen. Haben immer wieder unterm Tisch ihre Handys gecheckt.

„Das war ziemlich irritierend. Irgendwann habe ich gefragt, was die denn haben. Der Lothar – du weißt schon, der Ober, der so toll aussieht – hat gesagt, die gucken nach, wie es in Madrid steht. Ach stimmt, habe ich gedacht. Madrid, das ist ja jetzt."

Danach hat sich Barbara von Lothar immer informieren lassen. 1:1. Blödes Tor kurz nach der Pause. Dann 2:2. Bayern stürmt.

„Du hast gemerkt, dass die gut spielen. Die Männer an den Tischen haben ja das Trinken vergessen."

Dann war das Match in Madrid vorbei. Die Männer steckten mit versteinerten Gesichtern die Handys in die Sakkotaschen, bestellten was Hartes.

„Es ist trotzdem ein toller Abend gewesen. Für dich auch?"

Was denkt sich diese Frau denn?

„Musst nicht so belämmert gucken. Ist doch nur Fußball."

Nur!?!?

„Ja. Was ist denn passiert? Alle sagen, die Bayern haben super gespielt …"

Eben!!!

„Was heißt da ‚eben!!!'? Sie haben super gespielt, du hast klasse Fußball gesehen, verloren haben sie auch nicht. Ich verstehe nicht ganz, was da abläuft bei euch."

Mit „euch" meint sie die Menschen, die sich in Momenten wie der Nacht von Madrid von ihren Emotionen hinreißen lassen.

Also gut, Barbara, du Ignorante, hier der Versuch einer Erklärung:

Wenn Boris Becker nach fünf Stunden im fünften Satz einen Matchball abwehrte, dann ging es um die Existenz.

Wenn die besten Radfahrer der Welt beim Anstieg zur Alpe d'Huez fast aus den Pedalen kippen, weil mehr Leistung nicht drin ist, dann bleibt dem Sportfreund die Luft weg.

Als bei den Olympischen Spielen die deutschen Eishockey-Männer fast schon Olympiasieger waren, dann doch noch von den Russen den Ausgleich eingeschenkt kriegten und in der Verlängerung ausgeknockt wurden, da haben selbst gestandene Männer geheult – und womit? Mit Recht.

Der grundanständige Trainer Ottmar Hitzfeld hat mal mit den Bayern in den allerallerletzten Sekunden verloren, danach weinte er wie ein Kind. Dabei ist er ein Mann von Schrot und Korn, aber die Tränen flossen, und jeder hat mit ihm gefühlt.

Oder die Eiskunstläufer Aljona Savchenko und Bruno Massot. Sie sind für Deutschland bei den Olympischen Spielen im Februar an den Start gegangen ...

„Ach ..." Jetzt ist Barbara ganz aufgeregt. Sie erinnert sich gut.

Aljona und Bruno zeigen also ihr Kurzprogramm, und der nervöse Läufer vergisst bei einem Sprung einen Dreher. Aus ist es, sie haben wohl keine Chance mehr auf Gold. Sie setzen sich zum Krisengespräch zusammen, schwören, sie würden sich am nächsten Tage die Füße blutig laufen, sie laufen sich die Füße blutig und zeigen eine Kür „für die Ewigkeit". Das Stadion und die Welt weinen. Das sind die Augenblicke, in denen der Sport *the greatest show on earth* ist.

„Du musst nicht übertreiben. Aber ich verstehe dich schon. Sag mal, was hat denn der Herr Heynckes gemacht heute Abend?"

Das ist ein ganz Großer, der Jupp. Er hat sich der Situation gestellt, er war sehr betroffen, aber er hat auch gesagt, dass man nun nach vorne sieht und dass er irre stolz auf seine Jungs ist.

„Hat er geweint?"

Nein.

„Dann ist der doch ganz schön abgezockt."

Überhaupt nicht. Aber er kennt diese Augenblicke. Mal gehörst du zu den Gewinnern, manchmal bist du raus.

„Und das gefällt dem Mann."

Ja, das sind die Augenblicke, für die er es macht. Unter anderem.

„Seltsamer Mann, der Herr Heynckes."

Nein, Barbara, nein.

Sportler!

Das ist Herr Heynckes.

Sportler!

Überfliegers Fehltritt

Im wichtigsten Spiel seiner Karriere hat Sven Ulreich, Torhüter des FC Bayern München, einen bösen Blackout.

Ein Blackout ist laut Duden:
- der zeitweilige Ausfall des Sehvermögens unter der Einwirkung hoher Beschleunigung oder bei Kreislaufstörungen,
- das Aussetzen des Empfangs von Kurzwellen durch den Einfluss von Korpuskular- und Röntgenstrahlen der Sonne,
- ein totaler Stromausfall (besonders in einer Großstadt) oder das nächtliche Verdunkeln von Objekten zum Schutz gegen einen Luftangriff,
- das plötzliche Verdunkeln der Szene bei Schluss des Bildes im Theater (besonders nach Pointen im Kabarett).

Blackout, das ist auch:
- ein plötzlich auftretender, kurz dauernder Verlust des Bewusstseins, Erinnerungsvermögens.

So 'nen Blackout erleidet Sven Ulreich, der Torhüter des FC Bayern München, am Abend des 1. Mai 2018 gegen dreiviertel zehn Uhr abends im Bernabéu-Stadion zu Madrid.

Champions League, Halbfinale. Im Rückspiel müssen die Bayern eine 1:2-Niederlage gegen Real wettmachen. Sie haben gut begonnen, sind durch Kimmich schnell in Führung gegangen, Benzema glich aus. Die Bayern haben 45 Minuten gestürmt, mit großem Mut und wundervoller Könnerschaft kombiniert. Es heißt zwar zur Pause noch 1:1 – aber es scheint eine Frage der Zeit, bis die Münchner mit ihrem überragenden Auftreten die Madrilenen zermürbt haben werden.

Die zweite Halbzeit beginnt, 20 Sekunden sind gespielt. Die Bayern haben den Ball in der eigenen Hälfte, nun müssen sie ihr Spiel aufbauen. Corentin Tolisso will Ruhe ins Geschehen bringen, alle Mitspieler sind gedeckt, aber da ist ja noch der Torwart – Tolisso spielt, ein wenig lässig, ein bisserl schlampig, nach hinten.

Da tickt Ulreich aus.

Er schildert das später so: „Als der Rückpass kam, sah es kurz so aus, als ob Benzema mit dem Fuß drankommt, deshalb habe ich mich auf eine Eins-gegen-eins-Situation eingestellt. Er ist dann aber durchgelaufen, und ich dachte nur, ‚Mist, jetzt kann ich ihn nicht mit der Hand nehmen.' Dann wollte ich den Fuß nehmen, kam aber nicht mehr hin. Und mit der Hand dann auch nicht mehr. Ich hatte zwei Gedanken, konnte mich nicht entscheiden – und dann war alles falsch."

2:1 für Madrid.

Das Spiel nimmt seinen Lauf, es wird eine der packendsten Champions-League-Begegnungen, seit es den Wettbewerb gibt. Bayern hat „Real am Abgrund, wir mussten sie nur noch runterschubsen" (Karl-Heinz Rummenigge), doch nach einem grandiosen 2:2 sitzen die Münchner auf dem Rasen, einige heulen, werden von den anderen getröstet.

Das Stadion ist ein Tollhaus. Mittendrin, in der Nähe des Anstoßkreises, hockt Sven Ulreich. Er hat die Knie an die Brust gezogen, blickt ins Gras, er ist so fürchterlich einsam.

Hingemeißelt wie der düstere *Denker* von Rodin. Ein 1,92 Meter großer Fels von Mann, der zum Häuflein Elend geworden ist.

Wird sich Sven Ulreich (nach seinem Blackout hat er übrigens toll gehalten) berappeln? Wird er an diesem Augenblick von Madrid zerbrechen? Was nun, Herr Ulreich?

Am Tag nach dem Spiel sieht sich Sven Ulreich die Szene in der Zeitlupe an. Einmal, zweimal – dann ist es genug. „Es war ein Fehler, weil ich mich falsch entschieden habe. Von 100 Situationen passiert so was vielleicht einmal."

Er wirkt gefasst. Zwei Tage nach dem Spiel trifft er Reporter von der *Bild* zum Reden. Er will das Thema aufarbeiten – und das macht man dann am besten mit denen, die die bohrendsten Fragen haben.

„Klar war es ein Fehler. Ich bin so traurig, das kann ich gar nicht beschreiben. Es tut mir leid, wegen der Mitspieler, wegen der vertanen Chance, wegen der Fans. Aber es nützt nichts, jetzt in Selbstmitleid zu baden. Es ist doch das Los der Torhüter: Wenn du als Stürmer einen Fehler machst, ist es nicht ganz so schlimm. Als Innenverteidiger ist es schon schlimmer. Und beim Torwart kassiert die Mannschaft meistens gleich ein Gegentor. Das ist eine andere Situation."

Nach vorne schauen muss er jetzt. Gerade nach dem Fehler, der die Hoffnung aufs Triple zunichte gemacht hat, der Abermillionen teuer war, der Ulreich eine weitere große Karriere verbaut haben könnte, muss er sofort zu seiner Stärke zurückfinden. Ulreich muss ruhig sein und besonnen. Hart arbeiten, sich auf die nächsten wichtigen 90 Minuten konzentrieren, die Gelassenheit wiederfinden.

Der Torwart der Bayern geht 48 Stunden nach seinem persönlichen GAU mit seiner Frau und Freunden zum Japaner. Man isst Sushi, trinkt ein Glas Roten, lacht und plaudert und hat einen guten Abend. Die Frau ist eine in sich ruhende, kluge, schöne Lebensbegleiterin; die Freunde wird Ulreich noch haben, wenn er nicht mehr in einem 80.000-Menschen-Stadion eine Hauptrolle spielt.

Am nächsten Morgen klingt es schon nicht mehr gezwungen, als Ulreich erklärt: „Ich habe acht Monate keine Fehler gemacht, jetzt diesen einen. Sehr schade, dass es jetzt passiert ist. Aber ich lasse mir meine Leistung nicht kaputtreden. Unsere Saison war überragend, ich habe viele gute Spiele gemacht, eine starke Saison auf hohem Niveau gespielt. Ich war noch nie so gut wie jetzt."

Sven Ulreich ist ein starker Charakter. Muss er sein, denn von ihm wurde immer erwartet, dass er einstecken kann. Als Jugendlicher hat er sich einmal an der Schulter verletzt, und die Ärzte wussten nicht, ob er jemals wieder als Torwart würde spielen können. Fast ein Jahr brauchte er für seine Gesundung.

Letztlich hat er sich durchgebissen. Der Schwabe (geboren am 3. August 1988 in Schorndorf) wurde entdeckt – und es begann seine Karriere als zweiter Mann. Beim VfB Stuttgart war Jens Lehmann die Nummer eins, Ulreich hielt sich als „Standby" parat. Die Wett-kampfroutine versuchte er bei Einsätzen in der zweiten Mannschaft zu schulen.

„Ich habe mir von Jens einiges abgeschaut, etwa das Herauslaufen bei Flanken und das Mitspielen hinter der Abwehr." 19 war er, als Lehmann im Frühjahr 2008 einen Fehler nach dem anderen machte. Trainer Armin Veh mochte es nicht mehr ansehen und stellte Ulreich ins Tor. In elf Partien hielt er untadelig. Danach sagte er: „In vielen Situationen habe ich eine andere Philosophie als der Jens, wir sind recht unterschiedlich." Er erklärte, dass er – im Gegensatz zu seinem erfahrenen Kollegen – in kniffligen Situationen so lange wie möglich stehen bleibe und warte, Aktionismus sei nicht sein Ding.

Der junge Mann hatte ein erstaunliches Selbstbewusstsein. Er versteckte sich nicht. Er wollte mehr. In Stuttgart arbeitete sich Ulreich in die Stammformation, er bekam von den Journalisten des *Kicker* Bestnoten. Der Mann war ein überdurchschnittlicher Torwart der Bundesliga. War das sein Durchbruch?

2015 ist er zu Bayern München gewechselt. Leicht ist ihm die Entscheidung nicht gefallen, denn nun war er definitiv ein Bankdrü-cker. Die Bayern hatten Manuel Neuer – nur für Notfälle brauchten sie erstklassigen Ersatz. Ulreich verdiente richtig viel Geld, er war in einem der besten Vereine der Welt angekommen. Aber er war Ersatz, und daran sollte sich nichts ändern.

„Ich habe mich in den letzten Jahren in München weiterentwi-ckelt, auch wenn ich auf der Ersatzbank saß. Das Training mit Manu und Toni Tapalović hat mir gutgetan. Man kann einen Manuel Neuer nicht kopieren, er ist der beste Torhüter der Welt. Aber die Elemente, an denen Toni seit Jahren mit Manu täglich arbeitet, fließen auch in mein Training mit ein. Dass man noch explosiver abspringt, dass man mit dem Ball am Fuß ruhig bleibt. Solche Dinge. Da habe ich Fort-schritte gemacht. Aber man muss regelmäßig spielen, um die Trai-ningsarbeit zu vollenden und im Spiel umzusetzen."

Torhüter neben Manuel Neuer: Du musst eine starke Persönlich-keit sein, wenn du das aushalten willst. Du bist einer von den Bes-ten, aber in deinem Betrieb gibt es den Allerbesten – und der besetzt deine Stelle. Funktionieren musst du jeden Tag. Arbeiten, als ob in der nächsten Stunde der Ernstfall ausgerufen würde. Aber du hast keinen Ernstfall – das erledigt der Kollege Neuer. Am Ende der Saison hast du viele Nachmittage und Abende auf der Ersatzbank verbracht und zugesehen, wie dein Betrieb Erfolg hatte. Mit den Kollegen gibt es nach dem Geschäftsjahr eine Feier, die Boni werden verteilt, man zeigt sich auf dem Balkon des Rathauses, und die Menschen jubeln. Seltsame Situation, wenn du nur Ersatz gewesen bist.

„Ich hatte in den vergangenen Jahren nie das Gefühl, dass die Titel für mich nicht vollwertig gewesen wären. Dafür hatte ich täglich hart mit der Mannschaft gearbeitet. Gerade auf meiner Position ist es wichtig, dass die Ersatzleute, der zweite und dritte Torhüter, zum einen das Trainingsniveau, zum anderen aber auch die Laune innerhalb der Mannschaft hochhalten und gute Teamplayer sind."

Am 19. September 2017 meldete die *Welt*: „Mittelfußbruch Nummer drei – die Krankenakte Neuer". Der beste Torwart der Welt war für den Rest der Saison außer Gefecht. Der Mann von der Ersatzbank musste nun ran. Spiel für Spiel. Ernstfall für Ernstfall. Es begann die „beste Saison" des Sven Ulreich. Sie begann mit einem Trainer, der dem Mann Nummer zwei im Tor nicht so recht traute.

Carlo Ancelotti hat pflichtschuldig erklärt, er möge den Sven, der sei ein guter Mann, mehr wusste er nicht zu sagen. Wenn Ulreich einen guten Job machte, war vom Trainer nichts zu hören. Wenn er mal unsicher war, hielt sich Ancelotti zurück. Der Trainer schien sich nicht sehr um seinen Torhüter zu kümmern.

Unter solchen Bedingungen kann es passieren, dass ein Sportler verkümmert. Er braucht Lob. Er braucht Kritik. Er will eingeordnet, geführt, begleitet werden.

Ulreich versah seinen Job, ohne zu murren. Er ließ sich nicht durch die Kommentare der „Experten" irre machten, die ihm Unerfahrenheit attestieren wollten. Er nahm hin, dass angeblich die Fans seinen Fähigkeiten nicht trauten. Er stellte sich ins Tor der Bayern und machte in einem verunsicherten Team die Arbeit, so gut er es konnte.

Dann kam Heynckes. Der redete mit Ulreich. Der sagte ihm, was er erwartete. Der lobte und machte klar, was ihm nicht passte. Und aus Ulreich wurde ein Torhüter, den manche gar in die Nationalmannschaft loben wollten.

Nun hat ihn im Halbfinale der Champions League ein böser Blackout ereilt. Was wird nun?

Sven Ulreich hat einen Berater in Weilheim, der vom Blitz getroffen wurde, als sein Freund bei Real von den Sinnen verlassen wurde. Thomas Baschab – 57 Jahre, Mentaltrainer – sagt, man hat das nicht vorhersehen können: „Ein saublöder Zufall war das. Sven war sehr gut drauf, er wusste genau, was auf ihn zukommt. Solche Fehler passieren jedem Torwart irgendwann mal."

Nachdem es nun mal geschehen ist, tut Ulreich genau das Richtige. Er nimmt die Situation an. Er drückt sich nicht vor der Wirklichkeit. „Der Fehler ist jetzt Teil seiner Story, der verschwindet nicht mehr aus der Vita."

Nur nicht verkrampfen jetzt! Ulreich darf nun nicht seine Methodik, sein Training, seine Einstellung im Spiel ändern. „Da würde er den Fehler, so bitter er war, zu wichtig nehmen. Der eine Bock macht ja seine Karriere nicht kaputt."

Nun denn, Herr Ulreich. Weiter, wie bisher, und keinen Blackout mehr!

Alles klar?

„Sicher", sagt die momentane Nummer eins im Bayern-Tor. „Fußball ist so schnelllebig, das sind wir ja gewohnt. An einem Tag bist du der Depp, am anderen kannst du der Held sein. Das ist ja auch reizvoll. Wenn du gut gespielt hast, darfst du dich freuen – dann ist es aber auch wieder gut. Nur nicht übertreiben. Du musst immer die Kirche im Dorf lassen."

Und dann erinnert er sich ans Motto seines Freundes Thomas Baschab: Hinfallen ist erlaubt, liegenbleiben nicht!

Der preußische „Don"

Es war einer jener Tage, die man nicht mehr vergisst – dabei würde man sie am liebsten ungelebt wissen. Die Fußballspieler von Borussia Mönchengladbach hatten beruflich in Hamburg zu tun. Bundesliga-Auswärtsspiel beim Hamburger Sportverein. Um halb vier fingen sie an, um viertel nach fünf waren sie fertig. Fix und fertig. Restlos bedient. Am liebsten hätten sie sich im Mauseloch verkrochen. Untergangen waren sie beim HSV. Ergebnis? Tut nichts zur Sache.

Man kann mal verlieren, man kann mal einen schlechten Tag haben, das ist alles drin. Da ärgern sich die Beteiligten, die Punkte sind futsch, der Nachmittag ist gelaufen. Am nächsten Morgen steht man auf, schüttelt sich, trainiert härter, tut alles, dass man beim nächsten Mal nicht verliert. „Mund abputzen! Nach vorne schauen! Läbbe geht weida!", sagen die Sportler dazu.

In Hamburg hatten die Gladbacher aber nicht verloren, sie hatten sich gottsjämmerlich blamiert. Waren fürchterlich unter die Räder gekommen und hatten sich nicht einmal gewehrt.

Als die Spieler endlich im Bus saßen, konnte der nicht losfahren, weil zornige Fans gegen die Scheiben trommelten. Das mussten sich die treuen Anhänger nicht bieten lassen. Da waren sie mit ihren Spielern durch die halbe Republik gereist, und dann verweigerten die die Arbeit!

Endlich ging's auf die Autobahn. Der Trainer hatte untersagt, dass der Fahrer eine Musikkassette ins Gerät schob. Der Trainer hatte Kartenspielen verboten, man durfte nicht reden, man durfte nicht lesen. So saß man von Hamburg bis Gladbach auf seinem Platz, starrte in den dämmernden Abend.

Kein Wort sprach der Trainer. Er hatte einen sehr roten Kopf (damals machten sich manche Boulevard-Fuzzis drüber lustig, dass Heynckes wegen seines lebhaften Teints von einem frechen Profi „Osram" genannt worden war und dass er den Spitznamen nicht los wurde) und ganz schmale Lippen.

Der Bus fuhr auf den Parkplatz am Vereinsgelände. Jupp Heynckes griff zum Mikrofon. „Morgen um zehn Training!", knurrte er. Mehr nicht. Das klang sehr bedrohlich, echt.

Später würde einer der Betroffenen, der Spieler Lothar Matthäus, sich erinnern, dass der Trainer auch in der kommenden Woche kein überflüssiges Wort gesagt habe. Sein Mannschaftskamerad Ewald Lienen würde die Zeit nach dem Debakel als noch düsterer in Erinnerung behalten: „Der Jupp war ein Vierteljahr beleidigt. Schön war das nicht."

Jupp Heynckes ist mit 34 Trainer geworden. So einen jungen Ehrgeizling hatte es bis dato noch nicht in der Bundesliga gegeben. Die *Zeit* lobte den Mann aus Mönchengladbach schnell zum Jahrhunderttalent hoch.

Den Journalisten gefiel, mit welchem Ego sich der Ex-Stürmer in die Verantwortung drängte. Schon drei Jahre bevor er aufhörte zu spielen, hatte er zu Iris, seiner Frau, gesagt, sein Beruf sei in Bälde Fußballtrainer.

„Braucht man da nicht eine Erlaubnis?", hatte sie gefragt.

Sicher doch, die Lizenz. Die werde er noch als Spieler machen.

„Ist das nicht ein bisschen viel? Spielen und Lizenz. Mach doch das eine zu Ende, dann fängste mit dem Nächsten an."

„Quatsch, ich kann das. Weißte was: Wenn ich nicht bestehe, dann kriegste 'nen Nerz."

Topp, die Wette galt. Frau Heynckes bekam den 10.000-Mark-Mantel nicht – Heynckes absolvierte alle Prüfungen mit Auszeichnung.

Warum er Trainer werden wollte, fragten sie ihn. Er erklärte: „Weil ich sehe, welche Fehler Trainer heute begehen. Vor allem Zuwendung und viel Verständnis brauchen die Spieler. Technik und Taktik sind zweitrangig, wenn man gute Spieler zusammen hat."

Er mochte vielleicht rasch erröten und manchmal stottern, wenn er nervös war. Er mochte so seine Probleme mit öffentlichen Auftritten haben. Aber das Selbstvertrauen, das war da. Er würde es brauchen.

Zuerst war er Assi von Udo Lattek. Dieser Mann hatte eine sehr eigene Weltsicht. Alles kreiste um Udo Lattek. Lattek war sauteuer, saukompetent, saucool. Was Lattek dachte, plante, sagte, war gut. Mit dieser Philosophie hatte er Borussia Mönchengladbach zu erstaunlichen Erfolgen geführt. Aber er hatte die Nerven und den Langmut der Spieler und der Entscheider ausgereizt. Sie brauchten einen Neuen. Noch mehr Lattek war zu viel. Also wollten sie Jupp Heynckes in Ruhe aufbauen und dann zum Chef machen.

Lattek bekam Wind vom Plan und zickte sich binnen Kurzem aus dem Klub. Und – quasi über Nacht – war Heynckes Cheftrainer eines Bundesligavereins. Da dachte er noch, er könne sich mit den Spielern duzen, er war ja beinahe im gleichen Alter. Er hatte eine Vorstellung davon, wie diese Borussia auftreten würde. Problem: Das Geld.

Bayern zum Beispiel – der Verein, der mit Mönchengladbach aufgestiegen war –, wurde immer reicher, hatte immer teurere Spieler. Mönchengladbach blieb der Klub weit draußen im Westen und fernab des Big Business.

Heynckes konnte was, das wurde bemerkt. Im November 1979 spielte Mönchengladbach im Europapokal gegen Inter Mailand. Das war das alte David-Goliath-Ding. 1:2 lag die Mannschaft zurück, in der Sportlersprache musste man sagen: Der Drops war gelutscht.

Dann …

Der *Spiegel* berichtete verblüfft: „Als Inter Mailand 2:1 führte, schickte Heynckes Ersatzspieler Norbert Ringels auf den Platz und schrie: ‚Wir gewinnen das noch, die sind kaputt.‘ Ringels erzielte das 2:2. Nickel verwandelte einen Elfmeter zum 3:2-Sieg."

So einer war dieser junge Trainer. Ein wenig verquer, ein bisschen schrullig, schnell in der Emotion, aber besessen vom Erfolg. Und er sah in die Zukunft. Heynckes erkannte Begabungen.

Aus Herzogenaurach holte er einen unbedarften jungen Mann mit dem Namen Lothar Matthäus. Der Bursche plauderte ein grässliches Mittelfränkisch – und wenn er mal redete, stoppte ihn so schnell keiner. Das war schlimm.

Auch auf dem Platz war er kaum aufzuhalten. Das war wunderbar. Jupp Heynckes sah, was in diesem Matthäus steckte. Er holte ihn, er prägte ihn, er war der zweite Papa für den Jungen.

Lothar lernte, zu rennen, bis die Hacken wund waren, weil ihn der Trainer bis zum Umkippen triezte.

Lothar lernte das Spiel zu lesen, weil der Herr Heynckes ihm das in den Kopf bimste.

Lothar lernte die Regeln des Gewinnens von Herrn Heynckes.

Mit diesem Jungen und der Borussia wollte Herr Heynckes nach ganz oben.

Aber da hatten es die Bayern auch schon „gespannt": Den Matthäus mussten sie haben. Sie warben um den Spieler, sie wedelten mit den Tausendmarkscheinen. Sie nervten, diese Bayern.

Die Manager bekriegten sich, das Ringen um Matthäus fand coram publico statt. Es wurde geboten und gegengeboten. Dann wurde nachtarockt. Von einem Morgen auf den anderen erhöhten die Gladbacher ihr letztes Angebot von 374.000 Mark auf 474.000 Mark Jahresgarantie, Prämien extra. Hoeneß geiferte: „Das ist unmoralisch. Das machen die nur, um die Ablöse hochzutreiben."

Hoeneß, der Supervernetzte, war diesmal nicht auf dem Laufenden. Die 100.000 Mark kamen nicht vom Verein. Heynckes, der Matthäus unbedingt halten wollte, hatte Klinken geputzt und einen Sponsor aufgetan, der 50.000 Mark für den jungen Mittelfeldstar anlegen wollte. Die restlichen 50.000 wollte Heynckes selbst zuschießen.

Es hat letzten Endes nicht gereicht. Matthäus wechselte nach München. Und Jupp Heynckes musste wieder einmal seine Pläne ändern. Grund: das Geld.

Er hatte keine einfachen Jahre. Am 9. August 1985 schrieb zwar Gerhard Seehase in der *Zeit:* „Hungrig auf den Titel sind mit Sicherheit die Mönchengladbacher. Die Mannschaft ist ‚dran'. Sie spielt, unter der Regie von Trainer Jupp Heynckes, nun schon seit Jahren den attraktivsten Angriffsfußball in der Bundesliga."

Aber die Sache mit dem „Hunger auf Titel" hatte einen Haken: Auf der Zielgeraden ging die Puste aus.

Im Dezember 1985 waren sie so nah dran. Im Hinspiel hatte Borussia Mönchengladbach gegen das große Real Madrid im UEFA-Cup mit 5:1 gewonnen. Was war das für ein Sturmlauf gewesen! Uwe Rahn stieß immer wieder in offene Räume, die Defensive der Gladbacher kontrollierte das Geschehen, es war Fußball aus dem Lehrbuch.

Dann das Rückspiel. Heynckes warnte, das werde ein harter Gang. Man lächelte. Heynckes insistierte, man dürfe sich nicht zurücklehnen, das 5:1 sei doch sehr trügerisch. Albträumen Sie weiter, Trainer, höhnte jedermann.

Real hatte sich nicht aufgegeben. Die Spanier enterten mit drei nominellen Mittelstürmern den Platz; die ließen sich immer wieder ein wenig zurückfallen und warteten, bis an den Seitenlinien Verstärkung von außen kam. Was für eine kompromisslose Offensivformation. Das war ein 4-1-5. Das war hopp oder top.

Gladbach igelte sich ein, stand sehr kompakt. Die Deutschen schienen Erfolg zu haben. Zwischen dem 2:0 in der 12. und dem nächsten Tor in der 75. Minute rannten sich die Madrilenen die Köpfe am Borussen-Bollwerk ein. Es sah so aus, als sei der Dampf raus.

Denkste! Real verstärkte den Druck noch. Die Gladbacher konnten diesem aggressiven Pressing nichts mehr entgegensetzen, nicht mal Befreiungsschläge schafften sie.

Aber die Uhr tickte, und noch stand es nur 3:0. Dann fiel das 4:0 – in der 90. Minute. Wieder, wie bei den ersten drei Toren, musste ein Stürmer nach einer hohen Flanke von außen nur den Fuß hinhalten.

Der Schiedsrichter pfiff ab, Mönchengladbach war ausgeschieden – und an der Seitenlinie tobte ein zorniger Jupp Heynckes. Er war ohnehin kein guter Verlierer, aber solch eine Niederlage vergällte ihm die Laune nachhaltig. Das nahm er persönlich.

In *Die Elf vom Niederrhein* resümierte Holger Jenrich – er führte da den Leser durch die Saison 1986/87: „18 Siege, 43 Punkte, Tabellenplatz drei und sowohl im DFB-Pokal als auch im UEFA-Cup jeweils im Halbfinale – imponierende Fakten, erfolgstrotzende Zahlen, doch die Wirklichkeit sah anders aus. Jupp Heynckes tat etwas Unerwartetes: Er kündigte!

Der ‚Jladbacher Jong', der 14 Jahre für die Mannschaft gespielt und das Team acht Jahre verantwortlich trainiert hatte, wollte seinen Vertrag mit der Borussia nicht verlängern, sondern zum 1. Juli 1987 ausgerechnet beim Intimgegner Bayern München als neuer Coach anheuern. Am Bökelberg, so hatte er Jahre zuvor angekündigt, wollte er mit 40 Jahren seinen ersten Titel als Trainer geholt haben. Nun, bald 42-jährig, wollte er seinen Traum bei einem Verein mit den besten finanziellen Voraussetzungen wahr machen."

Bayern München, zum Ersten: Heynckes fühlte sich nicht sonderlich wohl in der Stadt der Schickimickis. Er hatte noch immer Probleme mit den Zeitungsmenschen. Wieder übernahm er den Job vom Kollegen Lattek, wieder hatte der eine gestresste Mannschaft zurückgelassen. Und in München erwarteten alle, dass der Trainer beim FC Bayern das große Rad drehte.

„Wir haben, das ist ja bekannt, uns von Spielern getrennt, die in der vorigen Saison nicht mehr mitzogen, und sie durch junge, noch hungrige Profis ersetzt. Ich versuche, eine Synthese zu finden aus erfolgreichem und attraktivem Spiel. Wobei hier in München der Erfolg absolute Priorität hat. Zu den Zeiten von Hennes Weisweiler ging es in Mönchengladbach vor allem darum, den Leuten schönen Fußball zu zeigen. Bei den Bayern zählt nur das nackte Ergebnis."

Erst mal musste Heynckes das Team neu aufbauen, zu einem Titel kam Heynckes wieder nicht. 1989 wurde er dann mit den Bayern Meister, verteidigte im Jahr darauf den Titel, 1991 reichte es nur zur Vizemeisterschaft hinter Kaiserslautern – und dann stürzte der Klub ab. Nach vier Partien in Folge ohne Sieg und einer 1:4-Heimniederlage gegen den Aufsteiger Stuttgarter Kickers wurde Heynckes am 8. Oktober 1991 freigestellt und durch Søren Lerby ersetzt. Der Manager des FC Bayern, Uli Hoeneß, hat sich später geschämt, dass er nicht aufrechter zu seinem Freund Jupp gestanden hatte: „Das war die größte Fehlentscheidung in meiner Karriere."

Als Heynckes München verließ, zogen die Beobachter missmutig

Bilanz – das sei ja wohl kein Premiumauftritt gewesen. Sie übersahen, dass der Trainer aus Mönchengladbach sehr wohl mit einer genauen Vorstellung an der Isar angetreten war und dass er sehr solide Arbeit abgeliefert hatte. In *Strategen des Spiels* schreibt Dietrich Schulze-Marmeling: „In München ließ Heynckes, beeinflusst von der Ajax-Schule, mit drei Verteidigern spielen. Der Befürworter der Raumdeckung wollte so die Zonen optimal besetzen. Moderner Fußball war für Heynckes schon früher als für viele deutsche Kollegen ‚Fußball als Automatismus‘, perfekte Ballkontrolle auf engstem Raum und bei höchstem Tempo.

Zweifelsohne hatte Heynckes Fehler begangen, zumal bei den Neuverpflichtungen, aber mit dem Abgang des harten und gewissenhaften Arbeiters wurde Kontinuität für einige Jahre zum Fremdwort beim FC Bayern."

Jupp Heynckes musste sich seine Erfolge hart erarbeiten. Er war eben nicht das talentierte Wunderwesen der Trainerzunft. Er machte es sich und den Menschen um ihn herum nicht einfach. Der 40-, 45-, 50-jährige Heynckes war ein kompetenter Experte, der mit seiner Direktheit und mit seiner preußischen Disziplin immer wieder irritierte. Er wusste, was er wollte – und mit halben Sachen gab er sich nicht ab.

Im Interview mit dem *Spiegel* erklärte Jupp Heynckes: „Die jungen Trainer haben doch keine Chance mehr. Wenn ich Präsident wäre, dann wären bei so manchem Klub statt des Trainers ein oder zwei Spieler entlassen worden. Die Präsidenten haben doch keine Zivilcourage. Wenn ich höre, dass sich die Dortmunder Spieler ihren neuen Trainer selbst aussuchen wollen, habe ich dafür keinerlei Verständnis. So ist schon vielen jungen und guten Trainern das Rückgrat gebrochen worden ...

AC Mailands Trainer Arrigo Sacchi ist für mich der einzige, der in den letzten Jahren im Weltfußball wirklich eine neue Spielstrategie entwickelt hat – er konnte es, weil er mit den drei Holländern die entsprechenden Spieler zur Verfügung hatte. Ich hätte auch gerne was Neues, etwas Revolutionierendes gemacht. Mit einem Stefan Reuter auf der Libero-Position zum Beispiel hätte ich auch das Spiel von Bayern ganz neu interpretieren können. Aber das haben viele einfach nicht verstanden."

1992 begann Jupp Heynckes Spanisch zu lernen. Er pflügte sich durch Bücher über die baskische Geschichte und Kultur. Akribisch bereitete er sich auf seinen neuen Arbeitgeber vor: Heynckes wurde Trainer bei Athletic Bilbao. „Ich las über die Unterdrückung der Basken durch Franco. Wusste sogar, welche Industriegüter dort produziert wurden. Die Vereinsmitglieder konnte ich mit ihrem Vornamen ansprechen, das hat ihnen gefallen."

Der deutsche Trainer übernahm einen Verein, der seine Spieler nur aus der baskischen Heimat rekrutierte. Heynckes wurde geliebt und holte das Beste aus seinen Spielern heraus. „Das ist disziplinierte Detailarbeit, die Spieler ziehen mit, es ist eine Lust, die Erfolge zu sehen. Wir haben uns realistische Ziele gesteckt, wir erreichen sie, die Menschen in Bilbao sind begeistert."

Josu Urrutia – später würde er mal Präsident bei Athletic Bilbao werden –, war einer der Basken, die hin und weg waren von diesem Deutschen: „Er hat in jeder Hinsicht und bei allen einen tollen Eindruck hinterlassen: gute Resultate, ein Plus an Qualität im Klub, weil die Mannschaft an ihm gewachsen ist. Und er hat Charaktereigenschaften vorgelebt wie Arbeitseifer, Einsatz, Ernsthaftigkeit und Verantwortungsbewusstsein. Außerdem hat er bei Athletic Bilbao immer Wort gehalten – alles Eigenschaften, die wir hier als unsere Tugenden ansehen und die Jupp Tag für Tag verkörpert hat."

Als Spieler bei Athletic Bilbao hat Urrutia „zwei unterschiedliche Etappen" mit dem Trainer Heynckes erlebt. Beim ersten Engagement des Deutschen ging es für Bilbao stetig nach oben. Die Mannschaft, die bis dato ständig gegen den Abstieg gekämpft hatte, qualifizierte sich für den UEFA-Cup, die jungen Spieler machten Fortschritte, von denen sie nicht geträumt hatten.

Beim zweiten Engagement von Heynckes „waren wir erneut nah dran am UEFA-Cup, wir scheiterten erst am letzten Spieltag. Dafür bestritten wir das Pokal-Halbfinale gegen Real Madrid, gewannen in Bilbao, verloren dafür aber in Madrid. Ich persönlich durfte während seiner ersten Amtszeit oft spielen, bei seinem zweiten Engagement war ich bereits 33 Jahre alt und hatte drei Knie-OPs hinter mir. Das letzte Jahr spielte ich kaum, dank unseres Vertrauensverhältnisses aus Amtszeit eins behandelte er mich aber fast so wie ein Mitglied seines Trainerstabs. Und genau so muss es meiner Überzeugung nach hier laufen. Wir sind ein Nachwuchsklub, der der Jugend stets die Tür aufhalten muss. Die Erfahrenen müssen auf diesem Weg helfen. Ich fühlte mich jedenfalls genauso nützlich wie davor."

Urrutia war beeindruckt, wie locker Heynckes in seiner spanischen Zeit wurde. Er lernte, dass es allen – ihm und den anderen – guttat, wenn er auch mal fünfe gerade sein ließ. Und er war ein zuverlässiger Menschenfreund.

„Während viele zwischen groß und klein oder schwarz und blond unterscheiden, unterscheidet Jupp Heynckes zwischen lernbegierigen und nicht lernbegierigen Menschen. Und er tendiert dabei natürlich zu Ersteren – auch wenn diese auf dem Platz zunächst vielleicht weniger Leistung bringen als die anderen. Jupp ist aber überzeugt davon, dass man im Fußball und insgesamt im Leben stets lernbegierig bleiben muss. Gerade dann, wenn man die Voraussetzungen dafür mitbringt."

Heynckes war der gute Deutsche für die Leute in Bilbao. Die Basken haben ihm beigebracht, wie ehrlicher Wein schmeckt, wie lässiges Leben geht. Heynckes hat es in Bilbao gemocht.

Urruti war schon Präsident bei Athletic, als Jupp Heynckes – da hatte er gerade mit Bayern das Triple gewonnen – erklärte, von nun an sei er Rentner. „Während seiner Pressekonferenz vor dem Rücktritt 2013 nannte er die drei wichtigsten Klubs für ihn: Borussia Mönchengladbach, Bayern München und Athletic Bilbao. Das erfüllt uns mit Stolz, immerhin reden wir hier von einem Mann des Fußballs, der nicht nur als Aktiver, sondern auch als Trainer eine Menge erreicht hat. Und ich glaube, dass Jupp das, was er hier in Bilbao vorgefunden hat, erfüllt hat. Wir haben einen anderen Weg eingeschlagen als die meisten Klubs, einen einmaligen, unberührten und daher schwierigeren Weg."

Es war eine gute Zeit. „Ich bin nach Spanien gegangen, ohne

ein Wort Spanisch zu sprechen. Das kann man sich heute fast gar nicht mehr vorstellen. Aber der Verein hat es mir unheimlich leicht gemacht, vor allem die Spieler. Deswegen habe ich so gute Erinnerungen an die Jahre in Bilbao. Die Basken sind auch ein Menschenschlag, der ein bisschen vergleichbar mit dem unsrigen ist. Sehr zuverlässig, loyal, korrekt. Das sind Menschen, zu denen man Vertrauen haben kann. Das ist mir immer haften geblieben. Das ist im Fußballgeschäft inzwischen etwas Besonderes.

Das gesprochene Wort gilt, auf einen Handschlag kannst du dich hundertprozentig verlassen. Vor meinem Wechsel 1992 hatte ich mit Athletics Manager alles bei mir zuhause besprochen. Aber als ich angefangen habe, hatte ich immer noch keinen Vertrag unterschrieben. Erst nach acht Wochen Vorbereitung habe ich den Vertrag vorgelegt bekommen, weil wir ihn am nächsten Tag zum spanischen Verband schicken mussten. Es stand alles genauso drin, wie wir es zwei Monate zuvor besprochen hatten."

Heynckes blieb noch in Spanien. Er arbeitete bei Teneriffa, auch dort führte er die Mannschaft zu bemerkenswerten Erfolgen. Im Pokal schlug man gar das große Real Madrid. Danach erstellten die Analysten von Real ein 40-Seiten-Dossier über Heynckes und seine Arbeit. Das legten sie den Bossen vor – die lasen es durch und beschlossen: kaufen, den Mann.

Und so heuerte Jupp Heynckes bei einem der besten Klubs der Welt an. Er gewann mit der Mannschaft auch die Champions League. War er jetzt endlich angekommen?

Nein, er stand unter schlimmem Beschuss. In der Meisterschaft war Real schon bald aus dem Rennen. Louis van Gaals Barcelona hatte den besten Saisonstart in der Vereinsgeschichte hingelegt, während Real mit Heynckes und dessen taktischen Veränderungen erst noch warm werden musste. Bereits im November 1997 wurde der Clásico zwischen den beiden Teams zum „Endspiel" hochgejazzt. Heynckes' Madrilenen verloren. In einem ausgeglichenen Spiel im Santiago Bernabéu setzte sich Barcelona mit 3:2 durch.

Die Probleme für Heynckes hörten nicht auf. Er konnte nicht mit den selbstherrlichen *señores* aus dem Vorstand. Ein Sohn des

Präsidenten sollte in der Ersten spielen, Heynckes stellte ihn nicht auf. Die Mannschaft wirkte mal weltmeisterlich, dann wieder kickten die Stars wie Absteiger. Einige Spieler mochten Heynckes nicht, sie kamen nicht klar mit dem autoritären „Schleifer", er war für sie der hässliche Deutsche. Vor allem Šuker und Predrag Mijatovi waren launische Solisten, die sich auf einen strengen „Konzepttrainer" auf keinen Fall einlassen wollten.

„Negative Stars muss ich bekämpfen", sagte Heynckes. „Ich dulde keine Extratouren." Er hat wacker gerauft in Madrid, aber Jupp Heynckes hat sich letztlich bei Real die Nase blutig gestoßen. „Es hat viele Gründe gegeben. Die Medien, der Sohn des Präsidenten, der in der Mannschaft gespielt hat. Es hat viele Konflikte gegeben, so dass ich schon im Dezember gesagt hatte: Unabhängig davon, ob wir etwas gewinnen oder nicht, ich mache hier nicht weiter."

In Spanien ist er zu „Don Jupp" geworden. Mit 50 war Jupp Heynckes nun ein völlig selbstbestimmter Fußballtrainer.

Als er Schalke trainierte, warf ihm der Manager Assauer vor, der Heynckes habe viel Ahnung, aber er sei nicht mehr auf der Höhe der Zeit. Für Leute wie ihn gebe es im Fußballbetrieb keinen Platz mehr. „Alte Schule", hämte Assauer, sei so was von out. „Er wollte sein Ding weiter durchziehen, und keiner konnte ihn überzeugen, gewisse Dinge anders zu machen. Mit dem Mann haste keinen Erfolg."

In Frankfurt versuchten drei Spieler, den Trainer durch einen Streik wegzumobben. Er blieb hart und setzte sich durch. Als er aber merkte, dass er bei der „Eintracht" – eigentlich wäre das Attribut „Zwietracht" treffend gewesen – nichts bewegen konnte, ging er.

Wenn Heynckes seinen Dienst quittierte, dann hat er das getan wie ein Gentleman. Er wusch den Dienstwagen und stellte ihn vollgetankt auf den Parkplatz vorm Vereinsheim. In Frankfurt verzichtete er auf ihm zustehendes Geld. Abfindung? Nein danke!

Jupp Heynckes war ein gefestigter Mann. Nun auch einer, der für seine Überzeugungen gerne öffentlich einstand. Er drängte sich nicht zu Interviews. Aber wenn er sich die Zeit nahm, sagte er Sätze, die Bestand haben würden:

„Die Kunst, auf höchstem Niveau Fußball zu spielen, ist heute: im Kollektiv agieren, mit ganz klaren Inhalten, mit präzisem, perfektioniertem Passspiel und instinktiv ausgeführten Laufwegen. Dazu müssen alle Spieler hellwach im Kopf sein."

„Man weiß nie, wie viel Zeit man noch hat. Ich bin ein Perfektionist, gewissenhaft und präzise. Was ich mache, ist kein Zufall. Aber wie ich den Job mache, das ist freizeittötend, das ist familienfeindlich."

„Wer von sieben bis 17 Uhr an der Drehbank steht oder auf dem Bau arbeitet und dafür nur ein Prozent der Spielergehälter verdient, hat kein Verständnis für Stars, die sich wie Diven aufführen."

„Die Spieler bekommen immer mehr Alibis für ihre Unzulänglichkeiten, für mangelnde Professionalität und ihre Defizite in der beruflichen Ausbildung. Moral und Verantwortungsbewusstsein bleiben auf der Strecke, die Vereine werden erpressbar. Es gibt zu wenig Führungskräfte mit Rückgrat."

„Eine Weltklasse-Mannschaft braucht interkulturellen Dialog. Wenn ich aus einem Spieler Spitzenleistung holen will, muss ich seine Neigung als Fußballer genauso berücksichtigen wie seine Herkunft und Kultur. Im Ausland habe ich gelernt, dass Kommunikation, Sensibilität und Respekt für den Teamerfolg maßgeblich sind."

Im Dezember 2017 besuchte der Journalist Robert Peters den Trainer Jupp Heynckes. Die beiden kannten sich seit Langem, Heynckes war aufgeräumt und gastfreundlich. Er machte gerade einen weihnachtlichen Abstecher im heimischen Schwalmtal. Bald würde er wieder nach München fahren, wo er den FC Bayern – zum vierten Mal – betreute.

Peters notierte: „Zur Arbeitsweise des Trainers Jupp Heynckes gehört mehr als das Wissen um Systeme, Übungsformen und taktische Ausrichtung. Heynckes bringt seine Vorstellung vom Miteinander mit. Hier findet er den Grund für Erfolge – wie jene beim einzigen

Triple-Sieg der Bayern-Geschichte 2013 und für die Serie in den drei Monaten nach der Amtsübernahme in diesem Jahr."

Der Trainer – mittlerweile einer der erfolgreichsten der Welt – kraulte seinen Hund und wollte das Wort „Erfolg" so nicht stehen lassen. „Das bin ja nicht ich, das sind alle zusammen. Ich bin ja nur der Verantwortliche, der die Richtung angibt, der das mit Leben füllt."

Wie das denn sei mit der Perfektion? Der Journalist habe immer gelesen, dass Heynckes davon geradezu besessen sei.

Herr Heynckes winkte ab. Humbug sei das. „Ich weiß, dass es keine Perfektion gibt."

Robert Peters schrieb weiter: „Er will dennoch möglichst nahe heranreichen. Das war schon immer so. Als Spieler war er ein unersättlicher Torjäger, als Trainer ist er nie richtig zufrieden, denn es geht ja immer noch ein bisschen besser. Auf dem Trainingsplatz ist er besessen von den Kleinigkeiten, er korrigiert Passfolgen, die Haltung zum Ball, die Bewegungen."

Dann dozierte Heynckes ein wenig. „Als Fußballer brauchst du die Automatismen. Auch wenn es nie auszuschließen ist, dass sich mal zwei gegenseitig umrennen, sollte das selten vorkommen."

Heynckes lächelte listig. Das hatte er hübsch formuliert. Man stelle sich vor: Der Ribéry übt so lange Automatismen, bis er den Müller umrennt. Slapstick in Perfektion wäre das.

Die anderen:
Arbeit und Gaudi

Klaus Augenthaler war ein eher rustikaler Fußballspieler. Er kam aus der niederbayerischen Provinz und setzte sich beim FC Bayern durch, obwohl ihn viele anfangs belächelten. Groß und breitschultrig war er, ein wenig vierschrötig, nicht gerade die Anmut in Person. Augenthaler bewegte sich mit Kraft, und er war sehr wehrhaft. Die Pässe und Flanken brachte er sicher an den Mann – aber es war immer recht vorhersehbar, wohin Klaus Augenthaler spielte.

„Ich bin kein Feinmotoriker", sagte er. „Ich bin nicht der Mann für Intarsien." Augenthaler wusste, dass er solide Arbeit abliefern musste, um bei den Großen mittun zu dürfen. Also schuftete er. Wurde Weltmeister, gewann Meisterschaften und Pokale. Wurde ein strenger und direkter Trainer, der seinen Mannschaften viel abforderte.

Augenthaler ist immer ein ehrlicher Fußballprofi gewesen. Einer, dem man glaubt, was er sagt. „Der Jupp Heynckes", sagte Augenthaler, „ist ein ganz Großer. Weil er den Sport versteht. Und weil er das Menschliche nicht verloren hat."

Lothar Matthäus hat vom Lieben Gott den Auftrag bekommen, Fußball zur Kunst zu veredeln. Das hat er denn auch getan. Allmächt, der Mann hat mit dem Ball Dinge angestellt – da ist selbst dem Ball schwindlig geworden.

Weltmeister ist Lothar Matthäus geworden. Pokale, Meisterschaften, große Siege. Als Trainer ein Reisender. Matthäus war zwar im täglichen Leben das, was die Franken einen „Dampfplauderer" nennen – aber wenn er über Fußball sprach, dann war er ein Wissender. Beim Privatsender Sky begleitete er das Fußballgeschehen als Experte. In einer Kolumne schrieb er, Heynckes habe bei seinem vierten Bayern-Engagement 2017/18 „jeden besser gemacht. Alle, die Spieler, die Betreuer, die Bosse, der ganze Verein haben sich jeden Tag Stück für Stück in die perfekte Richtung bewegt."

Matthäus erinnerte daran, dass im Oktober unter Heynckes-Vorgänger Ancelotti „in München einiges im Argen" gelegen habe. „Es hagelte Kritik von außen, der Fußball war unansehnlich, die Stimmung im Team sowie im Klub wurde schlechter. Es funktionierte auf dem und neben dem Platz sehr wenig. Auch Karl-Heinz Rummenigge und Uli Hoeneß hatten unterschiedliche Ansichten und waren sich nicht in allem einig."

Dann kam der Trainer, der schon ihn, Lothar Matthäus, entdeckt hatte. Er war inzwischen fast 40 Jahre älter, er war jung wie ein Junger, er ließ keinen Schlendrian zu. Wie immer war er. Nur menschlicher. Gelassener. Geduldiger. „Jupp hat jedes noch so kleine Detail im Blick. Und wie er mit den Spielern spricht, was er ihnen sagt, wie er mit den nicht ganz so einfachen Charakteren in der Mannschaft umgeht, wenn diese mal nicht spielen – das ist ganz groß. Das kann keiner wie er."

An dem Mann konnte Matthäus keinen Makel finden.

Oder?

Da gab es noch eine offene Rechnung. Die musste nun beglichen werden.

1984, Pokalendspiel. Borussia Mönchengladbach gegen Bayern München. An diesem Abend – Matthäus bestritt seinerzeit das letzte Spiel für Gladbach, sein Wechsel nach München stand fest – zwang Heynckes seinen Mittelfeldstar, im Elfmeterschießen anzutreten.

„Ich wollte nicht", erzählte Matthäus. „Wenn einer nicht mit Überzeugung einen Elfmeter schießen will, kannst du ihn doch als Trainer nicht zwingen."

Also weigerte Matthäus sich, im Shootout anzutreten. Aber sein damaliger Trainer bestand darauf: „Doch, du schießt!"

Matthäus lief an, geriet mit dem Schuh zu tief unter den Ball.

Drüber geschossen. Gladbach verlor das Elfmeterschießen. Borussia trug Trauer – und Lothar war schuld.

„Ich hatte fünf Jahre lang für den Verein gespielt, den ich von Kindesbeinen an liebte. Dann kommt mein letztes Spiel, und ich versemmle es beim Elfmeterschießen. Das hat wehgetan. Ich habe den Trainer verantwortlich gemacht. Er hätte spüren müssen, dass ich dem Druck nicht gewachsen sein würde."

Solche Dinge passieren, sagte Augenthaler, als er von Matthäus' Lamentieren erfuhr. „Aber nicht oft bei Jupp Heynckes. Eine seiner stärksten Eigenschaften war der Dialog mit der Mannschaft. Er hat sich immer gekümmert. Wollte wissen, wie es den Spielern ging."

Augenthaler war für den Trainer bei Bayern München der wichtigste Mann. Als Kapitän bekam er die Strategie und die Kommandos von der Außenlinie und kommunizierte sie an die Kollegen auf dem Feld. Er spürte, „wenn es auf dem Platz nicht stimmt. Es gibt ja diese Spiele, in denen es aus dem Ruder läuft. Dann spielt jeder unter seinen Möglichkeiten. Bei den Pässen fehlt die Genauigkeit, das Tempo stimmt nicht."

Dann hatten der Kapitän und der Trainer Dialogbedarf. „Mach das Spiel langsamer, beruhigt euch", rief der Coach aufs Feld, und Augenthaler hielt erst einmal den Ball flach. „Ihr müsst Gas geben, die sind platt, ihr könnt es gewinnen", brüllte Herr Heynckes – und Auge trieb seine Vorderleute wieder und wieder in den Angriff.

„Er war immer auf Ballhöhe, er hat ein Spiel nie verloren gegeben. Und er hat uns vorgelebt, was er von uns verlangt hat."

Nun – Heynckes war mittlerweile 72 Jahre alt und ein leise lächelnder Erfolgssüchtiger – hatte der Trainer eine weitere Qualität: Er ließ den Jungs Auslauf. Er war nicht mehr beleidigt. Er hatte schon fast alles gesehen und Nachsicht für so vieles. Er ließ sie spielen.

Der Gipfel?

Blitzblau leuchtet der Abendhimmel über Berlin am 19. Mai 2018. Um acht Uhr abends ist das Olympiastadion rappelvoll. Anstoß im Finale des DFB-Pokals. Am Rand steht der Trainer der Bayern. Ein angespannter Mann, der nicht verlieren will. Es ist das letzte Spiel für ihn. Noch einmal ein „Endspiel".

Dem Jupp sein Verein

Gefragt, wie er seinen vierten Job beim FC Bayern München beschreiben würde, dachte Jupp Heynckes nicht lange nach. Er setzte sein strenges Gesicht mit dem kleinen Schalk in den Augen auf und meinte: „Erst gehe ich zu Rummenigge. Dann zu Salihamidžić. Dann gehen wir zu Hoeneß." Besser konnte man es nicht beschreiben.

Jupp Heynckes hatte für sich den Instanzenweg definiert – und den hielt er ein. Ausnahmen gab es nicht. Wenn eine wichtige Entscheidung anstand, rief Heynckes schnell beim Kalle durch. Der hatte immer Zeit für den wichtigsten Mann der Saison 2017 / 18. Heynckes kam nicht wegen Lappalien angedackelt. Die Zeit hatte er nicht.

Rummenigge und Heynckes pflegten eine Partnerschaft zwischen Trainer und Oberboss, die der Coach Winfried Schäfer einmal so beschrieben hat: „Ich habe einen Chef, mit dem ich gut über Fußball reden kann. Aber nachts lasse ich ihn schlafen."

Nach Rummenigge war Salihamidžić dran. Der kümmerte sich um Organisation, um den smarten Verkauf von Entscheidungen, er war das sympathische Lächeln des Vereins.

Und dann musste Uli eingebunden werden. Der Don Vito des FCB war er, einflussreicher und geschäftstüchtiger denn je. Er war der, der letztlich den Daumen rauf oder runter tat.

Rummenigge, Salihamidžić, Hoeneß. So – sagen wir es auf Bayerisch – gingen an der Säbener Straße die Gänge.

Oder, um es mit Heynckes' Worten zu beschreiben: „Uli und Kalle ist bewusst, dass sie gemeinsam ein Tandem bilden, das im europäischen Fußball einzigartig ist. Ich kenne viele internationale Klubs wie Real Madrid von innen und muss sagen: So eine geballte

Fußballkompetenz, solche Persönlichkeiten, die auch selbst auf ganz hohem Niveau Fußball gespielt haben, gibt es sonst bei keinem anderen Klub. Und ich habe immer gesagt: Auf dem Olymp ist auch für zwei Personen Platz. Sie wären gut beraten, wenn sie gemeinsam das Flaggschiff FC Bayern ziehen und auch den Umbruch in der Mannschaft forcieren. Auch Hasan Salihamidžić als Sportdirektor wird dabei eine große Hilfe sein, er stellt sich nach außen hin nicht in den Vordergrund, intern aber ist er ein sehr gewissenhafter, fleißiger, kompetenter Mann, von dem der Klub in den kommenden Jahren profitieren kann."

Zu Beginn der Saison 2017 / 18 verrutschten freilich beim FC Bayern München die Hierarchien leicht. Hoeneß und Rummenigge hatten Jupp Heynckes geholt – und der führte ohne großes Gedöns für die Zeit seines Engagements eine Lex Heynckes ein. Er hatte seine Ziele vor Augen, er wusste, was er brauchte, um die Aufgaben zu stemmen.

Die Ziele:

Der Verein musste zur Ruhe kommen und für künftige Erfolge vorbereitet werden.

Die Spieler brauchten Zuwendung und klare Ansagen.

Sie mussten an sich glauben.

Einigen Jungmillionären musste das übertriebene Ego ausgetrieben werden.

Siege, wichtige Siege mussten her.

Heynckes hatte sich viel vorgenommen. Er schulterte die Verantwortung für alles. Nichts, was mit der ersten Mannschaft zu tun hatte, war unwichtig. Heynckes kümmerte sich um eine bedingungslos treue Truppe. Er versammelte eine Riege altgedienter Erfolgsmänner um sich. Die Assistenten, der Doc, der Staff – das war wie das Ensemble von *Space Cowboys*. Die Stars, angeführt von Clint Eastwood, spielen ehemalige Astronauten, die sich als alte Männer noch mal in Raumanzüge zwängen, in ein Raumschiff steigen, die Welt retten und ziemlich viel Spaß haben.

Heynckes und sein „Staff" (das Wort liebt der Trainer aus Gladbach): Trainer und Experten, alterslos, die Spaß und Erfahrung hatten, die nichts kannten als die Arbeit für die kommenden Siege. Ein

Haufen von verschworenen Musketieren auf Feldzug. Vorndran dieser Heynckes, der in Ausübung seines Berufs am 9. Mai 2018 seinen 73. Geburtstag erlebte. Einer wie Eastwood. Der hat mal gesagt: „Ich höre nie auf. Ich versuche, mich in einem Zustand zu halten, in dem ich immer etwas Neues lerne oder etwas Neues erlebe. Heute kenne ich meine Stärken und Schwächen ziemlich genau. Meine Ungeduld zum Beispiel. Doch was ich schon merke, also was sich verändert hat, ist, dass ich heute wesentlich entspannter bin als früher. Ich war gehetzter früher. Das habe ich heute im Griff."

Alle, die Heynckes kennen, nicken an dieser Stelle. Gehetzt, getrieben, ungeduldig – das war der Jupp noch, als er zum ersten Mal bei den Bayern arbeitete.

Erinnerung an ein Gespräch im Jahr 1988. Heynckes war noch nicht lange im Amt bei den Bayern. Der *Stern* entsandte ein Team nach München, um mit Jupp Heynckes im Interview eine Zwischenbilanz zu ziehen.

Heynckes nahm sich Zeit. Es war mittags, der Trainer – blass, mit hektischen Flecken auf den Wangen – trank Apfelsaftschorle und wollte reden. Er blühte auf, wenn Fußball das Thema war. Da war er zuhause, da wollte er erklären, argumentieren, Ideen ausprobieren, Neues lernen.

Er sagte, ehemalige Bayern-Spieler hätten ihn gewarnt, er würde einen Sauhaufen übernehmen. „So war es auch. Diese Cliquenwirtschaft innerhalb der Mannschaft, das Statusdenken der Stars, der Konkurrenzkampf der Münchner Boulevardzeitungen, der auf meine Kosten ausgetragen wurde – ich sage heute ganz ehrlich: So schwer hatte ich mir den Job nicht vorgestellt."

Wie es ihm an seinem neuen Lebensort gehe? Was er an München möge? Wie er mit den Leuten zurechtkomme?

Nein, er fühle sich nicht immer doll in München, manchmal fremdle er mit dieser schicken Stadt.

Er erzählte, dass er sich nach der beschaulichen Zeit in Mönchengladbach schon arg umstellen musste. In der ersten Woche waren sie mit der Mannschaft zu einem Freundschaftsspiel nach Niederbayern gefahren. „Das ging da bis nahe an die tschechische Grenze. Noch ein Hügel und noch einer. Noch ein Wald und noch einer, das hörte nicht auf." Heynckes dachte, hinter Bayern sei das Ende der Welt.

Das Spiel war zu Ende. Die Profis duschten, setzten sich in den Bus. Zurück fuhr man, über die Hügel und durch die Wälder. Vor München bog man nach links ab. Am Tegernsee warteten schon Aberhunderte Fans, eine Blaskapelle und Menschen aus der Münchner Schickimicki-Szene. Es wurde groß aufgetischt und eine Party gefeiert, das hatte dieser Hoeneß arrangiert.

Journalisten, die dabei gewesen waren, erinnerten sich später, dass Jupp Heynckes das Mauerblümchen des Abends war. Er gehörte nicht dazu.

Jupp Heynckes hat gelernt, sich in den feinsten Hotels zu bewegen. Er brachte es sich bei, was es heißt, stolz wie ein Spanier zu sein – sogar die Sprache hierfür büffelte er.

Im Frühjahr 2018 sagte er, er sei recht zufrieden mit den Dingen. Da war er schon wieder einig mit diesem Clint Eastwood. Der erklärte: „Ich vergleiche die Phasen meines Lebens nicht. Jetzt ist es so gut wie damals. Ich glaube, das ist ein guter Rat fürs Leben: nicht zu viel über sich selbst nachdenken. Klar, ich schaue mich schon auch im Spiegel an und analysiere ein bisschen, wie ich gerade aussehe. Aber: Ich wollte mich nie zu ernst nehmen. Das führt nur zu Enttäuschungen."

Enttäuschungen? Die versuchen Männer wie Eastwood zu verhindern, da hilft die Routine aus vielen gehabten Jahren und aus vielen durchlebten Emotionen. Jupp Heynckes war eben auch so ein Mann der Tat, der aus schlechten Erfahrungen immer seine Lehren gezogen hat. Dreimal hatte er die Bayern trainiert: von 1987 bis 1991, 2009, 2011 bis 2013. Er hatte mit dem Verein in seinem letzten Jahr alle wichtigen Titel gewonnen, die ein europäischer Klub holen kann. Mit dem Triple war die Vita des Trainers Heynckes perfekt.

Fünf Jahre drauf fragte er seine Frau Iris, ob er noch einmal in München arbeiten solle. Der Uli hatte angerufen. Heynckes hat alles sorgsam bedacht. Dann per Handschlag zugesagt. Er wusste, was für ein schwerer Weg es sein würde.

„Als ich das Amt hier übernommen habe, war ich überzeugt, dass wir Erfolg haben würden, weil ich die Spieler, die Mannschaft und das Trainerteam genauso kannte wie meinen Führungsstil. Dass wir Erfolg haben, seit Peter Hermann und ich hier sind, hat einfache Gründe. Zunächst sind wir bei einem ganz großen Klub angestellt. Wir haben sehr gute Spieler, wir haben ein absolutes Top-Trainerteam, der gesamte Staff funktioniert perfekt."

Heynckes entschied sich fürs Arbeiten – und dann gab es nichts mehr als die Maloche in München. „Ich habe mir die Tabelle nicht angeschaut und habe nicht durchgespielt, wann man Borussia Dortmund erreichen oder überflügeln kann. Nein, ich habe mich erst mal um meine Mannschaft gekümmert und trotz des Mittwoch-Samstag-Rhythmus viele Trainingsreize gesetzt. Ich habe erst mal gedacht, du musst die Mannschaft wieder in die Spur bringen, wir müssen wieder einen anderen Fußball mit Begeisterung, mit Spaß, mit Lockerheit spielen."

2005 müssen ihm mal die Ohren geklingelt haben. Damals erzählte der ehemalige Bayern-Trainer Dettmar Cramer aus seinem Leben. Daraus sollte die Festschrift *Stratege, Sportsmann, Spielermacher – Dettmar Cramer wird 80* werden.

Cramer, der Fußball-Weise, philosophierte über den FC Bayern. „Das ist ein Biotop, in dem nicht jeder überlebt. Wissen Sie, wer in seiner Arbeit verkannt worden ist? Das war der Jupp Heynckes. Ein toller Trainer."

Zu dieser Zeit war der Mönchengladbacher nicht im Business, stand seiner an Krebs erkrankten Frau bei.

„Das habe ich auch gehört", knarzte Cramer, „das macht den Mann aus. Er hat Werte."

Was er gemeint habe mit dem „Biotop"?

„Sehen Sie, der Trainer bei Bayern ist der Dirigent eines Orchesters von genialen Solisten und ehrlichen Handwerkern mit mehr als solider Technik, von ehrgeizigen Führungsfiguren und loyalen Teamarbeitern. An der Säbener Straße bist du ein psychologischer Betreuer der Sensiblen und ein Dompteur der Rabauken. Du betreibst angewandte Verhaltensforschung, optimierst die Technik der Spieler, schulst die modernste Taktik. Du kümmerst dich um Pünktlichkeit und Hotelsuche, die medizinische Abteilung und die Fans. Du hast die

Medien an der Hacke und musst wissen, wo der Computer mit seinen Daten helfen könnte …

Jupp Heynckes ist ein wunderbarer Dirigent."

Dettmar Cramer starb 2015. Zwei Jahre zuvor meldete er sich im Juni telefonisch. Seine Stimme war sehr brüchig geworden, er klagte nicht, aber er ärgerte sich, dass er im Garten nicht mehr anpacken konnte.

Wenn Cramer über Fußball redete, war er wach wie immer. „Sagen Sie, Sie erinnern sich doch noch an unser Gespräch über den Heynckes?"

Ja.

Cramer kicherte. „Macht der doch echt das Triple. Hab's ja gewusst. Dass der in München noch mal ein Ei legt."

Drei Jahre später. Mai 2018.

Die Arbeit des Jupp Heynckes für den FC Bayern München ging dem Ende zu. Noch drei Tage zum Pokalfinale gegen Eintracht Frankfurt. Beobachter hatten erzählt, Heynckes sei sehr angespannt. „Der will gewinnen. Wenn seine Jungs das vermasseln, haben sie einen sehr ungehaltenen Cheftrainer." Lothar Matthäus war am Telefon.

Frage: Sie haben gesagt, Heynckes habe in München alles in die perfekte Richtung gebracht …

Matthäus: „Er war mehr als nur ein Trainer. Dass er seinen Beruf versteht, wissen wir. Aber er ist diesmal nach München gekommen und hat sich nicht auf Technik, Taktik, Training beschränkt. Er hat aufgeräumt.

Sie haben es ja mitbekommen: Die Atmosphäre jetzt ist doch sensationell. Alle Menschen, die bei Bayern eine Funktion haben, fühlen sich wertgeschätzt. Das war jahrelang so nicht mehr der Fall. Das fängt beim Torwartbetreuer an und hört beim Fahrer auf. Jupp Heynckes ist ein Teambetreuer, ein Mediator, ein Kommunikator. Er kümmert sich um jeden und um alles.

Kommen wir zur Mannschaft. Die Jungs waren nicht zerstritten, aber sie haben nicht mehr funktioniert. Eigeninteressen haben dominiert. Schwierige Charaktere – denken wir an Ribéry – haben nicht mehr ihre Leistung gebracht, weil sie isoliert waren, sich nicht verstanden gefühlt haben."

Und da war Jupp Heynckes der Mann, der...
Matthäus: „Ja. Das konnte nur einer wie er. Er hat die Ziele der Mannschaft formuliert, er hat dafür gesorgt, dass die Individuen diese Ziele akzeptierten. Es gab niemanden, der noch seine Ansprüche über die des Teams gestellt hat."

Aber gegen Ende der Saison hörte man, dass Lewandowski Unruhe stiften wollte.
Matthäus: „Schmarrn. Er hat einmal nach einem ärgerlichen Spiel dem Trainer den Handschlag verweigert. Aber das ist nicht schlimm, das juckt einen wie den Jupp Heynckes nicht. Er versteht es, wenn ein Stürmer angefressen ist, weil er die Tore nicht schießt. Er will das: dass sich die Spieler ärgern, dass sie ihrer Wut Luft machen. Wir sind ja nicht beim Tanztee."

Also, am Trainer Heynckes haben Sie nichts auszusetzen?
Matthäus: „Im Gegenteil. Es war alles gut. Und es war noch viel besser. Weil er seinen Job, den des Fußballtrainers, hundertprozentig gemacht hat. Er hat nicht nur die Meisterschaft geholt, obwohl die Mannschaft schon weit hinten gelegen hatte. Er ist nicht nur grandios im Halbfinale der Champions League aufgetreten, mit der besten Bayern-Elf seit Jahren. Er spielt nicht nur ums Double. Er hat die Mannschaft dazu gebracht, attraktiv, brillant und erfolgreich zu spielen..."

Und?
Matthäus: „Er hat den Klub wieder vereint."

War es denn so schlimm, als Heynckes übernahm?
Matthäus: „Ja, der FC Bayern machte Sorgen. Die Entscheider haben nicht mehr an einem Strang gezogen. Zu viele Leute haben ihr Süpplein gekocht."

Also war Jupp Heynckes der große Friedensstifter. Das ist ja wunder-
bar – für den Augenblick. Aber wir wissen, dass zum Erfolg auch Rei-
bung gehört.

Matthäus: „Na klar. Das ist bei Bayern ein Zustand, die Reibung.
Jeder kämpft um seinen Platz. Im Training haben die Spieler täglich
den Ernstfall. Rafinha gegen Kimmich, Süle gegen Hummels, Coman
gegen Ribéry – sie haben sich gegeneinander durchsetzen wollen.

Da gab es auch die schwierigen Entscheidungen, speziell im Mittelfeld. Hinten war die Sache klar, die Viererkette stand. Die Nummer
9 stand fest ...

Aber dann gab es schon die kniffligen Probleme. Heynckes
hatte, vor allem im Mittelfeld, gleichwertige Spieler, die freilich eine
unterschiedliche Spielauffassung mitbringen. Wird neben Martínez
geackert und gefightet – oder nehme ich den James, der einen ele-
ganteren, im Optimalfall überlegenen Stil pflegt?"

All das musste sich Heynckes aber in einer Situation erschließen, in der
die Mannschaft überfordert mit sich selbst schien.
Matthäus: „So isses. Die Spieler haben manchmal wohl nicht begriffen, was er wollte. Aber sie spürten: Er kannte die Lösung."

Wie macht er das?
Matthäus: „In ehrlichen und offenen Gesprächen. Nur er und der
Spieler. Aug in Aug, *face to face*. Das ist immer seine Stärke gewesen,
bei den Spielern hat er damit immer die Anerkennung gehabt."

Aber er ist doch kein Kumpel?
Matthäus: „Nein. Er muss sich nicht verbrüdern. Aber er muss auch
nicht auf die Tafel schreiben, wer am Wochenende spielt und wer
nicht. Er erklärt es den Spielern in Einzelgesprächen. Danach versteht es der Spieler, auch wenn er es vielleicht nicht gern gehört hat."

An dieser Stelle lassen Sie uns doch bitte einen Zeitsprung machen:
Sie sind noch nicht mal 20, werden von Heynckes nach Mönchen-
gladbach geholt (er ist ein junger Trainer) und gefördert. Wie hat das

funktioniert? Warum konnten Sie im Spiel umsetzen, was er Ihnen im Training beibrachte?

Matthäus: „Er gibt die Richtlinie an. Die übt er täglich mit dem jungen Spieler. Er übt so lange, bis der Spieler automatisch ist."

Halt mal ...

Matthäus: „... das ist ja nur das eine. Der Spieler geht da raus und muss dann letztendlich selbst die Entscheidungen treffen. Wenn er das gut tut, hat der Trainer einen guten Job gemacht.

Dem jungen Spieler teilst du seine Aufgaben mit. Dann entlässt du ihn. Er muss die Aufgaben umsetzen, er muss die Entscheidungen selbst treffen. Ein Spieler muss Verantwortung übernehmen, das bringt Heynckes rüber. Jupp hat nicht gesagt: ‚Du gehst höchstens zweimal über die Mittellinie, du darfst das und das nicht.' Jupp Heynckes hat immer das Rüstzeug für den Beruf mitgegeben, und dann ist immer alles einem Grundsystem untergeordnet worden: Flexibel müsst ihr sein! Wenn der Gegner den Ball hat, bezieht eure Positionen, holt euch das Spiel zurück.

Heynckes ist – auch in dieser Saison – ein akkurater Arbeiter gewesen. Wann wird nachgerückt? Wer muss in welcher Situation zurückkommen? Das A und O ist für ihn die Disziplin der Einzelkönner. Sie erfüllen seine Vorgaben – dann kann gesiegt werden."

Siegen ist ja schön. Aber eines der wichtigsten Spiele der Saison hat Bayern gegen Madrid verloren. Kann man das lernen, steckt man es mit der Zeit leichter weg?

Matthäus: „Da gibt es zwei Antworten."

Bitte.

Matthäus: „Bittere Niederlagen – wie in Madrid – kriegst du nicht so schnell aus den Kleidern ..."

Antwort zwei?

Matthäus: „Bei Bayern ist alles anders. Wenn du in München spielst, bist du schon mit einem Unentschieden nicht zufrieden. Bei Bayern spielst du auf Sieg – das lernst du vom ersten Training an. Nennen wir es das ‚Bayern-Gen'.

In den letzten Jahren ist es unter Guardiola und unter Ancelotti nicht so toll gelaufen. Trotzdem: Das Saisonziel war die Meisterschaft. Das war das Minimum. Daran misst man sich bei Bayern.

Im Training müssen die Sportler schon alles abrufen. Wer da schlampert, fliegt. Das Gewinnen wird schon im Training geübt. Dazu braucht es den Trainer, der das spürt und weiß und will."

Das war Herr Heynckes wohl.
Matthäus: „Ja. Er hat sich ja nicht verändert, ist immer sich selbst treu geblieben. Er war immer engagiert, verbissen, arbeitswütig.

Der Jupp nimmt seinen Job sehr, sehr ernst. Der geht ins Detail, dass es wehtut. Morgens um sechs steht er auf und denkt an Fußball, abends geht er ins Bett, der letzte Gedanke: Fußball. Das sind eben diese 100 Prozent. Denen kann sich kein Spieler entziehen.

Dieses Mal hat er noch eins draufgelegt. Er war Trainer, mehr konnte selbst er nicht. Und er hat Bayern wieder zu einer Einheit gemacht. Wenn das nichts ist!"

Matthäus hatte fertig.

Altstars

Einheitlich gewandet standen sie Spalier. Die Spieler des FC Bayern München nahmen die Parade ab. Die Spieler waren jung, es gab auch eine Reihe verdienter Recken. Die Jungen – nennen wir an dieser Stelle den Defensivmann Joshua Kimmich – passierten das Spalier mit lässigem Abklatschen. Die Routiniers – nennen wir beispielshalber Thomas Müller – wussten, wer ihnen die Ehre erwies. Sie machten Halt, klopften den Männern im Bayern-Anzug auf die Schultern, umarmten den einen oder anderen, hielten einen kurzen Plausch. Man kannte sich, man schätzte sich, man war aus derselben Familie.

Jupp Heynckes kam, er hatte für jeden der „Altstars" gute private Sätze. So ging er an ihnen vorbei und „wertschätzte" (Lothar Matthäus) seine Bayern.

Sepp Maier.

Miroslav Klose.

Xabi Alonso.

Luca Toni.

Paul Breitner.

Franz Beckenbauer.

Dieter Hoeneß.

Das Vorspiel war zu Ende. 75.000 Menschen auf den Rängen der Allianz Arena waren gerührt, weil sie das „Säbener Gefühl" hatten. Die „Altstars" kletterten die Treppen hoch in den VIP-Bereich und setzten sich.

Da war es, das Bayern-Leben:

SEPP MAIER. Er hatte sich um die gute Laune im Verein verdient gemacht. Er war der weltbeste Torwart gewesen. „Katze von Anzing", einer, der von einem Pfosten zum anderen geflogen ist. Und er hatte den FCB zum Lachen gebracht.

MIROSLAV KLOSE. Ein Tadelloser. Ist, wie Jupp Heynckes, als Mittelstürmer dahin gelaufen, wo es „wehtut". Kaum ein lautes Wort, immer bereit. 150 Spiele, 53 Tore.

XABI ALONSO. Spanier, zuverlässig, wunderbarer Mensch. Zweimal Europameister, einmal Weltmeister, DFB-Pokal-Sieger (einmal) und Erster in der Bundesliga (dreimal). In der Fachsprache sagte man, der Mann sei eine „Bank", das heißt, er machte nichts falsch.

LUCA TONI. Der hatte es drauf. Sah ja immer noch so unverschämt gut aus an diesem Maitag 2018. Der Mann verdrehte den Frauenspersonen reihenweise die Köpfe. Nebenbei schoss er herrliche Tore. Dass er mal 1,7 Millionen Kirchensteuer zu zahlen vergaß, gilt in Bayern als lässliche Sünde.

PAUL BREITNER. Der Revoluzzer war zahm geworden. Er pflegte sich, hatte einen teuren Friseur und die Manieren eines wichtigen Menschen. Mit dem Verein war ein Burgfriede geschlossen. Manchmal hatte Breitner etwas Verkniffenes. Vielleicht, weil der Uli das große Rad gedreht hatte?

FRANZ BECKENBAUER. Ach! Alt geworden, krank, freundlich. Er wollte sich nicht kleinkriegen lassen. Lang vorbei die Zeiten, in denen er gesagt hatte: Schau'n mer mal. Der Mann brauchte Freunde, gerade jetzt.

DIETER HOENESS. Er hatte ein Pokalfinale für die Bayern gewonnen. War in der 13. Minute am Kopf verletzt worden. Es hatte schrecklich geblutet. Sebastian Schlichting rollte die Geschichte in der *Welt* auf:

„‚Schmerzhaft wurde es nur, als die Wunde in der Halbzeit genäht wurde', sagt Hoeneß. Zwei Stiche, ohne Betäubung, weiter geht's. Der Appell von Trainer Pál Csernai, doch bitte durchzuhalten, ist unnötig. Schließlich liegen die Bayern 0:2 zurück, ‚da konnte ich doch nicht rausgehen', sagt Hoeneß auch noch 25 Jahre später. Oder wie es der damalige Teamkollege Hans Weiner ausdrückt: ‚Wir sind 0:2 hinten, Bertram Beierlorzer reißt die Achillessehne, und Dieter kriegt einen auf den Schädel.'

Der Rest ist Legende. Wie sich Dieter Hoeneß trotz Turban in die Kopfbälle wirft, wie er den Ball per Kopf zu Karl-Heinz Rummenigge weiterleitet, der zum 1:2 trifft. Und vor allem, wie er selbst das 4:2 macht. Mit dem Kopf, Ehrensache. Die Begriffe Willensstärke und Einsatz sind seitdem eng mit seinem Namen verbunden. Auch wenn Trikot und Turban in keiner Vitrine auftauchen, die Erinnerung lebt von allein."

Das Spiel war zu Ende. 1:4 hatten die Bayern gegen Stuttgart verloren. Die „Altstars" waren sich einig, dass das kein Beinbruch war. Sie feierten den Deutschen Meister. Stießen auf diese Jupp-Bayern an. Keiner hätte das Ruder so rumreißen können, das war schon mal klar.

Man sprach über dieses und jenes.

„Wie geht es eigentlich dem Gerd?"

„Nicht gut."

So viele Tore hatte der Gerd geschossen. Mehr als Jupp Heynckes.

Jetzt ging es ihm schlecht.

Der Uli Hoeneß hatte einen Konzern aufgebaut.

Jetzt musste er kämpfen, kämpfen, kämpfen.

Der Franz war ein Kaiser gewesen.

Jetzt musste er kämpfen, um sein Gesundsein.

Der Jupp ...

Hatte alles recht gemacht.

Machen Sie's noch mal, Herr H.?

11. Mai 2018

Eine gute Woche vor seinem allerallerletzten Trainereinsatz ist Jupp Heynckes ziemlich sauer. Nicht nur, dass es ihm immer noch stinkt, dass er mit den Bayern das Finale in der Champions League auf grandiose Weise schrammscharf verpasst hat. Er muss noch einmal seine Burschen fürs Bundeligaspiel gegen Stuttgart motivieren

Danach steht am 19. Mai das Endspiel um den DFB-Pokal an. Alle Fußballwelt ist sicher, dass Bayern gewinnen wird. Sie werden die Frankfurter Eintracht überrollen. Dann haben sie wenigstens das Double. Heynckes warnt und grantelt. Er hat das Gefühl, seine Mannschaft verliert den Willen, die Disziplin, den Ehrgeiz. Es waren zu viele Sponsorentermine, die die Spieler aus der Konzentration gebracht haben, es gibt zu viele Interviewanfragen.

Heynckes hat ein feines Gespür dafür, wenn etwas faul ist. Verdammt, das könnten sie vergeigen, verdammt, das könnte schiefgehen. Er muss was tun, es muss etwas passieren, kreuznochmal. Nächste Woche, so entscheidet er, ist der Laden dicht. Keine Interviews. Nichts, was ablenken könnte. Training, Training, Training. Das ist also beschlossen – nun soll die Mannschaft gegen Stuttgart Bundesliga spielen.

12. Mai 2018

Noch ein letztes Mal in der Saison haben sie die Empfänger eingeschaltet: Herr Voll sitzt in seiner Wohnung am Wettersteinplatz vor dem großen Radio, das er vor 35 Jahren bei Neckermann im Katalog gefunden hat. Der Apparat ist scheckheftgepflegt, und die Stimme von Bayern-1-Moderator Uwe Erdelt klingt sehr männlich. Übrigens: Die beste Stimme, die je Fußball aus diesem Apparat erzählt hat, war die von Oskar Klose. Der war ein ruhiger Begeisterter, der war immer auf Ballhöhe, obwohl er sich Zeit nahm zum Reden.

Der Franz sitzt vor seinem Gasthof in der Hallertau und hat den Transistor auf den Tisch gestellt. Heute trinkt er schon um vier ein Bier, es ist schließlich ein Feiertag in der Bundesliga. Ja, klar, der Franz hat schon viele Feiertage begießen dürfen, Meisterschaften, Pokalsiege, Europa-Titel. Aber heute ist ein besonderes Datum: Heynckes sitzt als Trainer zum letzten Mal in der Bundesliga auf der Bank. Prost, Jupp!

Erkan hört Bayern 1 im Internet. Das klingt ein bisschen steril, oder bildet er sich das nur ein? Bis um zehn muss er noch an der Tanke Dienst tun. Das ist blöd, denn Erkan würde gern mit den Kumpels Sky gucken und Bier trinken. Na gut, Kohle muss verdient werden, die Süße dankt es. Und viel ist nicht los. Die Menschen sind im Biergarten oder an der Isar, nur wenige kommen zum Tanken. Also kann sich Erkan schön auf das Spiel gegen Stuttgart konzentrieren. Das läuft seit zehn Minuten am anderen Ende der Stadt.

Die Bayern sind 0:1 hinten. „Sommerfußball" spielen sie, mosert der Reporter. Und dieser Lewandowski! Was erlauben Lewandowski? Das sieht ja aus wie ein Passivstreik.

Im Studio meldet sich Uwe Erdelt, der erzählt, dass in den nächsten Tagen Gewitter drohen und sich das Wetter gemeinhin ein wenig verschlechtere. „Verbessern, verschlechtern – das ist so ein Gespenst, das in den Köpfen der Spieler wabert. Auch bei Robert Lewandowski. Regelmäßig am Saisonende hört man, dass der Lewi sich mit dem Gedanken trage, München zu verlassen. Sucht er etwa schon wieder einen neuen Verein? Was sagen Sie, liebe Bayern-1-Freunde?"

Ein Hörer mokiert sich über das Schweigen des Polen, ein anderer über die Verstocktheit und die Arroganz. Einer sagt: „Gebt ihm eine Zugkarte, zahlt ihm das nächste Hotelbett – und dann raus aus der Stadt mit dem Lewandowski."

Dann schießt der Lewandowski den Ausgleich. Brillantes Mittelstürmertor. Debatte unterbrochen, vorerst.

Sven Ulreich zögert beim Rauslaufen …

„… wieder so ein Megabock von Thiago. Donis ist durch und schiebt ein. Was für ein kapitaler Fehler: Da wird Heynckes in der Pause so richtig derb auf den Tisch hauen."

Klar wird er das. Es ist seine letzte Bundesligapause. Da lässt er es sich doch nicht nehmen, den Jungs vor dem Pokalfinale die Flügel zu stutzen.

Pause im Studio. Man breitet sich aus zur Frage: „Was denken Sie über die Störmanöver von Lewandowski?"

Er sollte gehen, „solange man gutes Geld für ihn bekommen kann".

„Real will ihn, also sollen sie kräftig zahlen."

„Soll er doch klar sagen, wenn er weg will. Aber solange er die Leistung bringt, ist es dann wurscht. Wie das in der Mannschaft ankommt, wissen wir nicht."

„Und da steht der Stuttgarter völlig frei und hat keine Probleme. Das dritte Tor für den VfB – und die Bayern-Abwehr ist von allen guten Geistern verlassen. Das ist schlimm, sehr schlimm. 1:3. Die letzte Heimpleite gab's 2016."

„Jetzt aber: Lewandowskiii! Aus zwei Metern!! Nein!!!"

„Da steht schon wieder dieser Torwart, der Ron-Robert Zieler, im Weg. Ja, was ist denn mit den Bayern los?"

„Rambazamba-Fußball des VfB!"

„1:4! Ich glaube es nicht. 4:1 für Stuttgart. Und die Bayern sind nicht vorhanden."

„Die Bayern wollen. Stuttgart spielt brillant, Ron-Robert Zieler empfiehlt sich für die Nationalmannschaft. Gleich wird Sandro Wagner kommen, um die erste Heimpleite seit März 2016 zu verhindern."

„Das neue Bayern-Trikot schon mit einigen Schmutzflecken. Gibt das eine Meisterparty mit einem schalen Geschmack?"

„Sein 669. Spiel als Trainer in der Bundesliga, das wird eine getrübte Feier. Die Bayern pomadig, hilflos."

„10:0 Ecken für die Bayern, aber 1:4. Die Bayern so vorgeführt wie gegen Real Madrid in der Champions League. Das ist eine echt misslungene Generalprobe vor dem Pokalfinale."

Der Verkehrsfunk meldet Fahrzeugteile auf der A73 bei Bamberg.

„Stuttgart hat 16-mal in Folge gegen Bayern verloren. Die Schwaben haben das beendet. Schlusspfiff – das 1:4 der Bayern ist perfekt."
Uwe Erdelt übernimmt. Sein Bass ist sehr beruhigend. Nichts ist passiert, jetzt müssen sie schauen, dass sie die Meisterschaft dennoch gebührend feiern, die Bayern. Hamburg ist abgestiegen. Nun übernehmen an der Alster die Chaoten.

Natürlich feiern sie, die Bayern, an diesem Abend. Sie rocken den Nockherberg, stehen auf einem Balkon. Rätseln, diskutieren, quatschen über diesen Trainer, der sich zwar mit einem Trainingsanzug auf die Bank gesetzt hatte, weil er sich von einer Weißbierdusche nicht den Anzug versauen lassen wollte, doch als die Burschen es dann mit 1:4 vermasselten, ist er flugs abgetaucht. Weißbierdusche? Nee, nicht nach so 'ner Klatsche.

Später nimmt er das Mikro und erklärt: „Die Aktion Bierdusche – ich meine, dass das überholt ist. Ich hatte mir schon vor dem Spiel überlegt, dass ich schnell in die Kabine gehe. In meinem Alter ist es nicht notwendig, noch mit Bier übergossen zu werden."

Dann: „Heute das Spiel, bitte verzeihen Sie uns. Ich hatte für morgen einen freien Tag angesetzt – und ich vermute, die Spieler haben sich im Datum geirrt. Sie haben den Urlaub schon heute wahrgenommen."

Dann: „Wir haben eine überragende Saison gespielt mit großartigem Fußball. Das schmälert auch nicht dieses Spiel. Nun haben die Jungs frei bis Dienstag. Dann machen wir uns bereit für Berlin."

Rummenigge, feierrotes Gesicht, nimmt dem Trainer das Mikro weg: „Ich glaube, die Qualität von Jupp, der zum vierten Mal die Geschicke leitet, ist wunderbar. Es ist von Mal zu Mal noch besser geworden. Darüber hinaus hat Jupp etwas Wichtiges geleistet: Er hat diesem Klub die DNA zurückgegeben, wir sind wieder eine Gemeinschaft, eine Familie geworden. Ich wünsche dir, lieber Jupp, für die Zukunft alles Gute."

Heynckes wischt sich was aus den Augen.

Unten im Hof singen sie: „Jupp, Jupp, Jupp!"

Thomas Müller findet es groovy. Ergattert das Mikro und plärrt seinerseits: „Jupp, Jupp, Jupp!"

14. Mai 2018

Jupp Heynckes zieht Bilanz:

„Als ich hier anfing, habe ich keinen Gedanken daran verschwendet, Meister zu werden, das Pokalfinale und das Champions-League-Halbfinale zu erreichen. Ich habe erst mal überlegt, wo ich den Hebel ansetze, wie die Trainingssteuerung aussieht. Dann sind auch noch Spieler wie Thomas Müller und Franck Ribéry ausgefallen. Es war eine schwierige Zeit. Ende Oktober kam dann das Pokalspiel in Leipzig. Wir sind im Elfmeterschießen weitergekommen, Sven Ulreich hat den letzten Elfmeter gehalten. Das war der Knackpunkt. Da hat die Mannschaft Auftrieb und den Glauben an sich selbst zurückbekommen.

Es war eine Mammutaufgabe. Als ich zusammen mit Peter Hermann und Hermann Gerland die Mannschaft übernahm, haben wir jeden Stein umgedreht. Wir haben unsere Philosophie von Fußball, unsere Arbeitsweise, unsere Akribie eingebracht – und damit viel bewirkt. Wenn man sieht, wie Bayern München im Oktober und jetzt im Bernabéu gespielt hat – das sind zwei verschiedene Welten.

Bastian Schweinsteiger hat mir eine WhatsApp-Nachricht geschickt und meinte: Was wir von Oktober bis jetzt veränderten, habe er so noch nie gesehen. Wir hätten im Bernabéu einen unglaublichen Fußball gespielt. Ich habe viele solche Nachrichten bekommen. Diese tolle Entwicklung ist ein Werk der Mannschaft, des Trainerteams und des gesamten Funktionsteams.

Als ich anfing, war ja Länderspielpause, und die Spieler sind tröpfchenweise zurück an die Säbener Straße gekommen. Deswegen habe ich insgesamt drei Antrittsansprachen im Fitnessraum gehalten. Ich habe den Spielern mitgeteilt, dass wir sie optimal betreuen werden.

Und dann habe ich Usain Bolt zitiert, weil ich eine Biografie über ihn gesehen hatte, kurz bevor ich nach München kam. Als er seine ganz großen Erfolge feierte, hat er sinngemäß gesagt: ‚Sicher besitze ich ein begnadetes Talent, aber ohne mein Team hätte ich die großen Siege nie erreichen können.‘ Das wollte ich der Mannschaft mitgeben: Ohne Teamgeist, ohne Teamarbeit erreichst du im Fußball nichts. Deswegen kann man auch keine Mannschaft zusammenkaufen, um Champions-League-Sieger zu werden. Das muss zusammenwachsen.

Eigentlich bin ich sehr nüchtern und gelassen, auf der anderen Seite aber auch ein emotionaler Mensch, wenn es um meine Mannschaft und mein Trainerteam geht. Diese acht Monate waren ja so nicht geplant, sondern sind ein Zusatzkapitel zu meiner Biografie, wenn auch ein sehr außergewöhnliches. Mit 72 Jahren noch einmal einen europäischen Spitzenklub wie den FC Bayern zu übernehmen, alles umzukrempeln und in die Erfolgsspur zurückzukommen – das ist doch großartig, oder?

Jetzt ist bald Schluss. Und natürlich fällt mir der Abschied von meiner Mannschaft und meinem Funktionsteam nicht leicht. Es war für mich die helle Freude, jeden Tag an die Säbener Straße zu kommen, weil wir täglich so eine tolle Atmosphäre haben. Aber ich bin realistisch genug zu wissen, dass meine Kräfte nicht endlos sind. Ich hoffe, dass ich noch einige Jahre vor mir habe und diese mit meiner Familie genießen kann. Darauf freue ich mich. Und daher fällt es mir leicht, den Job aufzugeben.

Ich werde wieder zuhause sein. Bei meiner Frau, meiner Familie und meinen Tieren. Ich möchte wieder zur Ruhe kommen und den Kopf frei haben für Dinge, die mir Spaß machen: Bücher lesen, Sport treiben, mit Freunden telefonieren, ins Restaurant oder Theater gehen. Und auch mal wieder Fußball ganz gemütlich als Fan schauen und nicht als Mittel zum Zweck. Das ist alles zu kurz gekommen – und eigentlich absurd, dass man acht Monate in der Traumstadt München wohnt und kein gesellschaftliches Leben hat. Aber ich war abends in meinem Hotelzimmer oft einfach nur müde von dem Arbeitspensum. Ich freue mich darauf, wieder in den normalen Alltag einzutauchen."

15. Mai 2018
Josu Urruita – der Heynckes als Spieler bei Athletic Bilbao erlebt hat und nun Präsident des Vereins ist – erzählt: „Er musste das machen, dieses Comeback. Obwohl er immer gesagt hat, er würde es nicht mehr machen. Bei einem Gespräch hatte er mir gesagt, dass es das sei mit dem Trainerjob, jetzt sei er Rentner. Aber ich weiß, dass er ein sehr enges Verhältnis zu den Verantwortlichen des FC Bayern hat und immer bereit ist, zu helfen. Es hat mich nicht überrascht, dass er es noch mal versucht. Und wenn er es macht, will er das Maximum."

16. Mai 2018
Bald ist finito.

Am Samstag ist Finale.

Mit hundert Menschen über Heynckes gesprochen. Zeit, die Notizen wegzusortieren. Zeit, die Recherche-Artikel zu entrümpeln. Den *Stern*, die *Bild* und solche Sachen. Dann muss eine Notiz in den Schredder, die es echt verdient hat. Heiko Ostendorp im *Sportbuzzer* am 15. Oktober 2017: „Bei allem Respekt vor Heynckes Erfahrung und Verdiensten – seine Zeit ist vorbei. Und seine Verpflichtung für einen Verein wie den FC Bayern ein Armutszeugnis."

Zorn. Wegschmeißen, den Wortmüll.

17. Mai 2018
Lothar Matthäus ist gerade in München gelandet. Er ist dort bei Sky am Finaltag der Experte. „Wissen Sie, was Perfektion ist? Fragen'S den Jupp."

18. Mai 2018
Jupp Heynckes sagt in der letzten Pressekonferenz vor dem Finale, er werde den Teufel tun und die Frankfurter unterschätzen. Trainer Kovač, der in der nächsten Saison die Bayern übernehmen wird und wegen der Erfolglosigkeit seiner Eintracht zuletzt leicht beschädigt ist, sagt, wenn die Bayern vielleicht mal keinen tollen Tag erwischten, dann …

19. Mai 2018
Karlheinz Wild, Chefreporter des *Kicker*, hat nicht nur Latein und Deutsch studiert. Er kennt sich echt aus mit Fußball – und ist gut mit Jupp Heynckes. „Er hat das alles geschafft, weil er der sture Kopf ist. Er hat gewusst, wohin er wollte."

Morgens ist Wild 13 Kilometer durch Berlin gelaufen und hat die Stadt genossen, in der er so viele Endspiele gesehen hat. Heute, das würde ein besonderes werden. Jupp Heynckes hat es sich hart erarbeitet, „er will den Sieg, er tut alles für den Sieg, er hat es richtig gemacht".

Wild hat beim *Kicker* begonnen, die Bayern zu betreuen, als Heynckes zum ersten Mal in München arbeitete. „Er hat immer einen

Plan gehabt. Heynckes hat mit einer Art von Viererkette agiert, da war das noch ein Novum. Seine Verteidiger spielten damals schon im Raum."

Nun hat der Freund sein letztes Spiel.

Ja, sagt Wild, Heynckes hat es richtig gemacht, all das.

Und jetzt noch einmal Finale

Dunkelblau, der Himmel über Berlin.

Die Sterne kommen später.

Fußballwetter.

Niko Kovač schwitzt sein Maßhemd nass. „Ich hatte bei Frankfurt eine großartige Zeit. Jetzt wollen wir die Bayern weghauen." Er hat den Verein von ganz unten hochgeholt. Relegation geschafft, nach oben gekrabbelt. Dann haben ihn die Bayern als Heynckes-Nachfolger gekauft. Und seither war es nicht mehr so toll bei Frankfurt.

Einer der wilden Männer in Frankfurt, Kevin-Prince Boateng, springt dem Coach bei: „Dritter, Vierter, Zweiter, es war toll. Und dann macht der Coach nach Bayern. Drei Niederlagen in Folge, das internationale Geschäft geht flöten. Das war blöd." Sagt Boateng, dieser Streetfighter. Und dann sagt er: „Jetzt müssen wir es dem Trainer vergolden."

Ja, blubbert der Trainer. „Mir geht es gut, wir sind im Endspiel, es wird noch schwerer als im letzten Jahr. Die letzte Woche war sehr fokussiert. Sie haben alles getan, die Jungs, auf dem Trainingsplatz und im Privatleben."

Los geht es.

Müller in Rot lacht viel. Boateng, der Frankfurter in Schwarz-Weiß, ist grimmig. Der Ball, ebenfalls schwarz-weiß, wird zuerst von einem Frankfurter berührt.

Alaba ist hektisch. Es beginnt ohnehin nervös, die ersten zwei Minuten finden in der Bayern-Hälfte statt. Die Münchner müssen sich sortieren.

Eine erste Chance nach einer James-Flanke.

Sie kommen ins Spiel.

James flankt genial zu Ribéry.

Lewandowski in der 8. Minute mit Freistoß an die Latte.

Wieder so ein blödes Abspiel in der 10. Minute. James, der Depp. Rebić spritzt dazwischen, geschickt von Boateng. Er läuft und schießt, links, sehr präzise. Ulreich kann nicht viel machen. 1:0 gegen Heynckes.

Ein bisschen ist der Wurm drin. Aber dann, in der 19. Minute, befreien sie sich aus einer kniffligen Situation – da sieht es so aus, als könnten sie wieder die Kontrolle bekommen.

Kimmich – große Chance. Nix.

Ribéry bedient Lewandowski. Der würde so was, von links rennend, blind machen. Doch er verzieht.

Halbe Stunde ist durch. Thiago schießt in den Himmel. Müller scheitert mit einem Rechtsschuss. Rebić foult Kimmich. Mascarell foult Ribéry. Lewandowski zielt beim Freistoß links am Winkel vorbei. Geduldig bauen sie das Spiel aus dem Mittelfeld auf. Doch sie verheddern sich in Zweikämpfen, die Frankfurter sind unangenehm und gar nicht eingeschüchtert.

Plötzlich ist Rebić wieder durch, er passt zu einem fast zweiten Tor. Lewandowski kriegt Gelb.

Eine Dreiviertelstunde ist jetzt rum. Heynckes liegt hinten.

Drei Minuten werden nachgespielt. Noch mal Gelb für einen Frankfurter. Sie sind eklig, die Burschen.

Salihamidžić flippt aus, Jupp Heynckes greift sich an die weißen Schläfen und hat die roten Flecken, die er schon als Junger hatte.

Pause.

Zweite Halbzeit.

Die Bayern sind wieder da. Sie machen Druck.

Dann geht Frankfurt nach vorne. Ecke. Einwurf.

Endlich geht es, nach einem Eintracht-Fehler, von Kimmich über rechts. Süle. Lewandowski stolpert so ein wenig den Ball rein. Unentschieden für Heynckes.

Plötzlich kreiseln sie. Ribéry, Kimmmich, Alaba, Süle, Thiago. Schwindlig wird es einem.

Alaba-Ribéry-Hummels-mit-Kopf-Kovac-der-Frankfurttrainer-ist-sorgenvoll-schon-wieder-Alaba.

Schwindlig.

Heynckes wechselt Thiago aus. Der ist stinkig. Verweigert den Handschlag. Auch okay.

Die Nacht ist blauschwarz, die Frankfurter befreien sich. Ecke in der 64. Ulreich klärt zur nächsten Ecke.

Übrigens: Die lässigsten Flanken schlägt der Süle, der legt gar den Arm an, wenn er passt.

Ribéry, schon wieder am Anschlag – es ist schließlich Minute 75 –, vernatzt den Gegner.

Sie kommen an ihre Grenzen.

Rebić ist zu schnell für die Bayern. Durch. Tor. Videobeweis? Nein. Der Schiri gibt das Tor.

Wagner im Spiel. Die Zeit wird knapp. Es ist nervenzerreißend.

Dann: Bayern stürmt, alles läuft. Bayern wird gefoult. Bayern kämpft ums Letzte.

Jupp hinten.

Aufs Allerallerletzte.

Torhüter Ulreich stürmt mit. Fehlt hinten.

1:3.

Verloren.

Sicher, sicher ist er sauer. Sehr. „Wenn man verliert, muss man nicht über den Schiedsrichter diskutieren. Ich muss der Eintracht gratulieren zum Pokalsieg. Wir haben wieder in der Vorwärtsbewegung einen Fehler gemacht, woraus das 1:0 resultierte, dann auch ein bisschen Pech gehabt beim Freistoß an die Latte von Robert Lewandowski. Der Gegner hat sein Spiel gespielt, sie sind kompromisslos, unheimlich körperbetont, aggressiv, sehr laufstark, und deswegen muss man das Ergebnis einfach anerkennen. Frankfurt hat einen unbändigen Willen gehabt, das Finale für sich zu entscheiden. Das war eine vermeidbare Niederlage. Wenn man die Chancen nicht verwertet, muss man sich nicht wundern, wenn man so ein Finale verliert.“

Barbara – Finale

Sie ist eine kluge Frau.

Sagt: „Die sind ja alle traurig. Nur der Herr Heynckes nicht. Der ist wie ein stolzer Herr."

Auf dem Balkon des Münchner Rathauses stehen die ramponierten Helden. Robben traut sich nicht aus der zweiten Reihe raus, Ribéry sieht aus, als komme er gerade aus einer Wirtshausrauferei. Müller hat den heiligen Zorn, dem Müller stinkt es granatenmäßig. Hummels ist plötzlich gar nicht mehr da, „der ist auf Toilette", sagt der Müller.

Eine Rotte tapferer Verlierer, die nicht ahnen, wie viel sie gewonnen haben.

Und Jupp Heynckes.

Er hat es gut gemacht.

Saugut.

Da steht er. Gentleman. Grandseigneur. Bayern-Retter, der aus Schwalmtal kommen musste.

Wie ein echter Don ist er untergegangen. Er hat sogar seine Spieler in Schutz genommen, die sich nach dem geklauten Sieg einfach nur noch verpissen wollten.

„Weißte, was das für ein Held ist? Der ist den ganzen Weg allein gegangen. Der hat so viel geschafft. Der Herr Heynckes musste auch – ganz zum Schluss – noch mal das Verlieren durchmachen. Was für ein Held!"

Jetzt steht er auf dem Balkon und wird gefeiert.

Einen wie ihn wird es lang nicht geben bei den Bayern, das spüren die Menschen.

Man spielt ein Lied für ihn. „Wish you where here". Pink Floyd.

So, so you think you can tell
Heaven from hell
Blue skies from pain?
Can you tell a green field
From a cold steel rail?

Himmel. Grüne Felder. Stählerne Gleise. Lächeln. Maskerade. Fußball.
„Weint der Herr Heynckes?", fragt Barbara.
Nein, Herr Heynckes weint nicht. Hat gar keinen Grund.
Und dann sagt Ribéry:
„DANKE, BABBA!"

Jupp Heynckes: Zahlen und Fakten

Stationen als Spieler (Spiele/Tore)

Verein

1956–1962	BV Grün-Weiß Holt (Jugend)
1962–1963	Borussia Mönchengladbach (Jugend)
1963–1967	Borussia Mönchengladbach (95/56)
1967–1970	Hannover 96 (92/28)
1970–1978	Borussia Mönchengladbach (404/264)

Nationalmannschaft

1967–1976	Deutschland (39/14)

Erfolge als Spieler

- Weltmeister: 1974
- Europameister: 1972
- UEFA-Pokal: 1975
- Deutscher Meister: 1971, 1975, 1976, 1977
- Deutscher Pokalsieger: 1973

Torschützenkönig

- Europapokal der Landesmeister: 1976 (6 Tore)
- Europapokal der Pokalsieger: 1974 (8 Tore)
- UEFA-Pokal: 1973 (12 Tore), 1975 (10 Tore)
- Bundesliga: 1974 (30 Tore), 1975 (27 Tore)

Stationen als Trainer

1979	Borussia Mönchengladbach (Co-Trainer)
1979–1987	Borussia Mönchengladbach
1987–1991	FC Bayern München
1992–1994	Athletic Bilbao
1994–1995	Eintracht Frankfurt
1995–1997	CD Teneriffa
1997–1998	Real Madrid
1999–2000	Benfica Lissabon
2001–2003	Athletic Bilbao
2003–2004	FC Schalke 04
2006–2007	Borussia Mönchengladbach
2009	FC Bayern München (interim)
2009–2011	Bayer 04 Leverkusen
2011–2013	FC Bayern München
2017–2018	FC Bayern München

Erfolge als Trainer

International

- Champions League: 1998, 2013
- Champions-League-Finalist: 2012
- UEFA-Pokal: 1979 (als Co-Trainer)
- UEFA-Pokal-Finalist: 1980
- UEFA Intertoto Cup: 2003, 2004

National

- Deutscher Meister: 1989, 1990, 2013, 2018
- DFB-Pokal: 2013
- Deutscher Supercup: 1987, 1990, 2012
- Supercopa de España: 1997

Sonstiges

- Gewann als erster Trainer einer deutschen Mannschaft das große europäische Triple im Männerfußball.

- Ist erst der vierte Trainer nach Ernst Happel, Ottmar Hitzfeld und José Mourinho, der die Champions League bzw. den Europapokal der Landesmeister mit zwei verschiedenen Vereinen gewann.

Auszeichnungen
- Silbernes Lorbeerblatt 1974
- FIFA Trainer des Jahres: 2013
- IFFHS Welt-Klubtrainer: 2013
- Onze d'or: 2013
- World Soccer Trainer des Jahres: 2013
- Deutschlands Trainer des Jahres: 2013
- VDV-Trainer der Saison: 2012/13
- Bambi 2013 in der Kategorie Sport
- DFB Fair-Play-Medaille: 2013
- Ehrenring der Stadt Mönchengladbach: 2016
- *Kicker*-Stürmer des Jahres: 1975
- *Kicker*-Trainer des Jahres: 1981, 1986, 2013

Literaturverzeichnis

Amann, Melanie, „Lars Schlecker: Bei uns muss keine Kassiererin schuften", *Frankfurter Allgemeine Zeitung*, 23.6.2011

Bachner, Andreas, „Wieder Disco-Ärger für Vidal!", *Bild*, Oktober 2017

Bauer, Erich, *Entscheidungen richtig treffen*, Masterbrain 2018

Bauer, Erich, *Alles über das Sternzeichen Stier*, MensSana Verlag, 2014

FC Bayern München (Website), „Die Werte", Oktober 2017

Becker, Boris, „Ich bin ein Spieler – Boris Becker über seine immer während Rolle als Kultfigur der Deutschen", *Der Spiegel*, 2001

Beyer, Marc, „Großes Interview mit Sven Ulreich: ‚Nur China würde mir nicht passen'", *tz*, November 2017

Böll, Heinrich, „Brief an meine Söhne", *Die Zeit*, 15.3.1985

Butterlin, Jean-Marc, „J'ai besoin de m'éclater", *L'Équipe*, 1.9.2009

Chaimowicz, Sascha, „Clint Eastwood – Ich höre nie auf", *Zeit Magazin*, 1.12.2016

Dalkowsky, Sebastian, „Er war ein Kontrollfreak", *Welt am Sonntag*, 21.6.2014

dpa, „Jupp Heynckes lobt Thomas Müller: So einen Spieler gibt's in ganz Europa nicht", 26.2.2018

dpa, „Nagelsmann lobt Kovac: Chapeau, Chapeau, Chapeau!", 6.4.2018

Eichler, Christian, „Wo es das noch gibt – Spieler und Trainer der aussterbenden Art: Doch Jupp Heynckes und seinen Rekord-Bayern bleibt für Sentimentalitäten keine Zeit", *Frankfurter Allgemeine Zeitung*, 9.4.2018

Fischer, Johannes, „Müller schwärmt von Heynckes", *sport1*, 17.2.2018

Franke, Reinhard, „1899 Hoffenheim: Niklas Süle im Interview – ‚Bayern wird seine Probleme bekommen'", *sport1*, November 2016

Fritsch, Oliver, „Er war nicht mal Ersatzspieler", *Zeit Online*, Juli 2017

Giebel, Markus, „Boateng über ‚Rasur' vor PSG-Spiel: Carlo hat uns geschockt!", *tz*, November 2017

Goldmann, Sven, „Lucien Favre: Chef mit Macken", *Zeit Online*, 10.5.2017

Goldmann, Sven, „Krise beim FC Bayern München – der logische Lauf der Dinge", *Tagesspiegel*, 29.9.2017

Gruhn, Andreas, „Bomben auf Jack", *Rheinische Post*, 6.12.2009

Hermanns, Stefan, „Als junger Trainer war er schwierig", *11Freunde*, 17.5.2013

Hermanns, Stefan, „Bei Athletic ticken die Spanier anders", *Tagesspiegel*, 13.9.2017

Herzog & de Meuron, Homepage, „The Allianz Arena", 2018

Hinrichsen, Heiko, „Sven Ulreich – der Bubi-Torwart ist erwachsen geworden", *Stuttgarter Zeitung*, 21.11.2010

Horváth, Ödön von, *Sportmärchen*, Suhrkamp, 1988

Hughes, Rob, „Heynckes steht für Fußball ohne Egoismus", *Bild*, 11.4.2018

Jaspers, Karl, *Die geistige Situation der Zeit*, de Gruyter, 1931

Jenrich, Holger, *Die Elf vom Niederrhein*, Verlag Die Werkstatt, 2005

Jürgens, Tim, „Netzer war der King", *11Freunde*, 14.9.2011

Jürgens, Tim, „Mich kann in diesem Geschäft nichts mehr schocken", *11Freunde*, April 2018

Kamp, Christian, „Auf den Spuren von Rocky", *Frankfurter Allgemeine Sonntagszeitung*, 14.1.2018

Kielbassa, Moritz/Kneer, Christof, „Kloppo wäre die Ideallösung", *Süddeutsche Zeitung*, 31.3.2018

Kirchner, Karl-Heinz, „Neubeginn: ,Alltag' in Nachkriegsdeutschland", Bundeszentrale für politische Bildung (Homepage), 27.4.2005

Kneer, Christof, „Das war schon eine finstere Zeit", *Süddeutsche Zeitung*, 9.11.2017

Koch, Maximilian, „Jupp Heynckes: ,Spieler wie Lahm sind rar gesät", *Abendzeitung*, 10.2.2017

Koch, Maximilian, „München, Helden – und das Heynckes-Thema", *Abendzeitung*, 12.3.2018

Koch, Maximilian, „Der Vergleich mit 2013: Ist der FC Bayern wieder reif fürs Triple?", *Abendzeitung*, 10.4.2018

López, José Carlos Menzel, „Bilbao-Boss erklärt Heynckes' besondere Basken-Liebe", *tz*, 14.1.2018

Mesirca, Marco, „Die Finanzen des FC Bayern", *OffensivGeist.de*, März 2014

Mikhail, Jean, „Einen Schonwaschgang gibt es für Willy Sagnol nicht", *welt/N24*, Oktober 2017

Müller, Oliver, „Domenico Tedesco – er ist der Beweis dafür, dass Scholl falsch liegt", *Die Welt*, 10.12.2017

Niedderer, Heiko, „Bayern-Boss Rummenigge: Wir wollen mit Jupp weitermachen!", *Bild*, 15.1.2018

Peters, Robert, „Ich glaube, dass mich nichts mehr erschüttern kann", *RP Online*, 30.12.2017

Psotta, Kai, „Als Kind war ich Geldeintreiber für den Tante-Emma-Laden meiner Mutter", *Bild*, 21.12.2012

Salamon, Bernd, „Ulreichs Mentaltrainer: ,Mit Erfolg kann jeder Depp umgehen'", *Kicker*, 2.5.2018

Scherzer, Hartmut, „Klitschkos letzter Applaus", *Augsburger Allgemeine*, 3.8.2017

Schmitt, Thomas, „Die beliebtesten Klubs in der Bundesliga – Bayern haben die wertvollste Marke", *Handelsblatt*, 14.5.2014

Schmitz, Jochen, „Jupp Heynckes: Weisweiler und ich waren artverwandt", *Westdeutsche Zeitung*, 31.3.2014

Schneider, Mathias, „Späte Liebe für Jupp Heynckes", *Stern*, 23.5.2013

Schulze-Marmeling, Dietrich, *Strategen des Spiels*, Verlag Die Werkstatt, 2005

Teuffel, Friedhart, „Ines Geipel im Interview: Der Sport produziert Opfer in Permanenz", *Tagesspiegel*, 27.11.2006

Tippner, Anja/Laferl, Christopher, *Extreme Erfahrungen*, Kadmos Verlag, 2017

Verdenet, Francois, „La France le boude, l'Allemagne le brade", *France Football*, 24.9.2013

Warmbrunn, Benedikt, „Kling, Glöckchen, klingeling! Heynckes genervt", *Süddeutsche Zeitung*, 10.3.2018

Weskamp, Hermann Josef /Röttgen, Kurt, *Hennes Weisweiler. Vordenker des modernen Fußballs*, Verlag Die Werkstatt, 2014

Wild, Karlheinz, „„Beim FC Bayern funktionierte nicht viel' – die 28. Meisterschaft ist perfekt. Jupp Heynckes spricht über die großartige Entwicklung nach seiner Amtsübernahme", *Kicker*, 8.4.2018

„Bayern zieht Option bei Rafinha: ‚Für mich wie eine zweite Familie'", *Transfermarkt. de*, Dezember 2016

„David Alaba im Porträt: Ein echter Wiener", *Kleine Zeitung*, April 2012

„„Eine Ehre und unbeschreibliche Gefühle' – Der ehemalige Fußball-Profi Bernd Dörfel, 73, über sein Tor gegen Brasilien", *Spiegel*, 24.3.2018

„FC Bayern München – die Gehälter der Spieler", *Vermögen-Magazin*, Oktober 2017

„Für Thomas Müller hat Heynckes ein Sonderlob", *Die Welt*, 19.10.2017

„Großes Interview mit Sven Ulreich: ‚Nur China würde mir nicht passen'", *tz*, 17.11.2017

„Paukenschlag bei den Bayern: Ancelotti entlassen", SRF, 28.9.2017

„Neymar, Mbappé und Cavani überrennen die Bayern", *Kicker*, 28.9.2017

Der Autor

© Barbara Volkmer

Detlef Vetten (Jg. 1956) landete nach einem Abstecher in die französische Schauspielerei bei der *Schwäbischen Zeitung*. Weitere Stationen: die Münchner *Abendzeitung,* der *Stern* und *Sports.* Nach zehn Jahren als freier Journalist übernahm Vetten die Chefredaktion von *Horizont Sport Business,* er führte die Lokalredaktion der *AZ,* war Chefreporter der Nachrichtenagentur *dapd* und leitete das Opernmagazin *Orpheus.* Der Extremsportler wurde mehrfach mit Preisen des Verbands Deutscher Sportjournalisten ausgezeichnet, schrieb ein Standardwerk über Adidas, verfasste eine autorisierte Biografie über den Boxer Henry Maske und die literarische Reportage *50 Tage lebenslänglich.* Sie landete ebenso in den Bestsellerlisten wie *Der Triumph von Rio* 2014 und *Triple,* beide ebenso im Verlag Die Werkstatt erschienen wie die Biografie über Gerd Schönfelder mit dem Titel *Sieger.* Außerdem schrieb er das Libretto für die Oper *Übern Berg,* die im September 2018 in Singen uraufgeführt wird.

Gladbach in Bildern

Bayern für Kids

Alles über die Bayern:
von der Vereinsgründung
bis zu den großen
Erfolgen von heute.

110 S., A4, Hardcover, ca. 250 Fotos
ISBN 978-3-89533-717-8
16,90 €

64 S., A4, Hardcover, viele Fotos
ISBN 978-3-7307-0383-0
12,90 €

64 S., A4, Hardcover, viele Fotos
ISBN 978-3-7307-0382-3
12,90 €

Alles über den besten Torwart
der Welt: von seiner Kind im
Ruhrgebiet bis heute.

Alles über den beliebten
Innenverteidiger, der schon in der
Jugend bei den Bayern kickte.